密教概論

空海の教えとそのルーツ

空海が高野山を密教の修禅の地として選んだのは、
この山が須弥山（スメール）に似ていたからだという。
……この修禅の地で真言信者は、須弥山の曼荼羅を観想して、
仏と無二無別になる悟りの境地を得ようとしたのである。

越智淳仁

法藏館

序

仁和寺第五十世門跡　立部祐道

本序文をしたためているこの年は、ちょうど高野山開創千二百年にあたり、また私事ながら御七日御修法の大阿を勤め、真言宗長者としての重責の時であり、幾重にも喜ばしい好き年であります。

越智先生が高野山大学奉職三十五年の総まとめとして、宗祖弘法大師の教えの全てを網羅された本書は、初学者は云うに及ばず、現在第一線で活躍されている真言教師の大徳方にも、十分に参考となる名著であります。

昨今は、即時に簡単に物事を理解しようという風潮があります。簡易さを求めるあまり、本来備わっている奥深さや複雑な背景をそぎ落とし、表層の単純化された部分だけで終始してしまいがちです。

弘法大師の密教の教えは、幅が広くなおかつ深淵である為に、わかりにくいと云います。しかしながら先生は、大師が如何に「密教の教えに真実」を見出されたのかを実証される為、大師以前の経典や論著に典拠を求められ、一つ一つのテーマにおける疑問を説き明かそうとされています。それは決して数行に終わるものではなく、簡単な解説に留まるものではありません。

どうかこの勝縁に際し、真言教師の方々には是非ご一読願い、本来の大師信仰をやしなって頂きたく存じます。

二〇一五年十一月

密教概論——空海の教えとそのルーツ——　目次

序……………………………………………………………仁和寺第五十世門跡　立部祐道……i
はじめに――本書の特色――……………………………………………………3

教理篇

第一章　顕教と密教のルーツと思想………………………………………11
顕密思想の再検討
第一節　唐代以前の古い顕密思想　12
『大智度論』の顕密二教の二分法／『瑜伽師地論』の顕密二教／
『瑜伽師地論』の隠密と顕了の梵蔵漢資料／
『瑜伽師地論』の隠密説法と顕了説法／
グフヤ（隠密）とヴィヴゥリタ（顕了）の意味
第二節　『瑜伽師地論』の隠密教と顕了教　18
宋代から見た賛寧と契嵩の顕密思想
第三節　『法華玄論』の顕密の用語　21
『法華玄論』の秘密と顕示

第二章　唐代の新しい顕密思想……31
第一節　唐代の新旧の顕密思想　31
第二節　『大日経』の注釈に見られる顕密思想　32
不空の『総釈陀羅尼義讃』の顕密思想
第三節　『二教論』巻下の二種の顕密思想　35
『二教論』の顕密対弁思想
第四節　海雲の『両部大法相承師資付法記』の顕密思想　39
まとめ　40

第三章　空海が学んだ唐代の新しい顕密思想……45
第一節　釈迦三身と大日三身　46
釈迦三身／大日三身
大日三身と四種法身／『大智度論』の法界遍満仏思想／
顕密二教の説法は衆生の機根による
第二節　密教の付法と伝持の八祖　50
付法の八祖／伝持の八祖／南天の鉄塔説／
『大日経』の相承は鉄塔の内か外か
第三節　大毘盧遮那と弘法大師　54

弘法大師空海の投華得仏／阿字本不生の意味／
阿字は法身毘盧遮那如来の種子

第四章　『金剛頂経』の釈迦の幼名と毘盧遮那菩薩……63
第一節　華厳経の仏伝　63
華厳経の一切義成就と毘盧遮那／華厳経の毘盧遮那菩薩
第二節　色究竟天の成道における毘盧遮那菩薩　65
『大日経』の菩薩形の毘盧遮那如来／『金剛頂経』の菩薩形の毘盧遮那如来
第三節　ブッダガヤの八相成道　67

第五章　『理趣経』の釈迦から毘盧遮那へ……73
『秘蔵記』の釈迦即毘盧遮那／『金剛頂経』の釈迦即毘盧遮那／
密教の一識から十識／十方遍満仏としての毘盧遮那如来

第六章　空海の金胎両部思想……81
第一節　空海が入唐した時代背景　81
三武一宗の法難／真身舎利の供養
第二節　空海の金胎両部思想　83

第三節　密教と須弥山思想　86
東寺講堂の立体曼荼羅／三部と五部の融合／金胎両部の曼荼羅と五仏／三密と『大日経』／金胎両部の理智思想
高野山は須弥山／須弥山の観想／五大の意味／六大思想

第七章　『大日経』の思想……93
第一節　『大日経』の経題　93
『大日経』の成立年代／『大日経』の成立地／三種類の大日経／通序を持たない『大日経』
第二節　『大日経』の章の構成　97
第三節　『大日経』と『大日経疏』　100
『大日経疏』の乱脱
第四節　『大日経』の章の関連と主要な思想　103
六巻三十一品の関連と主要な思想

第八章　『大日経』の主要な思想……111
第一節　『大日経』と華厳経の神変加持　111
華厳経の加持／空海の加持思想

第二節　『大日経』「住心品」の主要な思想　116
如実知自心／三句の思想／世間の順世の八心／百六十心の対処法／成仏に必要な三劫という時間／六種の畏れなき心／十縁生句で得る空の心

第九章　密教の戒と律……129
第一節　顕戒と密戒　129
五戒／十善戒
第二節　大日経系の三昧耶戒　132
越三昧耶

第十章　大悲胎蔵生曼荼羅……137
第一節　曼荼羅の語義　137
両界曼荼羅の正しい呼び方／『大日経』に五智思想はあるか
第二節　曼荼羅の製作　142
曼荼羅の七日作壇／曼荼羅の形／善無畏系一〇一尊大悲胎蔵生曼荼羅／チベット系大悲胎蔵生曼荼羅／大悲胎蔵生曼荼羅の十二院と十三院
第三節　三重曼荼羅と十二院の実際　147
三重曼荼羅の十二院／中台八葉院／毘盧遮那如来と遍知印／持明院／

観自在院と金剛手院／釈迦院と文殊院／虚空蔵院と蘇悉地院／
外金剛部院／善無畏系曼荼羅／十二院の仏蓮金の三部

第十一章　身語心の三種曼荼羅……………159
第一節　身語心の三密曼荼羅　161
三業から三密へ
身曼荼羅／語曼荼羅と種子／心曼荼羅と三昧耶形
第二節　『大日経』と『金剛頂経』の四種曼荼羅　163

第十二章　金剛頂経系思想……………167
第一節　金剛頂経の成立年代と成立地　167
金剛頂経系のグループ名／『十八会指帰』の伝承／
空海の三種類の金剛頂経の伝承／十八会の経典と儀軌
第二節　初会の金剛頂経　172
毘盧遮那如来と大毘盧遮那如来

第十三章　『金剛頂経』の曼荼羅……………179
第一節　金剛界九会曼荼羅と四種曼荼羅　181

九会曼荼羅の解釈／九会曼荼羅の四会と四種曼荼羅との関係／空海の四種曼荼羅解釈／九会曼荼羅の上転と下転観
第二節　金剛界曼荼羅の二種の出生段　186
金剛頂経系の三十七尊出生段／聖位経系の三十七尊出生段
第三節　金剛界曼荼羅の諸尊　187
成身会曼荼羅／三十七尊の出生段／金剛界曼荼羅の五部と三十七尊／四仏の四親近の配置
第四節　四智と四種法身　192
五身と五智と五仏／自受用身と他受用身／変化身と等流身／薩埵金剛と金剛薩埵／ギリシャ神話の雷霆と密教の金剛杵
第十四章　空海の教学を支える思想……………………203
第一節　密教との遭遇　203
求聞持法の体験と『三教指帰』／新仏教文化との接触
第二節　空海の『十住心論』の顕密思想　204
十住心の浅略と深秘思想／『十住心論』の構造
第三節　空海の主要な三部書　207
第四節　『即身成仏義』の思想　207

第五節　『声字実相義』の思想　214
本書の構成／大意を述べる叙意／釈名体義／五大にみな響き有り／十界に言語を具す／六塵に悉く文字あり／顕形表等の色あり／内外の依正に具す／法然と随縁と有り／衆生の立場による法然と随縁／能く迷いまた能く悟る／法身は是れ実相なり／まとめ

第十五章　『吽字義』の思想……229
『吽字義』の言語論と成仏／字相と字義と実相／吽字の開き方／吽字の観想／吽字の字相と字義／合釈の吽字／まとめ

実践篇

第十六章　密教の菩提心思想……249
菩提心と月輪／菩提心即月輪の先駆思想／菩薩の清浄法身と如来の清浄法身／月と菩提心／胎蔵法の月輪観／金剛界法の月輪観／『秘蔵記』の月輪観

第十七章　五字厳身観と五相成身観……………………255
第一節　五字厳身観　255
五字と五大と五色
第二節　五字厳身観の実践　258
第三節　『金剛頂経』の五相成身観　259
第一　通達本心／第二　修菩提心／第三　成金剛心／第四　証金剛身／
第五　仏身円満
第四節　『金剛界黄紙次第』の五相成身観　264
まとめ　265

梵・巴・蔵語索引　*27*
典籍名索引　*23*
和漢語索引　*1*

略記表

大正	大正新脩大蔵経
東北	東北大学西蔵大蔵経総目録
『弘全』	弘法大師全集　密教文化研究所、一九六五年増補三版
『定本弘全』	定本弘法大師全集　密教文化研究所、一九九四年（空海の著作の引用文は、これによる）
『金剛頂経』	『初会金剛頂経』、或は不空訳『金剛頂一切如来真実摂大乗現証大教王経』三巻
『梵本初会金剛頂経』（堀内本）	『梵蔵漢対照初会金剛頂経の研究梵本校訂篇（上・下）』堀内寛仁編著、密教文化研究所、一九八三年
『大日経』	『大毘盧遮那成仏神変加持経』
『大日経疏』	『大毘盧遮那成仏経疏』二十巻
『六十巻華厳経』	『大方広仏華厳経』六十巻
『八十巻華厳経』	『大方広仏華厳経』八十巻
『四十巻華厳経』	『大方広仏華厳経』四十巻

経典名に『　』のない場合は、具体的な経典名を指さない。『　』のある場合は、実際の経典名を指す。

例：大日経の場合は、法爾常恒本と十万頌公本の大日経を指す。

『大日経』の場合は、大正一八巻、№四八四の三千頌略本の『大日経』を指す。

密教概論

空海の教えとそのルーツ

はじめに——本書の特色——

日本密教の歴史は、弘法大師空海（七七四～八三五、以下空海と呼ぶ）が我が国に密教を伝来してから早くも千二百年が経つ。その間、徐々に日本密教の中で何が純粋な空海の密教思想なのかがわかりにくくなってきた。

それとともに、かつて密教の概論を教えようと思っても、なかなか適当な書物に出合うことが出来なかった。それゆえにいつかは、自分なりにその種の本を書きたいと思い続けていたところ、定年退職後、御室仁和寺の密教学院で密教学の教鞭を執る機会に恵まれ、本書の執筆に着手した。

当初は、学院での教材用の平易なものをという要望もあったが、その種の教材はすでに何種類か存在していたので、それよりももう少し専門的な、それも空海の密教に限ったものをと考えて本書の内容にした次第である。

そこで、本書では、空海以後の日本密教思想は除き、出来るだけ空海密教とそれを成立させたインド密教と中国密教に視点を絞り、彼が中国で学んだ純粋な密教思想を忠実な引用文によって取り扱った。

その場合、いくつかの新たな問題の解明にも努めた。その結果、今まで知られていなかった大乗仏教における新旧の顕密思想の展開や、『大智度論』の法界遍満仏思想と曼荼羅との関連、華厳経の毘盧遮那菩薩の仏伝、菩薩形の毘盧遮那如来が出現した根拠、『大日経』と華厳経の神変加持《じんぺんかじ》思想、金剛頂経の金剛界九会曼荼羅の四会と四種曼荼羅との関係、九会曼荼羅の上転と下転の有無、金剛界曼荼羅の二種の出生段、空海の主要な『十住心論』と三部書の解説などを教理篇に収め、実践篇には菩提心と月輪、『大日経』の五字厳身観《ごじごんしんがん》と、『金剛頂経』の五相成身観《ごそうじょうじんがん》を収めた。

教理篇の第一章と二章では、顕密思想の先駆思想である『大智度論』の顕示と秘密の再検討から始めた。その結果、これは仏法を分類する古い二分法の一種であることがわかった。さらに四世紀の『瑜伽師地論《ゆがしじろん》』には、顕了説法と隠密説法が説かれ、顕了教（顕教）と隠密教（密教）も説かれている。この顕了と隠密のサンスクリット語はヴィヴリタ vivṛta とグフヤ guhya であり、顕教と同じ顕了教は菩薩に大乗の広大甚深な法を隠さずに教えることであった。

密教と同じ隠密教は、大乗の広大甚深な法を秘密にして隠し、小乗の声聞たちに理解できる別の法を教えることであった。この顕密思想は、吉蔵《きちぞう》が『大智度論』の顕示と秘密を下地にして、『法華玄論《ほっけげんろん》』で顕教と密教の用語に表現を変えて説いたものであるが、その分類法の機能は『大智度論』や『瑜伽師地論』と同じ古い思想のものであった。

これに対し、空海が学んだ唐代の顕密思想は、これらの古い昔の顕密思想ではなく、金剛智や不空がもたらした新たな顕密思想であった。

第三章では、唐代の新たな密教が拠り所とする法身説法について、釈迦法身と毘盧遮那法身の異なりを釈迦三身と大日三身の違いによって空海の持論を述べた。そこでは、金剛界の曼荼羅法が、まず法身大毘盧遮那如来から金剛薩埵に付法され、次に地上の龍猛《りゅうみょう》から空海までの八祖に授けられた。その付法の八祖を取りあげた。

第四章では、華厳経の仏伝、すなわち毘盧遮那菩薩の仏伝を取りあげ、釈迦の幼名である一切義成就《いっさいぎじょうじゅ》菩薩（シッダールタ太子）が色究竟天《しきくきょう》で悟りを得て、須弥山《しゅみせん》に降りて『金剛頂経』の金剛界曼荼羅の法を説く解釈を紹介し、それによって、密教の成道は色究竟天の菩提樹下であることを指摘した。その須弥山頂で説いた金剛界曼荼羅の毘盧遮那如来が菩薩形の如来であるとされるのは、その曼荼羅を説いた毘盧遮那如来が曼荼羅の教主として曼荼羅中央の毘盧遮那如来に自身を投影した結果であると結論付けた。

第五章では、仏教の教主はただ一人、釈迦牟尼仏だけである。それなのに、なにゆえに『金剛頂経』や『大日経』では毘盧遮那如来という釈迦とは異なる名前の教主が登場するのであろうか。この視点に立って、従来紹介されてこなかった毘盧遮那菩薩の仏伝資料によって考察を進めた。

第六章では、空海が留学した（八〇四～八〇六）長安は、今までにない密教という新しい思潮が渦巻く文化の中心であった。その時代背景には、三武一宗《さんぶいっそう》の法難の中、建徳《けんとく》三年（五七四）と同六年の二度にわたって行われた北周の武帝の法難から二二七年がたち、仏教の復興を経た中唐《ちゅうとう》のまっただ中にあった。空海が師事した青龍寺《しょうりゅうじ》の恵果《けいか》和尚《かしょう》から密教として金胎両部の曼荼羅法を授かった。そこには法身毘盧遮那如来が説いたとする新しい密教思想が眩しいばかりに輝いていた。そして特に毘盧遮那如来が両部の曼荼羅法を説いた須弥山思想を重視し、空海は著作の中でその説明に多くの紙幅を割いている。その須弥山思想にも触れた。

第七章と八章では、その金胎両部の中の『大日経』と華厳経の神変加持思想をはじめ、『大日経』「住心品」の主要な思想を取りあげて簡潔にまとめた。

第九章では、密教の戒と律について、三昧耶《さんまや》戒や顕密の戒の相違について触れ、越《おっ》三昧耶を犯さず三昧耶戒を厳守することの大切さを説いた。

第十章では、『大日経』の大悲胎蔵生曼荼羅の意味と曼荼羅の形態について述べ、曼荼羅の意味については、『大日経』のサンスクリット文テキストの欠陥によって、空海が伝えた善無畏《ぜんむい》の『大日経疏』と、チベット仏教に流布したブッダグフヤの『大日経広釈』の解釈が異なっている点などに触れた。

第十一章では、法身毘盧遮那如来の説く曼荼羅に三種があり、一つは身曼荼羅である大曼荼羅、二つ目は語曼荼羅である法（種子）曼荼羅、三つ目は心曼荼羅である三昧耶曼荼羅である。この身語心の三種曼荼羅は、毘盧遮那如来の三密である。ここでは、この三密の曼荼羅について詳しく論じた。

第十二章と十三章では、金剛頂経系の初会である『金剛頂経』の成立年代と成立地から説き進め、広本と略本と法爾常恒本《ほうにじょうごうぼん》との従来あまり強調されなかった三種類の金剛頂経の存在に触れ、栂尾《とがのお》祥雲博士の指摘が正しかったことを証明した。また第十三章では、金剛界九会曼荼羅を主に取りあげ、その四種曼荼羅との関係や、さらにその四種曼荼羅と四会との関係、九会曼荼羅の上転と下転の観想の問題、三十七尊曼荼羅の出生段を異にする二種の経典、四智と四種法身、自受用身と他受用身の異なりなどに触れ、最後にインドのヴェーダに説かれる雷霆《らいてい》（金剛杵）はその実際の姿形を示さないが、ギリシャ神話に説かれる雷霆は密教の三股杵と五股杵を彷彿とさせるものであった。このギリシャ神話の大神ゼウスの武器と、ヴェーダのインドラの武器との考証は今後の研究課題に委ねた。

第十四章と十五章では、空海の密教思想を学ぶとき必要な、顕密の修行者たちの心の境地を十種類に分析した『秘密漫荼羅十住心論《ひみつまんだらじゅうじゅうしんろん》』と、即声吽《うん》の三部書の解説を試みた。特に三部書は、密教の四度《しど》加行《けぎょう》を済ませ、悉曇学の一般知識を身に着けておく必要があるが、空海の密教を理解しようとする場合の必読書である。

第十六章と十七章では、密教の実践篇として、菩提心と月輪の関係や、菩薩の清浄法身と如来の清浄法身の思想をあげた。この二種の清浄法身は、行者である菩薩の法身と如来の法身に差別があるわけではないが、その功徳によって差別があるとされるものである。月輪観には金剛界法と胎蔵法とに異なりがあり、この異なりをしっかり身に着けておく必要があるゆえに、ここに取りあげたのである。最後の第十七章には、『大日経』の主要な五字厳身観と『金剛頂経』の五相成身観の実践次第を扱った。

このように、十七章にわたって空海の密教観を理解するための必要な密教思想を記した。その中には、これまでの密教概論に見られなかった新たないくつかの知見を含んでいる。これらについて、先学のご教授を希うものである。

＊　＊　＊

思えば、本書の出版に取りかかってから三年余りを要したが、決して無意味ではなかった。それは、今まで未解明なままに放置されてきた顕密のサンスクリット語とその思想的背景と変遷を解明し、本書のメインテーマとすることが出来たからである。

また、本年は弘法大師高野山開創千二百年を祈念する歳である。大師への法恩を謝して、記念してここに本書を上梓出来ることは著者の望外の慶びである。

最後に、本書の出版に関しては、御室仁和寺御当局の御理解に預かり、仁和伝法所長の添野智譲師に多大のご理解と御鞭撻を頂いた。またこの間おおくの大徳に励まされ、法藏館の今西智久編集員には図形や索引等の作成までお世話になった。衷心より関係各位に甚深の謝意を申し上げたい。

二〇一五年十二月吉日

摩竭庵にて

越智淳仁　識

【教理篇】

第一章　顕教と密教のルーツと思想

顕密思想の再検討

従来の密教関係の専門書で欠けていたのが、密教概論に必要な顕教と密教の思想的展開の記述である。それを今まで困難にしてきたのは、二、三世紀の初期大乗仏教の『大智度論』に説かれた「秘密（密教）と顕示（顕教）[1]」の思想が、インドにおける仏法を分類する古い二分法の一種であったということに気付かず、空海が中国長安に留学した当時の新しい顕密思想と同一であるという錯覚に陥っていたためであった。

実際、この顕密思想の古い二分法は様々な形で仏教思想の中に存在する[2]のであるが、これらの二分法が四世紀の『瑜伽師地論《ゆがしじろん》』のサンスクリット（梵）本とチベット（蔵）訳本と漢訳本の資料中に発見されたことにより、この顕密の古い用例がインド仏教の所産であることが確定した。

また、それにより顕密に相当するサンスクリット語（梵語）とチベット語（蔵語）も知られ、さらに顕密二教の異なった数種の漢訳用語や、詳細な内容までが知られる[3]ことになって、ようやく本書で、顕教と密教の新旧の思想的展開に言及できるようになったのである。

そこで、本書では、まず古い『大智度論』の顕密二教の再検討から始め、弥勒《みろく》（Maitreya）の『瑜伽師地論』、チベット訳の海雲《かいうん》（rgya mtsho sprin）と徳光《とっこう》（yon tan ḥod）の『瑜伽師地論』の注釈書と、三論宗の吉蔵《きちぞう》（五四九～六二三）の『法華玄論《ほっけげんろん》』や、善無畏《ぜんむい》やブッダグフヤの『大日経』の注釈書、空海の『弁顕密二教論《べんけんみつにきょうろん》』（以下『二教論』）、中国人の海雲の『両部大法相承師資付法記《りょうぶだいほうそうじょうししふほうき》』、宋代から唐代の新旧の顕密思想を傍証する賛寧《さんねい》の『宋高僧伝』と契《かい》嵩《すう》の『伝法正宗論《でんぽうしょうじゅうろん》』などを資料として、『大智度論』から唐代の空海が学んだ顕密思想までの変遷を明らかにする。

第一節　唐代以前の古い顕密思想

『大智度論』の顕密二教の二分法

唐代以前[4]の古い顕密二教の二分法を最初にあげる龍樹《りゅうじゅ》（一五〇～二五〇頃）の『大智度論』（百巻）は、鳩摩羅什《くまらじゅう》（三四四～四一三）によって後秦の弘始七年（四〇五）に漢訳された。

『大智度論』巻第四では、顕密二教を顕示と秘密の二分法として示すが、その説明の前に法を聞く大衆の比丘と、初地以前の在家と初地以上の出家の菩薩について触れる。それに基づいて『二万五千頌《じゅ》般若経』はまず比丘を説き、次に比丘尼・優婆塞・優婆夷の三衆を説き、最後に菩薩を説く。その理由として、一般に大乗の菩薩は仏の次にあげられるべきであるが、在家の菩薩は諸《もろもろ》の煩悩がまだ尽きていないから、阿羅漢（比丘）が先に、在家の菩薩が後に説かれるとする。

この前提で、顕示を阿羅漢の法とし、秘密を大乗の出家菩薩の法とする二分法を、次のように説く。

『大智度論』巻第四[5]に、

仏法に二種あり。一つには秘密、二つには顕示[6]なり。

顕示の中では、仏と辟支仏《びゃくしぶつ》（縁覚）と阿羅漢（声聞）はみなこれ福田なり。それ煩悩尽き余りなきを以ての故に。

秘密の中では、諸の（出家の）菩薩は無生法忍《むしょうほうにん》を得て、煩悩すでに断じて六神通《ろくじんづう》を具し衆生を利益すと説く。

顕示の法をもっての故に、前に阿羅漢を説き、後に（在家の）菩薩を説く。また次に（出家の）菩薩は方便力をもって、現に五道に入り五欲を受けて[7]衆生を（大乗に）引導す。もし（在家の菩薩が）阿羅漢の上に在れば、諸天世人まさに疑を生じ怪しむべし。この故に、後に説く。


ここでの顕示を、煩悩が尽きた小乗の阿羅漢たちの法であると捉えれば、阿羅漢は声聞の比丘を指すから、顕示は小乗の声聞の法となる。

これに対し、秘密を、諸の出家の菩薩は無生法忍を得て煩悩をすでに断じた大乗の菩薩の法であると捉えれば、この大乗の法を秘密にして隠し、方便行の六神通をもって衆生を利益する法が、秘密の法となる。

この点を、吉蔵は『法華玄論』巻第三[8]に引いて、次のように、

一つには、小乗を顕示と為し、大乗を秘密と為す。『（大智度）論』の巻第四に云うが如し。

仏法に二種有り。一つには顕示、二つには秘密なり。

顕示教の中には、阿羅漢は煩悩を断じて清浄なり。諸の（在家の）菩薩は未だ煩悩を断ぜざれば、未だ清浄ならず。

即ち（在家の）菩薩は阿羅漢に及ばずと明かす。故に羅漢を列する[9]こと前に在りて、（在家の）菩薩は後に居る。

秘密法の中には、諸の（出家の）菩薩は六神通を得て、一切の煩悩を断じ、智恵清浄にして二乗の上に超出すと明かす。此の文は正に小乗は浅易なるに約して顕示と為し、大乗は甚深なるを秘密と為す。若し爾《しか》らば、則

表1　『大智度論』巻第四と『法華玄論』巻第三の顕示と秘密

	顕示		秘密	
『大智度論』巻第四	**顕示**＝阿羅漢＝煩悩尽き余りなし	**（小乗）**＝順列は阿羅漢が前、（在家の）菩薩は後	**秘密**＝（出家の）菩薩＝無生法忍を秘密にして隠し、方便を以て現に五道に入り五欲を受けて衆生を（大乗に）引導す。	**大乗**＝無生法忍
『法華玄論』巻第三	**顕示教**＝**阿羅漢**＝煩悩を断じて清浄＝（在家の）**菩薩**は未だ煩悩を断ぜず不清浄	**小乗**＝**浅易**＝三蔵教（経・律・論）＝順列は阿羅漢が上	**秘密法**＝大乗の（出家の）菩薩＝無生法忍を得て六神通を具う＝煩悩断じて智恵清浄＝二乗の上に超出	**大乗**＝無生法忍＝秘密**甚深**の教＝『波若《ママ》経』と『法華経』

ち『波若《ママ》（経）[10]』と『法華（経）』とは、皆な菩薩は無生法忍を得て、六神通を具《そな》うと明かせば、並びに秘密甚深の教に属すと摂す。即ち三蔵教（経・律・論）を指して顕示と為すなり。

と解している。

これを整理して纏めると、表1のようになる。

この『大智度論』と『法華玄論』では、顕示の教は、阿羅漢という小乗の声聞乗の法を指す。秘密の教は、煩悩を滅して悟りを得た大乗の菩薩が大乗の法である無生法忍を秘密にして隠し、六神通の方便をもって地獄・餓鬼・畜生・人間・天神の五道に入り、まだ仏道に入っていない色欲・声欲・香欲・味欲・触欲の五欲の衆生を大乗に導く法を指す。

したがって、『大智度論』の顕示と秘密の二分法は、

顕示……小乗の声聞乗（阿羅漢）の教え

秘密……大乗菩薩の無生法忍の法を秘密にして、方便をもって衆生に五道の法を説く教え

ということになり、秘密を直接大乗の法と捉えるのは、早計である。すなわち、秘密にされる法は大乗の無生法忍の法ではあるが、それを秘密にして方便をもって衆生に説く五道の法が秘密の教えであるからである。

また、この『大智度論』と異なる顕密の二分法が『瑜伽師地論』に顕了教《けんりょうきょう》と隠密教《おんみつきょう》として見られるが、そこではこの秘密の意味がさらに明確に示されている。

『瑜伽師地論』の顕密二教

『瑜伽師地論』は瑜伽行派の基本的論書で、この頃のインド仏教の思想を詳細に扱っている。著者を、漢訳では四世紀頃の弥勒（Maitreya）とするが、チベット訳では無着《むじゃく》（Asaṅga）とする。訳者は玄奘（六〇二〜六六四）である。

玄奘の漢訳『瑜伽師地論』には、「本地分」と「摂決択分《しょうけっちゃくぶん》」が説かれ、「本地分」には隠密説法と顕了説法の古い二分法がセットで説かれる。また、「摂決択分」にはそれを受けた古い隠密教（密教）と顕了教（顕教）の二分法もセットで示されている。

『瑜伽師地論』の隠密と顕了の梵蔵漢資料

隠密説法と顕了説法の二分法を説く「本地分」は、サンスクリット本『菩薩地（経）』*Bodhisattvabhūmi*[11]と、八、九世紀に訳されたチベット訳『瑜伽行地中菩薩地』*Yogacaryābhūmau Bodhisattvabhūmi*（東北No.四〇三七）[12]と、漢訳の曇無讖《どんむせん》

（三八五～四三三）訳『菩薩地《ぼさつじ》持《じ》経(13)』と、玄奘訳『瑜伽師地論』の前半部分(14)に説かれている。

また、隠密教と顕了教の二教を説く(15)「摂決択分」は、同じく八、九世紀に訳されたチベット訳『瑜伽行地摂決択』*Yogacaryābhūmiviniścayasaṃgraha*（東北No.四〇三八）と、この玄奘の漢訳本の後半部分(16)に説かれ、玄奘の漢訳本と二種のチベット訳本はよく合致する。

『瑜伽師地論』の隠密説法と顕了説法

本書の「摂決択分」の隠密教と顕了教の内容を知るためには、前半の「本地分」に説かれた隠密説法と顕了説法の内容を知る必要がある。『瑜伽師地論』は、この隠密説法と顕了説法を二十七種の成熟《じようじゆく》方便の第十五と十六番目(17)にあげ、この両法を詳しく示している。

ここでは、中国仏教思想史の上で漢訳資料の顕密二教の思想に重点を置くから、その資料を次のように漢訳とサンスクリット本（チベット訳は註20）の順にあげる。

漢訳『瑜伽師地論』の「本地分」の記述(18)では、

隠密説法とは、謂く嬰児のような智恵の有情《うじよう》に於いては、広大甚深な義法を隠覆し、（かれらの）為に麁浅《そせん》にしてたやすく悟入すべき、方便を為して趣入《しゆにゆう》し易き処法を説く。

顕了説法とは、謂く広大な智恵の有情は已に善く聖なる教理に悟入するに於いて、其の（有情の）為に広大甚深な道理の処法を開示する。

Dutt の『菩薩地（経）』*Bodhisattvabhūmi*(19)では、

tatra guhya-dharmākhyānaṃ katamat / yā bāla-prajñānāṃ sattvānāṃ atyudāra-gambhīrārtha-dharma-praticchādanatā uttānasupraveśa-sukkhopāyāvatāra-dharma-deśanatā / vivṛta-dharmākhyānaṃ katamat / yā pṛthu-prajñānāṃ sattvānāṃ sukkha-praviṣṭa-buddha-śāśanā-nayānāṃ atyudāra-gambhīra-sthāna-vivaraṇatā /

その中、秘密にして説法すること（隠密説法）とは何かといえば、幼児のような智恵の有情たちに、広大甚深な意味の法を隠覆し、（かれらに）理解しやすく悟入しやすい容易な方便で趣入できる法を説くことである。顕らかにして説法すること（顕了説法）とは何かといえば、広い智恵をもつ有情で、よく仏教の教理に悟入するものたちに、広大甚深な（学）処を開示することである。

とある。チベット訳[20]はサンスクリット本とほぼ同じであるから注記に留めるが、これらの三資料から、漢訳の隠密説法と顕了説法のサンスクリット語は guhya-dharmākhyāna と vivṛta-dharmākhyāna であり、そのチベット訳は注記のごとく gsaṅ ste chos brjod pa と rnam par phye ste chos brjod pa であることが知られた。

それを纏めると、次のようになる。

隠密説法……嬰児のような智恵の劣った有情に、**広大甚深な義法を隠覆し**、かれらが悟れる法を方便を以て説くこと

顕了説法……大乗の広大な智恵を持つ者に広大甚深な法を説くこと

したがって、漢訳『瑜伽師地論』の隠密説法と顕了説法の隠密と顕了のサンスクリット原語はグフヤ guhya とヴィヴゥリタ vivṛta であり、徳光の注釈[21]と、海雲の注釈[22]でも、このグフヤとヴィヴゥリタのチベット訳は、ともに同じであるから、そのサンスクリット原語も同じである。またその注釈の意味する内容もほぼ同じである。

グフヤ（隠密）とヴィヴゥリタ（顕了）の意味

この『瑜伽師地論』の隠密 guhya と顕了 vivṛta のサンスクリット語の意味は、グフヤが「隠されるべき」、「秘密にされた」、「秘密の」、「隠密の」を意味する√guh（秘密にする）から派生した未来受動分子のグフヤであり、同義語は「覆蔵する（praticchādanatā）」や顕了 vi-vṛta の接頭辞 vi-を除いたヴゥリタ（vṛta 隠す）である。

顕了は「秘密にされない（非秘密）[23]」、「顕示された」、「顕了された」、「顕《あきら》かな」、「顕かに」を意味する vi（非）＋√vṛ（隠す）の過去受動分子の**ヴィヴゥリタ**である[24]。

第二節 『瑜伽師地論』の隠密教と顕了教

漢訳『瑜伽師地論』巻第六十四の「摂決択分中 聞所成恵地《ちゅうもんしょじょうえじ》」には、六組十二種の教導をあげる中[25]の第五組に隠密教と顕了教が記されている。この部分のサンスクリット文が無いので明確なサンスクリット語は知られないが、隠密教サンワシェーパ gsaṅ ba bśad pa と顕了教ナンパルチェーワシェーパ rnam par phye ba bśad pa の漢訳とチベット訳の翻訳語から、隠密はグフヤ、顕了はヴィヴゥリタであることは間違いない。以下、漢訳とチベット訳の『瑜伽師地論』「摂決択分」に説かれる隠密教と顕了教の記述を見てみよう。

本論の漢訳「摂決択分[26]」には、隠密説法と顕了説法の法である隠密教（密教）と顕了教（顕教）が次のように説かれる。

隠密教とは、いわく多分にしたがって声聞蔵教なり。

顕了教とは、いわく多分にしたがって大乗蔵教なり。

このチベット訳の『瑜伽《ゆが》行地《ぎょうじ》摂決択』(27) *Yogacaryābhūmi-viniścayasaṃgraha* には、
　その中、隠密教とは、いわゆる、多分に声聞蔵教である。
　その中、顕了教とは、いわゆる、多分に大乗蔵教である。
とある。

　これから知られるように、ここでは、隠密教が小乗の声聞蔵教であり、顕了教が大乗蔵教とされる。その要点を纏めると、次のようになる。

　　隠密教（密教）……小乗の声聞蔵教
　　顕了教（顕教）……大乗蔵教

　また、隠密教のチベット訳がサンワシェーパであり、顕了教のそれがナンパルチェーワシェーパであることから、この二教の隠密と顕了のサンスクリット語は、「本地分」に見たグフヤとヴィヴゥリタである。よって、このグフヤとヴィヴゥリタは、「密教」と「顕教」の「密」と「顕」と訳すことが可能であるから、顕密二教の用例がこの『瑜伽師地論』にすでに説かれていたことになる。そればかりか、これに先行する『大智度論』にもこの二教が同じく説かれていたのである。

　この『瑜伽師地論』の古い顕密思想を、空海が留学した唐代の新しい顕密思想と対比させた用例が、宋代の賛寧たちの記述に見られる。それを次に見てみよう。

宋代から見た賛寧と契嵩の顕密思想

　唐代以前の古い顕密思想と唐代以後の新しい顕密思想を対比した宋代の人物に、賛寧と契嵩がいる。賛寧（九一九～一〇〇二）は、唐の道宣（五九六～六六七）の『続高僧伝』[28]に続く『宋高僧伝』を完成させている。それには、空海が入唐した時代の新たな顕密思想に、昔の『瑜伽師地論』の隠密教と顕了教の記述を対比させて、次のように記す[29]。

一つに顕教とは、諸乗の経律論なり。瑜伽論中の顕了教とは、是れ多分に大乗蔵教なりとは同じからず。

二つに密教とは、瑜伽灌頂の五部と護摩と三密の曼荼羅法なり。瑜伽隠密教とは、是れ多分に声聞蔵教なり。

ここでは唐代の顕教と密教の用語を使いながら、まず顕教については、『宋高僧伝』が顕教を「諸乗の経律論[30]」とする説と、『瑜伽師地論』が顕了教を「大乗蔵教」とする説が同じでないとする。さらに賛寧の僧録を引き継いだ契嵩（一〇〇七～一〇七二）が『伝法正宗論』（一〇六一年完成）に「謂く三乗の経律論を顕教と為す[31]」とする。これらの説から三者共に顕教の捉え方が異なることとなる。

また、密教については、『宋高僧伝』は、この唐代の密教を、二行割りで『瑜伽師地論』の「小乗の声聞蔵教」と同じであるとする。したがって、唐代以前の『瑜伽師地論』の隠密教は声聞蔵教であるとする解釈を契嵩も否定していないから、宋代の密教が『瑜伽師地論』所説の「声聞蔵教である」とする解釈を継承していたことになる。

さらに、密教の内容を賛寧が「瑜伽灌頂の五部と護摩と三密の曼荼羅法」と捉え、契嵩が「瑜珈五部の曼荼羅法[32]」と捉えていることから、彼らが捉えた唐代から宋代に継承された密教は、金剛頂経系の色彩が濃い密教であったことが知られる。それとともに、密教が曼荼羅法であるとするこの捉え方は、空海が『秘密漫荼羅教付法伝《ひみつまんだらきょうふほうでん》』[33]などに示す解釈と同じである。それを整理すれば、表2のようになる。

表2　宋代から見た新旧の顕密思想

『瑜伽師地論』巻第六十四	**隠密教**	声聞蔵教	
	顕了教	大乗蔵教	
『宋高僧伝』巻第三	顕教	諸乗の経律論	（二行割り）瑜伽論中の顕了教とは、是れ多分に**大乗蔵教**なりとは同じからず。
	密教	**瑜伽灌頂の五部と護摩と三密の曼荼羅法**	（二行割り）瑜伽隠密教とは、是れ多分に**声聞蔵教**なり。
『伝法正宗論』巻下	顕教	三乗の経律論	
	密教	**瑜珈五部の曼荼羅法**	

第三節　『法華玄論』の顕密の用語

中国三論宗の吉蔵が『法華玄論』で使用する顕密の用語は、基本的には『大智度論』の顕示と秘密であるが、その他に顕示法と秘密法[34]、秘密法と非秘密法[35]、顕教と亦顕亦密《やっけんやくみつ》[36]、顕と秘の二教[37]、顕教と密教[38]、顕と密の二説[39]などがある。

その中のいくつかの用例を見てみよう。

『法華玄論』の秘密と顕示

吉蔵は、『法華玄論』で『大智度論』巻第四と巻第百の顕示と秘密の記述を引き、（A）で秘密と顕示の義を深と浅、大と小と捉える理由を問い、その答えとして（B）の『大智度論』巻第四の仏法の分類法と、（C）の『大智度論』巻第百の義を明かす分類法とをあげる。

まず、その『法華玄論』巻第三(40)の（A）（B）（C）の記述から見るが、（B）はすでに『大智度論』の顕密二教の箇所で見た。しかしながら、この箇所の文脈を知るために必要なので再掲する。

（A）問う、秘密と顕示とは為《は》た深なるか、為た浅なるか、為た大なるか、為た小なるか。

答う、総じて此の二義を論ずるに、即ち（B、Cの）両途有り。

（B）一つには、小乗を顕示と為し、大乗を秘密と為す。『（大智度）論』の巻第四に云うが如し。

仏法に二種有り。一つには顕示、二つには秘密なり。

顕示教の中には、阿羅漢は煩悩を断じて清浄なり。諸の（在家の）菩薩は未だ煩悩を断ぜざれば、未だ清浄ならず。

即ち菩薩は阿羅漢に及ばずと明かす。故に羅漢を列(41)すること前に在りて、（在家の）菩薩は後に居る。

秘密法の中には、諸の（出家の）菩薩は六神通を得て、一切の煩悩を断じて、智恵清浄にして二乗の上に超出すと明かす。此の文は正に小乗は浅易なるに約して顕示と為し、大乗は甚深なるを秘密と為す。若し爾らば、則ち『波若《ママ》（経）』と『法華（経）』とは、皆な菩薩は無生法忍を得て、六神通を具うと明かせば、並びに秘密甚深の教に属すと摂す。

即ち三蔵教を指して顕示と為すなり。

（C）二つには、義を明かすこと猶お浅きを以て顕示と為し、義を明かすこと甚深なるを秘密と為す。（『大智度論』の）第百巻に説くが如し。『波若（経）』は但だ菩薩の仏と作る者を明かすのみ、『波若（経）』は已に仏乗は是れ実なりと明かすも、未だ二乗の仏と作るを明かさざれば、未だ二乗に是れ方便を開かず。此の一義に約すれば、『法華（経）』に劣ること有るが故に、『波若（経）』を名づけて浅と為す。『法華（経）』は即ち仏乗は是れ実なりと明かし、復た二乗を権《ごん》と為すと開くが故に『法華（経）』を深と為すなり。此れには大乗の中に就きて、自ずから浅深有るが故に顕秘の二教を分かつ。

（A）の記述は、どうして秘密を深や大とし、顕示を浅や小とするのかの問いである。この二種の答えが、（B）と（C）である。

（B）の記述は、すでに『大智度論』の顕示と秘密の二分法で参照した部分であるから簡潔に触れるが、ここでは顕示を顕示教、秘密を秘密法と示した上で、顕示教は小乗の教えであり浅易であるとする。これに対し、秘密法は大乗の法で甚深であり、その秘密甚深の教が『般若経』と『法華経』であるとする。これを纏めると、表3のようになる。

表3　第一義の（B）（『大智度論』巻第四）

顕示教（顕教）	小乗＝浅易＝三蔵教
秘密法（密教）	大乗＝甚深＝秘密甚深の教＝『般若経』と『法華経』

（C）の第二義では、『大智度論』巻第百に説く大乗経典中の『般若経』と『法華経』の顕密をあげ、『般若経』は菩薩の作仏を説くが二乗の作仏は説かないから権であり、浅であるから顕示であると説く。それに対し、『法華

経』は菩薩と二乗の作仏を説くから実であり、深であるから秘密であると説く。

この場合の二教の呼び方を「顕秘の二教」として「顕密」としていない。それは、この密教の密が秘密の秘であって、「密かに教える」という意味の密ではないことを示している。これは、吉蔵自身が注意していることからも心に留めておかなければならない[42]。

したがって、第二義の（C）に扱う大乗の顕秘の二教の分類を整理すると、表4のようになる。

表4　第二義の（C）（『大智度論』巻第百）

大乗の中	
顕示	『般若経』＝菩薩の作仏を明かす＝権＝未だ二乗の作仏を明かさず＝『法華経』に劣る＝浅
秘密	『法華経』＝（菩薩と二乗の作仏を明かす）＝実＝深
顕秘の二教	

さらに、『法華遊意』[43]では、見出しの第五に「顕密門」[44]として、明確に顕密[45]の表現を使用するが、その文中では、顕は顕示であり、密は秘密であるとする。したがって、この顕密は顕教と秘密教から一字ずつを取って作られた言葉であり、吉蔵の解釈によれば顕密二教の顕と秘密の差別の義には重重無数があることになる。

この顕と秘密の差別の義に重重無数があることを空海も『二教論』[46]に示すが、それはこの吉蔵の『法華玄論』などの説を受けたものである。

また、唐代以前の『大智度論』から『法華玄論』に明かす古い顕密二教の分類思想と、唐代の金剛智《こんごうち》や不空《ふくう》が活躍した時代の新しい顕密二教の分類思想とがどのように異なるかを、次章で空海の『二教論』に見てみよう。

註

(1) 梅尾祥雲博士は、龍樹の『大智度論』(大正二五、№一五〇九、八四頁c)に、この顕密対弁思想が説かれていることを最初に指摘した(『秘密仏教史』〈『梅尾祥雲全集』Ⅰ、密教文化研究所、初版一九三三年〉二一七頁)。その後、さらに『大智度論』の「顕示とは声聞乗(小乗)を示し、秘密とは在家菩薩を指す」と解釈している(『密教思想と生活』〈『梅尾祥雲全集』Ⅲ、密教文化研究所、一九八二年〉一七九頁以下)。松長有慶博士は、この秘密と顕示の二種の仏法は、「一般に言う顕教と密教の意味ではない」と見る(松長有慶『密教経典成立史論』法藏館、一九八〇年、一三～八一頁)。瑜伽論のサンスクリット本の索引は、宇井伯壽『梵漢対照　菩薩地索引』(鈴木学術財団、一九六一年、八三頁)、『Index to the Yogācārabhūm. 漢梵蔵対照　瑜伽師地論索引』(横山紘一、廣澤隆之共著、一九九六年、山喜房佛書林、二二八頁、二六三頁)がある。『瑜伽師地論』の研究論文などについては、*The Foundation for Yoga Practitioners The Buddhist Yogācārabhūmi Treaties and Its Adaptation in India, East Asia, and Tibet*, Edited by Ulrich Timme Kragh, Published the Department of South Asian Studies Harvard University, 2013 参照。

(2) 吉蔵の『法華遊意』「第五明顕密門。……」(大正三四、№一七二二、六四五頁a～六四六頁c)参照。

(3) 拙稿「顕密思想の歴史的展開の研究」(『密教文化』第二三一号、密教研究会、二〇一三年)。**【訂正】**当論文の九六頁一五行目「帰国後**すぐの元和元年**(八〇六)に」を「帰国後に」に訂正。

(4) 唐代以前とは、金剛智や不空、善無畏たちが入唐し、『大日経』や『金剛頂経』が唐代に伝えられる以前を指す。

(5) 『大智度論』(大正二五、№一五〇九、八四頁c～八五頁b)。この『大智度論』の顕示では、仏陀釈尊の弟子である比丘たちを阿羅漢と呼び、阿羅漢果を得た小乗の声聞たちの教えであるとする。また秘密の菩薩が方便をもって教化する衆生とは、在家菩薩となる一般衆生が示唆されていると理解される。

（6）経文に「現示」とあるを、脚注と吉蔵の引用文などにより、「顕示」と改める。

（7）「受五欲引導衆生」を「五欲を受ける衆生」と訳すべきか（大正二五、№一五〇九、八五頁ａ）。

（8）『法華玄論』巻第三「一者小乗為顕示。大乗為秘密」（大正三四、№一七二〇、三八五頁ｂ）。日本の善珠（七二四～七九七）の『唯識義灯増明記』にも同解釈がある（大正六五、№二二六一、三三六頁ｃ）。

（9）「烈」とあるを「列」に改める。

（10）『波若』とは、『般若経』のこと。

（11）サンスクリット本には荻原雲来編『梵文菩薩地経』（山喜房佛書林、一九七一年復刻、八二頁）とDuttの *Bodhisattvabhūmi*（K.P.Jayaswal Research Institute, Patna, 1966, p. 58）がある。

（12）「隠密説法と顕了説法」（チベット訳 *Yogacaryābhūmau Bodhisattvabhūmi*、東北№四〇三七、wi 帙、fol. 43b^{6}, fol. 45a^{1}）。

（13）『菩薩地持経』巻第三には、「隠覆説法者。於少智衆生覆蔵深義。為説麁現易行之法。顕現説法者。智恵衆生深入仏法。為説甚深微妙之処」（大正三〇、№一五八一、九〇〇頁ｃ）。

（14）『瑜伽師地論』巻第三十七（漢訳、大正三〇、№一五七九、四九七頁ｃ）。

（15）「隠密教と顕了教」（チベット訳 *Yogacaryābhūmiviniścayasaṃgraha*、東北№四〇三八、shi 帙、fol. 188b^{6}, fol. 189b$^{1\text{-}2}$）。

（16）『瑜伽師地論』巻第六十四（漢訳、大正三〇、№一五七九、六五四頁ｂ～ｃ）。

（17）『瑜伽師地論』巻第三十七「云何成熟方便。当知此有二十七種。……十五者隠密説法。十六者顕了説法。……」（大正三〇、№一五七九、四九七頁ａ）。梵文：tatra paripākopāyaḥ / sa saptaviṃśatividho bodhitavyaḥ / ……guhya-dharmākhyānataḥ vivṛta-dharmākhyānataḥ……/（和訳）その中、成熟すべき方便とは、それは二十七種と知るべきである。……秘密にして説法することと、顕かにして説法することと、……。（Dutt, *Bodhisattvabhūmi*, K.P.Jayaswal Research Institute, Patna, 1966. p. 56）。チベット訳：de la yoṅs su smin par bya baḥi thabs gaṅ she na / rnam pa ñi śu rtsa bdun du rig par bya ste / ……gsaṅ ste chos brjod pa daṅ / rnam par phye ste chos brjod pa daṅ / ……/（東北№四〇三

七、wi 帙、fol. 43b^{5}）。また、『菩薩地持経』巻第三に「方便成熟者。有二十七種。一者界充満。……。十五者隠覆説法。十六者顕現説法」とあり、これの説明は「……隠覆説法者。於少智衆生覆蔵深義。為説麁現易行之法。顕現説法者。智恵衆生深入仏法。為説甚深微妙之処」（大正三〇、№一五八一、九〇〇頁c）。

（18）『瑜伽師地論』巻第三十七。この隠密説法と顕了説法は、二十七種の成熟方便の第十五、十六番目にあげ（漢訳、大正三〇、№一五七九、四九七頁a）、さらにその説明をあげる（漢訳、大正三〇、№一五七九、四九七頁c）。

（19）Dutt の *Bodhisattvabhūmi*（Dutt, *Bodhisattvabhūmi*, K. P. Jayaswal Research Institute, Patna, 1966. p. 58）。

（20）チベット訳の *Yogācaryābhūmau Bodhisattvabhūmi*『瑜伽行地中菩薩地』（東北№四〇三七 wi 帙、fol. 189b$^{1-2}$）では、

de la gsaṅ ste chos brjod pa gaṅ she na / sems can byis pa śes rab can rnams la / śin tu rgya che shiṅ zab paḥi chos bcabs ste /gsal shiṅ ḥjug par sla la thabs sla bas ḥjug paḥi chos ston pa gaṅ yin paḥo // rnam par phye ste chos brjod pa gaṅ she na /sems can śes rab rgya che shiṅ saṅs rgyas kyi bstan paḥi tshul la legs par shugs pa rnams la / śin tu rgya che shiṅ zab paḥi gnas rnam par ḥgrel pa gaṅ yin paḥo //

その中、秘密にして説法すること（隠密説法）とは何かといえば、幼児のような智恵をもつ有情たちに、広大甚深な法を覆蔵し、（かれらが）明らかに悟入しやすく、方便で容易に趣入できる法を説くことである。顕らかにして説法すること（顕了説法）とは何かといえば、広大な智恵をもち仏教の教理に悟入する有情たちに、広大甚深な（学）処を開示することである。

（21）徳光（yon tan ḥod）の *bodhisattvabhūmi-vṛtti*「gsaṅ ste chos brjod pa ni/ sems can byis paḥi spyod pa can gyi dbaṅ du byas paḥo// rnam par phye ste chos brjod pa ni/ śes rab rgya che baḥi dbaṅ du byas paḥo //
隠密説法とは、幼児の様な行いをする有情に関することである。**顕了説法**とは、広大な智恵（の有情）に関することである」（東北№四〇四四、ḥi 帙、fol. 168b^{4}）。

（22）海雲（rgya mtsho sprin）の *yogācaryabhūmisya bodhisattvabhūmivyākhyā*「gsaṅ ste chos brjod pa las gyur pa gaṅ yin pa shes bya ba ni zab mo ma yin paḥi chos brjod pa las gyur pa shes bya baḥi don to//tha mal baḥi chos yoṅs su śes pa de yaṅ de dag

daṅ ḥdra ba ñid do//
隠密説法とは、何であるかと言えば、（広大）甚深でない法を説くことであるという意味である。それぞれの一般の法を知ることと同じである。」（東北№四〇四七、yi帙、fol. 108b5）。ここには、「顕了説法」の rnam par phye ste chos brjod pa は見えていない。

（23）「非秘密（顕示）」（『法華玄論』巻第三、大正三四、№一七二〇、三八二頁b）。

（24）すでに袴谷憲昭氏が、『解深密教』の用例として、隠密のチベット語を stong pa nyid smos paḥi rnam pa, サンスクリット語を śūnyatā-vādākāra とし、顕了のチベット語を legs par rnam par phye ba, サンスクリット語を suvibhakta とするが、『瑜伽師地論』が隠密のチベット語を gsaṅ ba, サンスクリット語を guhya, とし、顕了のチベット語を rnam par phye ba, サンスクリット語を vivṛta とし、その注釈書の徳光の *bodhisattvabhūmi-vṛtti*（東北№四〇四四、ḥi帙、fol. 168a4）や海雲の *yogācāryabhūmiṣya bodhisattvabhūmiyākhyā*（東北№四〇四七、yi帙、fol. 108b5）と対比するとき、袴谷憲昭氏のそれとは大きく異なっている（袴谷憲昭『唯識の解釈学――『解深密経』を読む――』春秋社、一九九四年、二〇六頁以下参照）。これを藤井淳氏が『空海の思想的展開の研究』の注記に記している（トランスビュー、二〇〇八年、第二編、六四〇頁の註51参照）。

（25）『瑜伽師地論』巻第六十四、「復次教導略有十二。所謂、事教・想差別教、観自宗教・観他宗教、不了義教・了義教、世俗諦教・勝義諦教、隠密教・顕了教、可記事教・不可記事教。」（大正三〇、№一五七九、六五四頁b）。チベット訳『瑜伽師地論』「yaṅ mdor bsdun bśad pa rnam pa bcu gñis yod do / ḥdi lta ste / …… (9) gsaṅ ba bśad pa daṅ / (10) rnam par phye ba bśad pa daṅ / ……」。（東北№四〇三八、232zhi帙、fol. 188b6）。

（26）『瑜伽師地論』巻第六十四（大正三〇、№一五七九、六五四頁c）。

（27）「de la gsaṅ ba bśad pa ni ḥdi lta ste/ phal cher ni ñan thos kyi sde snod bśad pa gaṅ yin paḥo//de la rnam par phye ba bśad pa ni ḥdi lta ste/ phal cher ni theg pa chen poḥi sde snod bśad pa gaṅ yin paḥo /」（*Yogacaryābhūmi-viniścayasaṃgraha*、東北№四〇三八、232zhi帙、fol. 189b1-2）。

(28) 本書は、『唐高僧伝』とも言われ、唐の貞観十九年（六四五）までの百四十四年間の高僧について、正伝三四〇人、付見一六〇人を収録し、その後二十年間にわたって補修を加えたものと見られている。
(29) 賛寧の『宋高僧伝』巻第三（大正五〇、No.二〇六一、七二四頁b）。この『宋高僧伝』には、唐代の日本の高僧としての空海はあげられていない。
(30) 「諸乗の経律論なり」を、諸の大小乗の経律論と理解すれば、大乗蔵教とする『瑜伽師地論』と異なることになる。
(31) 「吾宗の賛寧の僧録を継宣して伝と為す。それ三教を許してすなわち曰く。心教の義を加う（謂く三乗の経律論を顕教と為す。謂く瑜珈五部の曼荼羅法を密教と為す。謂く禅宗の直に人心を指して見性して成仏するを心教と為すなり）が故に」（契嵩〈一〇六一年完成〉『伝法正宗論』巻下、大正五一、No.二〇八〇、七八三頁b）。
(32) 『伝法正宗論』巻下（大正五一、No.二〇八〇、七八三頁b）。
(33) 『秘密漫荼羅教付法伝』（『定本弘全』）第一巻、『弘全』第一輯）や、『秘密漫荼羅十住心論』（『定本弘全』第二巻、『弘全』第一輯）などに散見される。
(34) 『法華玄論』巻第一（大正三四、No.一七二〇、三六八頁c）。
(35) 『法華玄論』巻第三（大正三四、No.一七二〇、三八二頁b）。
(36) 『法華玄論』巻第三（大正三四、No.一七二〇、三八三頁b）。『法華遊意』（大正三四、No.一七二二、六三三頁c、六四五頁a）にもあり。
(37) 『法華玄論』巻第三（大正三四、No.一七二〇、三八三頁b）。
(38) 『法華玄論』巻第七（大正三四、No.一七二〇、四一七頁c）。
(39) 中国天台宗智者大師智顗「仏有顕密二説。若顕説為論。法華之前二乗未悟大道。……若密教為論。未必具待五味。在法華方会」（『妙法蓮華経文句』巻第九下、大正三四、No.一七一八、四八頁a）。
(40) 『法華玄論』巻第三（大正三四、No.一七二〇、三八五頁b）。善珠（七二四～七九七）の『唯識義灯増明記』にも

同解釈あり（大正六五、No.二二六一、三三六頁c）。

(41)「烈」とあるを「列」に改める。

(42) 拙稿「顕密思想の歴史的展開の研究」（『密教文化』第二三一号、二〇一三年、横組一〇三～一〇一頁）参照。『法華玄論』巻第三（大正三四、No.一七二〇、三八三頁b～c）参照。

(43)『法華遊意』（大正三四、No.一七二二、六三三頁c、六四五頁a）。

(44)『法華玄論』巻第一（大正三四、No.一七二〇、三六八頁c）。

(45)『法華遊意』巻上の第五に「五顕密門」（大正三四、No.一七二二、六三三頁c、六四五頁a）とあり。

(46)『二教論』巻上（『定本弘全』第三巻、一〇九～一一〇頁、『弘全』第一輯、五〇五頁）。

第二章　唐代の新しい顕密思想

第一節　唐代の新旧の顕密思想

長安に留学した空海（長安留学期間　八〇四～八〇六）は、『弁顕密二教論《べんけんみつにきょうろん》』（以下『二教論』）巻上(1)に、仏教がいつ中国に伝わり、『大智度論』から始まった昔の顕密二教の分類法と、唐代に新しい思潮としてインドから伝わった同様の分類法とが、どのように取り入れられたかを、次のように記している。

釈教漸く東夏して、微より著に至る。漢明を始めとなし、周天を後として、その中間に翻伝するところはみなこれ顕教なり。玄宗・代宗の時、金智・広智の日、密教鬱《さか》りに起って、盛《さか》りに秘趣を談ず。

この空海の歴史観によれば、仏教が中国に伝えられ内容が明らかにされたのは、後漢の明帝（在位五七～七五）から唐代の則天武后（在位六八四～七〇五）の時代までであり、この間の昔の顕密思想はすべて顕教と呼ばれるようになった。

これに対し、唐代の玄宗（在位七一二～七五六）から代宗（在位七六二～七七九）の時代になって、金剛智《こんごうち》（六七一～七四一）や不空《ふくう》（七〇五～七七四）がインドから中国にやってきて、新しい経典論書を伝え、翻訳し教義が広まると、その新しい仏教思潮が密教と呼ばれるようになって、ここに新たな顕密二教の分類が始まったのである。

しかし、昔から仏法を伝え広めてきた先師たちは、昔のすべての経論が顕教に属し、金剛智たちの伝えた新しい『金剛頂経』などが密教であるということをなかなか認めようとしなかった。

そこで、このような人たちに、諸《もろもろ》の経論から関連する顕密思想の要点を抜き出して、新たな顕密の入門書としたのが、この『二教論』であるという。(2)

第二節　『大日経』の注釈に見られる顕密思想

開元四年（七一六）に長安に入った善無畏《ぜんむい》（シュバカラシンハ、六三七〜七三五）(3)は、七二四から七二五年にかけて『大日経《だいにちきょう》』七巻三十六品を翻訳する。その後、一行《いちぎょう》禅師たちに『大日経』六巻三十一品を講義し、筆録した一行がその講義録に自身の筆を加えて完成させたものが『大日経疏』二十巻(4)である。

その『大日経疏』「入漫荼羅具縁真言品《にゅうまんだらぐえんしんごんぼん》」（以下「具縁品」）の「一切の法を慳悋《けんりん》すべからず」とする三昧耶《さんまや》戒の記述に、「略して法を説くに四種あり。謂く、三乗と及び秘密乗となり。悋惜すべからずと雖も、然れども衆生を観て、その根器（機根）を量りて、而して後にこれを与うべし。もしたやすく（三乗に）諸の深秘の事を説けば疑謗を生ぜしめ、彼の善根を断つ」(5)と示す。この三乗の法を顕教とし、秘密乗を密教と捉えれば、この善無畏の顕密観は、宋代の契嵩《かいすう》の『伝法正宗論』に見た顕密観(6)と同じである。

また、『大日経疏』「秘密漫荼羅品」(7)で善無畏は、秘密曼荼羅の「如来の秘奥の蔵」を、三昧耶戒を有する人でなければ授けず、三昧耶戒を有しない者には「顕露の常教」しか授けないとする。この記述も、まさに「秘奥の蔵」がグフヤの漢訳語であり、「顕露」がヴィヴゥリタの漢訳語であると(8)見れば、ここでもこの記述が顕密思想を示していることになる。このように見れば、この三昧耶戒の「一切の法を慳悋すべからず」の一句にも、密教のすべての法を惜しまずに授けるという単純なことではなく、菩薩の資質（根器）によって、密教の法を授けるか、密教の法を秘密にして顕教の法を授けるかの顕密思想を含んでいることになる。

この顕密観を、インドで八世紀後半に活躍したブッダグフヤも、『大日経広釈《こうしゃく》』「秘密曼荼羅品」[9]の尊位の箇所で、「その法則を三昧耶を有しない者には示さない。ゆえに秘密という[10]。（意趣）」と記している。

この秘密は、顕教の波羅蜜を行ずるもの（波羅蜜行）と、密教の真言を行ずるもの（真言行[11]）との二教の内の真言行を指したもので、顕密二教のグフヤに当たるものである。ゆえに、インドの善無畏とブッダグフヤ（八世紀後半活躍）が示すこれらの用例から、この唐代の顕密思想も当時のインド密教思想の中に存在していたと理解してよい。

これらを纏めて示せば、表1のようになる。

表1　『大日経疏』と『大日経広釈』の顕密二教

善無畏の『大日経疏』「具縁品」	略して法を説くに四種あり。謂く、三乗（顕教）と及び秘密乗（密教）となり。悋惜すべからずと雖も、然れども衆生を観て、その根器（機根）を量りて、而して後にこれを与うべし。もしたやすく（三乗に）諸の深秘の事を説けば疑謗を生ぜしめ、彼の善根を断つ
「秘密漫荼羅品」	如来の秘奥（グフヤ）の蔵を、三昧耶戒を有する人でなければ授けず、顕露（ヴィヴゥリタ）の常教しか授けない（意趣）
ブッダグフヤの『大日経広釈』「秘密曼荼羅品」	**その法則を三昧耶を有しない（顕教の）者には示さない。ゆえに秘密（密教）という**（意趣）。

不空の『総釈陀羅尼義讃』の顕密思想

このブッダグフヤの顕密観と同じものが、唐代の玄宗から代宗の時代に入唐した不空の『総釈陀羅尼義讃《そうしやくだらにぎさん》』(12)にも見られる。このテキストが、「奉詔解釈《ぶじようげしやく》」とされていることから、不空のインド資料からの純粋な翻訳ではないと考えられているが(13)、上記に見た『大日経』注釈類の顕密思想の流れから考えて、そうとばかりもいえない。そこで、不空の『総釈陀羅尼義讃』の再検討が必要になる。

『総釈陀羅尼義讃』は短い文章であるが、そこには、

大乗に於いて菩薩道を修する二種の修行は、無上の菩提を証する道なり。所謂《いわゆ》る諸の波羅蜜に依って修行して成仏するものと、真言陀羅尼の三密門に依って修行して成仏するものとなり。

とするインド密教の波羅蜜行と真言行の二分法が見られる。この二分法は、八世紀後半にインドで活躍したブッダグフヤの『大日経広釈』(14)に紹介されるもので、中国文献では他に見られないものである。

また、これに続く陀羅尼の記述では、法持・義持・三摩地持《さんまじ》・文持《もん》の四種の持(ダラニ)を大乗教の顕教の説とする。これに対し、密教には、法真言・義真言・三摩地真言・文持真言の四種があり、この四種真言は真言行の菩薩だけのものであって、外道《げどう》や二乗の境界ではないとする。

また、その説の締めくくりとして、この顕密二教の四種陀羅尼の名前(四称)をあげ、次のように、

上の如く、陀羅尼、真言、密言、明の義は、梵文に依る。復た、顕教の修多羅《しゆたら》中に於いて称を説き、或は真言密教の中に於いて是の如く四称を説く。……若し二密門と相応すれば、……安楽に成仏する速疾の道なり。

と記している。これを纏めると、

顕教＝波羅蜜行……陀羅尼、真言、密言、明の義＝**顕教**の修多羅中に称を説く

密教＝真言行……陀羅尼、真言、密言、明の義＝**真言密教**の中に四称を説く＝**三密門**と相応すれば安楽に**成仏**
　　できる速疾の道なり

となる。

この顕密思想は、上記の「『大日経』の注釈に見られる顕密思想」や、以下の「『二教論』巻下の二種の顕密思想」に見る陀羅尼の顕密観などから勘案するに、決して不空の自作自演のものとは考えられない。そればかりか、むしろ唐代に見るインド密教の顕密思想とすべきである。ただ、この不空の記述の中には、密教の密を密かに教えることと解する「師より密かに三密の規則を受ける[15]」とか、「皆な密かに受持す[16]」という三論宗の吉蔵の密教用語も見られるから、純粋なインド密教の思想ばかりではなく、中国仏教の顕密観も取り入れられている可能性もある。[17]したがって、この点に『総釈陀羅尼義讃』を不空の奉詔解釈とした理由があるのではないかと考えられる。

第三節　『二教論』巻下の二種の顕密思想

空海は『二教論』巻下の最後に[18]、従来の先師たちが中国仏教界で説かれてきた昔の顕示（vivṛta）と秘密（guhya）の顕密思想と、金剛智たちが入唐した後に広まった密教経典の新しい顕密思想とを対比して、前者の秘密蔵と、後者の秘密蔵とが、どのように異なるかを明らかにしている。

空海は、次のように、問答形式でその両者の異なりを示す。

問う、若し所談の如くならば、法身の内証智《ないしょうち》の境を説きたまうを名づけて秘密（グフヤ）と曰い、自外をば顕（ヴィヴゥリタ）と曰う。何《いか》んが故に釈尊の所説の経等に秘密蔵の名有るや。又た彼の尊の所説の陀羅尼門をば何《いず》れの蔵にか摂《せつ》するや。

答う、顕密の義、重重無数なり。若し浅を以て深に望むときは、深は則ち秘密なり。浅略は則ち顕なり。所以《ゆえ》に外道《げどう》の経書にも亦た秘蔵の名有り。

如来の所説の中にも顕密重重なり。若し仏説の小教を以て説きたまうを外人の説に望むれば即ち深密の名有り。大を以て小に比《くら》ぶれば亦た顕密有り。一乗は三を簡《えら》ぶを以て秘の名を立つ。総持《そうじ》は多名《たみょう》に択んで密号を得。法身の説は深奥なり。応化《おうけ》の教は浅略なり。所以に秘と名づく。

所謂る秘密に且《かつかつ》二義有り。一つには衆生秘密、二つには如来秘密なり。

衆生は無明妄想《むみょうもうそう》を以て本性《ほんしょう》の真覚を覆蔵するが故に、衆生の自秘と曰う。

応化の説法は機に逗《かな》って薬を施す。言《こと》ば虚しからざるが故に。所以に他受用身《たじゅゆうじん》は内証を秘して其の境を説かず。則ち、等覚は希夷《きい》し十地《じゅうじ》離絶す。是を如来の秘密と名づく。

是《かく》の如く秘の名は重重無数なり。

今秘密と謂うは、究竟最極《くきょうさいごく》の法身の自境なり。此れを以て秘蔵と為す。

又た応化の所説の陀羅尼門をも是れ同じく秘蔵と名づくと雖も、然も法身の説に比すれば、権にして実にあらず。秘にも権実有り。応に随って摂すべしまくのみ。


この釈尊所説の経等に見られる顕と秘密蔵は、『大智度論』の顕示と秘密の用語を受けた吉蔵の顕密二教の用例に非常に似ている。その吉蔵の顕密観から見たとき、法身説法以外の、大小や、浅深、権実、一乗三乗の顕密思想は、彼の用例にすべて見られるものである。

衆生秘密と如来秘密の中、衆生秘密は『大智度論』巻第九の「法身仏常放光明常説法[19]」に「法身仏は常に光明を放って、常に法を説く。而るに罪を以ての故に見ず聞かず[20]」と説かれる衆生側の罪によって法身の説法が聞けない衆生自身の秘密をいい、如来秘密は『大智度論』や『瑜伽師地論』が衆生や小乗の声聞たちに大乗の悟りの法を秘密にして隠す如来側の秘密である。

また、陀羅尼の「彼の尊の所説の陀羅尼門をば何れの蔵にか摂するや」に関しては、応化所説の陀羅尼は権であるから顕教であり、法身所説の陀羅尼は実であるから密教であるとして、陀羅尼を摂する場合は、秘密蔵の権実によって摂すべきであることが示されている。

これらを纏めると、表2のようになる。

表2　顕密の秘密蔵

唐代以前の古い釈尊所説の顕教と密教の**秘密蔵**	顕　教＝浅略　＝外人の説＝小＝一乗＝**応化の教**＝**衆生秘密**	（金剛智以後の）**顕教**
	秘密蔵＝深　＝小教　＝大＝三乗　＝**如来秘密**	
	陀羅尼＝多名＝応化の説　＝**権**	
新たに密教とされた唐代の秘密蔵	**密　教**＝**法身内証智の境**＝**法身の説**＝**深奥**	**密教**
	陀羅尼＝　**法身の説**　＝**実**	

このように、ここに列挙される法身説法以外の、大小や、浅深、権実、一乗三乗[21]、衆生秘密と如来秘密の顕密思想は、唐代に新たに顕教とされた昔の顕密思想である。したがって、空海は唐代以前の昔の顕密思想と、金剛智以

後の新しい顕密思想を知っていたのである。

それとともに、密教は法身の説法、顕教は応化仏の説法としての顕密対弁《たいべん》思想を打ち出している。そこで、次にこの空海の顕密対弁思想を見てみよう。

『二教論』の顕密対弁思想

空海は、『二教論』の最初に、法身の説法が密教であり、応化仏の説法が顕教であるという顕密対弁思想を、次のように述べている。

まず、「仏に三身あり。教は則ち二種なり」として、法身・応身・化身の三身をあげ、応身・化身の説法を顕教とし、法身の説法を密教とする。(22) その詳しい顕密二教の分類法が、次のものである。(23)

若し秘蔵金剛頂経の説に拠らば、如来の変化身は、地前の菩薩及び二乗凡夫等の為に三乗の教法を説きたまう。他受用身は地上の菩薩の為に顕の一乗等を説きたまう。並びに是れ顕教なり。自性受用《じしょうじゅゆう》の仏は自受法楽《じじゅほうらく》の故に、自眷属と与《とも》に各々三密門を説きたまう。之を密教と謂う。此の三密門とは所謂る如来の内証智の境界なり。等覚十地も室に入ること能《あた》わず。何《いか》に況《いわ》んや二乗凡夫をや。誰か堂に昇ることを得ん。

この顕密対弁思想は、密教の秘密蔵である『金剛頂経』の説として、三身を、地前の三乗のものたちには変化身が説法し、地上の大乗の菩薩たちには他受用身が説法し、地上の密教の菩薩たちには自受用身が説法すると説く。

これを纏めると、次のようになる。

顕　教……変 化 身＝**地前の菩薩及び二乗凡夫等**の為に**三乗の教法**を説く

他受用身＝地上の菩薩の為に**顕の一乗**等を説く

密　教……自性受用仏（法身＝自受用身）＝自受法楽の故に、自眷属と与に各々（如来の内証智の境界である）

三密門を説く

ここでの密教の教主大日如来を自性受用仏とするのは、『金剛頂経』の思想であって、法界に遍満する法身（法の集合体）から生み出された一切義成就菩薩《サルバールタシッディ》（＝毘盧遮那菩薩）が、色究竟天《しきくきょう》で『金剛頂経』の五相成身観によって悟りを開き、毘盧遮那如来となって須弥山に降り、自受用身（自ら悟りを楽しんでいる身＝法身）の姿で坐し、阿閦《あしゅく》如来をはじめとする自らの眷属たちと共に悟りの智（内証智）である三密門を説くからである。それは、賛寧が『宋高僧伝』で密教を三密の曼荼羅法と表現したことからもうなずける。

第四節　海雲の『両部大法相承師資付法記』の顕密思想

海雲《かいうん》は、長慶元年（八二一）に青龍寺の東塔院で義操《ぎそう》に師事した人物である。彼は、唐代の金胎両部の付法次第記（『両部大法相承師資付法記』上・下）を太和八年（八三四）に著している。この上巻は『金剛頂経』の金剛界系付法次第であり、下巻は『大日経』の胎蔵系付法次第である。

その『両部大法相承師資付法記《りょうぶだいほうそうじょうししふほうき》』下に、(24) 顕密二教の記述がある。以下、それを見てみよう。

瑜伽を修する者は菩提心を発《おこ》し、阿字観に住して法は不生なりと観ずれば、即ち是れ毘盧遮那の胎蔵に住するなり。……一念の頃《あいだ》に於いて五智の身を具足し、大毘盧遮那の仏位《ぶっち》に住して、法界を……曼荼羅の体と為し、……究竟に至ると観ずるを仏位を成ずと名づく。……胎蔵の教意を明かすに、謹《つと》めて**顕密二教**の界に依て略して其の由《よし》を叙《の》ぶ。

ここでは、『大日経』の法身毘盧遮那如来が説く胎蔵法の意味を密教と捉えている。したがって、空海が恵果《けいか》和《か》尚《しょう》から青龍寺で学んだように、海雲も同様の顕密二教の教判《きょうはん》思想を青龍寺の東塔院で義操から授かっていたのである。

まとめ

以上のように、顕密二教は、仏法の二分法であり、諸の経論に見られるものであった。その先駆資料は、二、三世紀の龍樹の『大智度論』に始まり、四世紀の『瑜伽師地論』の「本地分」では『大智度論』より詳しい顕密二教の分類法が隠密説法（guhya-dharmākhyāna,Tib. gsaṅ ste chos brjod pa）と顕了説法（vivṛta-dharmākhyāna,Tib. rnam par phye ste chos brjod pa）の下に説かれ、さらにそれを受けて「摂決択分」には隠密教（gsaṅ ba bśad pa）と顕了教（rnam par phye ba bśad pa）が説かれていた。このことから、『瑜伽師地論』の「摂決択分」には、すでに密（グフヤ、guhya）教と顕（ヴィヴゥリタ、vivṛta）教のサンスクリット原語が説かれていたことが知られた。

このうち、顕密二教の密は秘密の意味に解すべきであって、教えを秘密にして隠し、容易な別の法を方便を使って解りやすく説く教えを意味していた。したがって、密教を「密かに説く教え」とすべきでなく、「秘密にして隠して説く教え」とすべきであることを注意した。

また、中国三論宗の吉蔵（五四九～六二三）は、『大智度論』の秘密と顕示の二分法を取り入れて、この両語から顕密の用語を作り出した。しかし、この顕密の用語のみを使用するのではなく、その元となった秘密と顕示も頻繁に併用する。そして、この顕密には、大小、深浅などの重重無数の差別の義があることを指摘する。

さらに、唐代の金剛智や不空が入唐して翻訳した『金剛頂経』などが広まると、それ以前の先師たちが伝えてきた経論の教説が、すべて古い顕教とされ、それ以後の経典論書が、新たな密教とされるようになった。

実際、『大日経』の善無畏とブッダグフヤの三昧耶戒の注釈や、不空の『総釈陀羅尼義讃』にも顕密観が見られた。したがって、これらの顕密思想から、唐代の顕密思想も当時のインド密教に存在していたこととなった。

この新しい顕密思想を学んだのが、唐代の青龍寺に留学した空海であり、青龍寺の東塔院で義操に師事した海雲であったのである。

註

（1）『二教論』巻上（『定本弘全』第二巻、七七〜七八頁、『弘全』第一輯、四七六頁）。

（2）「先匠の伝えるところはみなこれ顕教なり。これはこれ密蔵なり。人いまだ多く解らず。この故に経論を弋釣《いりつり》て、合して一手の鏡となせり」『二教論』巻上（『定本弘全』第三巻、七六頁、『弘全』第一輯、四七五頁）。

（3）善無畏、開元四年（七一六）に長安に入り、他に『蘇婆呼童子経』『蘇悉地経』などを訳している。

（4）『大日経疏』（大正三九、№一七九六）。

（5）『大日経疏』第九巻「入漫荼羅具縁品第二之余」（大正三九、№一七九六、六七一頁b）。

（6）『伝法正宗論』（大正五一、№二〇八〇、七八三頁b）。

（7）「秘密とは、即ちこれ如来秘密の蔵なり。久しくその要を黙すること、優曇華の如くして、ときどき乃ちこれを説きたもう。苟《いやし》くもその人にあらざれば、則ち虚く授けず。顕露の常教には同ぜざるなり」（『大日経疏』第十五巻「秘密漫荼羅品第十一之余」、大正三九、№一七九六、七三一頁b）。

(8) 高神覚昇『密教概論』(文政堂、一九七〇年)三二頁参照。
(9) 前掲註(7)参照。
(10) 「秘密曼荼羅とは、三部曼荼羅のそれら一般に書かれた法則の義自体が三昧耶を有せざる者には示されざるが故に秘密というなり」(『大日経広釈』、酒井眞典『大日経広釈全訳』〈『酒井眞典著作集』第二巻、法藏館、一九八七年〉、二九九頁)。
(11) ブッダグフヤの『大日経広釈』「三三昧耶品」(前掲註10酒井『大日経広釈全訳』四五〇頁)。
(12) 『総釈陀羅尼義讃』一巻(大正一八、No.九〇二、八九八頁a~b)。
(13) 松長有慶『密教経典成立史論』(法藏館、一九八〇年、一六頁)参照。
(14) 前掲註(10)酒井『大日経広釈全訳』九二頁参照。本書九二頁の訳文の訂正。九行目の始まり「つは(308a)」を「また(308a)真言の」に、十行目の始まり「一また真言の」を「一つは」に訂正。
(15) 『総釈陀羅尼義讃』一巻(大正一八、No.九〇二、八九八頁b)。
(16) 前掲註(15)参照。
(17) 唐の不空の『総釈陀羅尼義讃』は、不空の純粋な翻訳とは考えられないとする説もあるが、『瑜伽師地論』以降のインド仏教文献には、顕密思想を認めるものが現時点では存在しないことになると拙稿「顕密思想の歴史的展開の研究」に指摘したが、その後の研究で善無畏の『大日経疏』やブッダグフヤの『大日経広釈』の顕密思想の存在とも考えあわせて、不空の『総釈陀羅尼義讃』の顕密思想は再考の余地があると考えられる(拙稿「顕密思想の歴史的展開の研究」(『密教文化』第二三一号、二〇一三年、九八頁参照)。
(18) 『二教論』巻下(『定本弘全』第三巻、一〇九~一一〇頁、『弘全』第一輯、五〇四~五〇五頁)。
(19) 『大智度論』巻第九(大正二五、No.一五〇九、一二六頁b)。
(20) 前掲註(19)参照。
(21) 吉蔵の『法華遊意』巻第一には、顕示と秘密の法に三乗と一乗を当てはめる。そこでは、「顕示の法とは方便の教なり」として、三乗の人各々に合った因の行を示し、それぞれが異なった果をもたらすとするから、この教えは三乗すべてにとって理解しやすい。ゆえに顕示と名づくという。また、「秘密の法とは、甚深の法なり」として、三乗の区別が無くただ一乗のみ有る立場を秘密とする（大正三四、№一七二二、三六六頁c）。この解釈は、『妙法蓮華経』「方便品第二」の「十方仏土の中には、唯だ一乗の法のみ有りて、（声聞・縁覚の）二も無く、また（声聞・縁覚・菩薩の）三も無し」（大正九、№二六二、八頁a）。とする経文を受けた解釈である。この法華一乗を秘密とする解釈は、やがて空海の『二教論』にも引かれるように、唐代の金剛智以後の密教では顕教とされるものである。

(22)『二教論』巻上「夫れ仏に三身あり。教は則ち二種なり。応化の開説たまうをば名づけて顕教と曰う。言とば顕略にして機に逗ことあり。法仏の談話たまうをば之を密蔵と謂う。言とば秘奥にして実説なり。顕教の契経部に百億あり。蔵を分てば則ち一と十と五十一との差《たがう》あり。乗を言えば則ち一と三と四と五との別《わか》れることあり。行を談ずれば六度を宗とし、成を告れば三大を限りとす。是れ則ち大聖分明に其の所由を説き玉う」。この「乗を言えば則ち一三四五の別あり」とは、顕教の乗に、一は一仏乗、三は声聞・縁覚・菩薩乗、四は声聞・縁覚・菩薩乗・仏乗、五は人天・声聞・縁覚・菩薩・仏乗であることを指す（『定本弘全』第三巻、七五頁、『弘全』第一輯、四七四頁）。

(23) 前掲註(22)参照。

(24) 海雲『両部大法相承師資付法記下』「謹依顕密二教界略叙其由。教意深広難窮其底」（大正五一、№二〇八一、七八七頁a）。

第三章　空海が学んだ唐代の新しい顕密思想

空海が学んだ唐代の新しい密教思想は、『金剛頂経』（ここでは金剛頂経系の経典と儀軌全般を指す）に説かれる法身大毘盧遮那如来の説法の教えであった。

この法身説法のルーツは、釈尊の時代まで遡る。この時代の法身(1)は、釈尊の法が教えの本体として心《むね》にあり、この心にある悟りの法が口から発せられるとき、法身の説法となる。したがって、肉身の釈尊そのものの説法が法身説法であった。しかし、釈尊がクシナガラで八十歳で入滅し、肉身が滅すると、釈尊の悟りの教えが法身として宇宙に遍満し法界となったと考えられた。その釈迦が永遠の法身仏となったことを『増一阿含経《ぞういつあごんぎょう》』(2)に、「我が釈迦文仏の寿命は極めて長し。ゆえいかん、肉身は滅度を取るといえども、法身は存在す」と示している。

釈迦三身

この宇宙法界に遍満した釈迦の法身（法性身）から、変化身の悉達《シッダールタ》や、菩薩や衆生の救済手段に応じて現れる受用身が生み出され、ブッダガヤの菩提道場で悟りを開くなどの種々の垂迹《すいじゃく》を示す。この法身と、受用身と変化身が釈迦三身である。

大日三身

これに対し、この宇宙の法界に遍満した法身（法性身）から、一切義成就菩薩《サルバールタシッディ》（毘盧遮那菩薩）が生み出され、色究竟天で五相成身観《ごそうじょうじんがん》によって悟りを開き、法身大毘盧遮那如来となって須弥山頂に降下し、そこで金剛薩埵《こんごうさった》に金剛頂経を説いた。それが、法身大毘盧遮那如来の説法である。

この法身大毘盧遮那如来と、それから生み出された受用身と変化《へんげ》身《しん》（等流《とうる》身《しん》）が、大日三身である。この仏身説の異なりに注意せよというのが、次の空海の三身解釈である。

第一節　釈迦三身と大日三身

空海は『弁顕密二教論』[3]（以下『二教論』）で、釈迦三身と大日三身は各々不同であるから、よく区別して理解せよという。

そこで、この空海の釈迦三身の解釈から見ると、すでに見たように顕教の唯識思想では中観《ちゅうがん》の空思想に基づき、法身には「色も形もなく、言葉の表現を超越し、心では捉えられないものであって、説き示すことができないものである。[4]（意趣）」として、法身は説法しないとする。その上で、説法は、法身から生み出された応身（受用身）と化身（変化身）が行うとするのである。

ゆえに、空海は、『二教論』の冒頭で、「それ仏には、法身と応身と化身の三身があり、教えには顕教と密教の二種類がある。応身と化身の説法を顕教と名づけ、……法身仏の説法を密教という（意趣）[5]」と示した。

大日三身と四種法身

これについて、空海は、『菩薩瓔珞本業経《ぼさつようらくほんごうきょう》』（以下『瓔珞経』[6]）の法性身と応化法身の二種法身を『二教論』に引き、応化の法身を応身と化身の二種に開いて三種法身とし、「瓔珞経に依らば毘盧遮那はこれ理法身、盧遮那は則ち智法身、釈迦をば化身と名づく[7]」として、理智法身の毘盧遮那如来と化身の釈迦如来を、密教の三身として説いている。

さらに、この変化身を、変化身と等流身（nisyanda-buddha）の二身に開いて四種身とし、この四種身すべてが働きの法身を持つとしたのが、『金剛頂経』など[8]の自性法身・受用法身・変化法身・等流法身の四種法身である。この四種法身では、自性法身と受用法身が理智法身であるとされる[9]。

このように、釈迦三身は、法身が説法せず、説法するのは釈迦法身から生み出された応身（他受用身）と化身が説法するとする。

これに対し、大日三身は、法身が説法し、法身大日から生み出された応身（他受用身）と化身にも法身が内包されて説法するとする。さらには、変化法身を変化と等流の二種法身に開いた四種法身が説法するともいう。この点が、釈迦三身と大日三身の異なりである。

『大智度論』の法界遍満仏思想

空海は、上記のように、唯識説の釈迦の三身説では法身は説法しないとしたのに対し、密教の三身説と四身説では法身が説法するとした。

すでに本書の第一章第三節の衆生秘密の箇所で一部参照したが、法身説法の顕教側の資料として、空海は『二教論』に『二万五千頌般若経』の注釈書である『大智度論』[10]の文章を引いて、

法身の仏は、常に光明を放って常に説法す。しかるに罪あるをもっての故に見ざる、聞かず。たとえば日は出れども盲者は見ず、雷霆《らいてい》は地を振るえども聾者は聞かざるがごとし。かくのごとく法身は、常に光明を放って常に説法したまう。衆生は無量劫の罪垢《ざいく》厚重なることあって、見ざる、聞かず。明鏡と浄水との面を照らすときにすなわち見、垢翳《くえい》不浄なるときはすなわち所見なきがごとし。かくのごとく衆生の心清浄なるときはすなわち仏を見たてまつる。もし心不浄なるときはすなわち仏を見ず。

というように、大乗仏教の顕教の資料にも法身説法が説かれているとした。

この『大智度論』の法身説法の記述は、唯識の三身説が成立する以前の法性身と父母生身の二身説に説かれるものである[11]から、これよりも発展した唯識の三身説の解釈をもって、この『大智度論』の二身説を見てはならない。

さらにこの『大智度論』には、次のように法身から生み出されて説法を聞く衆もすべて法身であるとして、

この法性身[12]は、十方虚空に満ちて無量無辺なり。色像端政にして（三十二）相と（八十種）好で荘厳せり。無量の光明無量の音声あり。聴法の衆もまた虚空に満てり。これは衆も亦これ法性身なり。生死の人の所見にあらざることを明かす。

とする記述を空海は『二教論』に引く[13]。この法身が三千大千世界に遍満する色像と三十二相と八十種好で荘厳された受用身に近い法身の複数化[14]と、その法身から法を聞く大衆もすべて法身（法性身）であるとする法界遍満仏の記述が、密教の曼荼羅思想の先駆思想であると、空海は見ていたのである。

顕密二教の説法は衆生の機根による

この法身の説法を受ける密教の菩薩は、どのような資質の持ち主かと言えば、空海は『秘密漫荼羅十住心論《ひみつまんだらじゅうじゅうしんろん》』(15)（以下『十住心論』）に、衆生の機根の浅深によって顕教と密教が開示されると説く。すなわち、機根の優れた密教の菩薩には、法身大毘盧遮那如来が説く『大日経』と『金剛頂経』などが開示されるが(16)、機根の浅い顕教の菩薩には法身大毘盧遮那如来の自内証の境界が秘密にされ、他受用身（応身）と変化身（化身）の釈迦如来が説く五乗(17)と五蔵(18)などの教が開示されるとする。

その機根の優劣には漸悟《ぜんご》と頓悟《とんご》の異なりがあり、漸悟の顕教は成仏するに三大劫を要する三劫成仏であり、頓悟の密教は肉身のままで成仏できる即身成仏であると(19)『即身成仏義《そくしんじょうぶつぎ》』に示している。また、『声字実相義《しょうじじつそうぎ》』(20)と『吽字義《うんじぎ》』(21)の機根の説明では、声字の字相と字義について、顕教の菩薩は字相しか理解できないが、密教の菩薩は字相と字義（実義）の両方を理解することが出来るとする。このことを『秘蔵宝鑰《ひぞうほうやく》』(22)は『守護国界主陀羅尼経』（以下『守護経』）を引き、「六年間の苦行で釈迦が悟れなかったのは、密教の声字実相の字の観想を知らなかったからだ」という。

唐代の密教では、この毘盧遮那如来の教えを悟る弟子の機根の判断は弟子見《でしみ》の後に、灌頂の儀式で投げた歯木《しもく》の向きにより最初の客観的な判断がなされ、次に両部曼荼羅上への投華得仏《とうけとくぶつ》によって金胎両部のいずれの法が授けられるかが決定する。

空海の機根がいかに優れていたかは、両部の曼荼羅で投華した華が毘盧遮那如来の上に二度とも落ちたことからも知られる。これは、恵果和尚の千何百人もの弟子の中で義明供奉《ぎみょうぐぶ》と空海の二人(23)しかいなかったということからも窺い知ることが出来るであろう。

第二節　密教の付法と伝持の八祖

この玄宗（在位七一二～七五六）から代宗（在位七六二～七七九）の頃に金剛智（六七一～七四一）が不空（七〇五～七七四）に相承した密教の法身説法の思想は、言断心滅《ごんだんしんめつ》を唱える唯識中観の中国仏教界では、すぐには容認されなかったようである。(24)

さて、密教の教主である大毘盧遮那如来（mahā-vairocana-tathāgata）は、大日如来とも言われ、『大日経』の大悲胎蔵生曼荼羅の中台毘盧遮那如来を指し、『金剛頂経』の金剛界曼荼羅の大毘盧遮那如来を指す。(25)

日本密教の相承系譜には、付法の八祖と伝持の八祖の二種の相承系譜が存在するが、付法の八祖のみが空海が将来した『秘密漫荼羅教付法伝』（以下『付法伝』）などに記される相承系譜であって、伝持の八祖は空海以後の御室《おむろ》の守覚法親王《しゆかくほうしんのう》（一一五〇～一二〇二）が『真言付法伝』（以下『略付法伝』）にもとづいて考案した「住持の八祖」を、十四世紀の静基《じようき》が「伝持の八祖」と改称したものとされる。したがって、伝持の八祖は、空海が相承した系譜ではない。(26)

付法の八祖

インドから中国、日本に伝わった密教の相承系譜は、色究竟天の菩提樹下で悟りを得た法身大毘盧遮那如来が須弥山頂に降下して、そこで金剛薩埵に金剛頂経を伝え、その金剛薩埵から南天の鉄塔で人間界の龍猛《りゆうみよう》へ、龍猛から龍智へ、龍智から金剛智へ、金剛智から不空へ、さらに不空から恵果へと付法され、日本国の空海へは八〇五年に青龍寺で恵果から授けられた八祖の金剛頂経の相承系譜である。

したがって、この付法の八祖は、金剛頂経の相承系譜であり、最初の大日如来と金剛薩埵の二祖は、須弥山頂での相承である。次の龍猛は、金剛界曼荼羅の一切如来（阿閦《あしゅく》・宝生《ほうしょう》・阿弥陀・不空成就《ふくうじょうじゅ》）の加持によって顕現した南天の鉄塔で金剛薩埵から相承された人である。以下順次、龍智・金剛智・不空・恵果・弘法へと相承する。それが、次の『付法伝』に説かれる付法の八祖である。

【付法の八祖】（ゴシックは一般に暗記に用いる読み方の箇所）

第一祖・法身大毘盧遮那（**大日**）如来 → 第二祖・**金剛薩埵** → 第三祖・**龍猛**菩薩 → 第四祖・**龍智**菩薩 → 第五祖・**金剛智**菩薩 → 第六祖・**不空**三蔵 → 第七祖・**恵果**阿《あ》闍梨《じゃり》 → 第八祖・空海（**弘法**）

伝持の八祖

伝持の八祖は、空海の大日経が南天の鉄塔内での相承であるという『教王経《きょうおうきょう》開題《かいだい》』の説と、『略付法伝』の善無畏（Śubhakarasiṃha）と一行の『大日経』の相承者の記述を考慮に入れて、十二世紀の後半に守覚法親王が作成した人間界での相承系譜である。ただし、この系譜を大日経系の相承系譜と断定してしまうには、金善互授説に由る伝承を考慮しても、龍智菩薩と不空三蔵の大日経との関わりの系譜が不明である。それゆえに、この系譜を金胎両部の相承系譜とする見方が、かえって無難かも知れない。この矛盾は、インドの相承系譜を無視した日本流の発想によるものと考えられる。

この八祖は、八祖大師として伝統的に本堂の内陣の壁に掛けられている。この八祖の特色は、「龍三、龍経、金《こん》珠《しゅ》、不縛《ふばく》、善指《ぜんし》、一内《いちない》、恵童《けいどう》、弘五」として、その特色によって尊容と名前を間違わないように注意が払われてい

る。(27)

それを示したものが、次の伝持の八祖である。

【伝持の八祖】（ゴシックは一般に暗記に用いる読み方の箇所）

龍猛菩薩→**龍智**菩薩→**金剛智**菩薩→**不空**三蔵→**善無畏**三蔵→**一行**《いちぎょう》禅師→**恵果**阿闍梨→**弘法**（空海）

このように、金剛頂経系の付法の八祖は、空海が『付法伝』二巻と『略付法伝』一巻に示された相承系譜であるが、伝持の八祖の相承系譜は、空海以後の発案によるものであり、空海の相承ではなかった。(28)

南天の鉄塔説

法界の須弥山の金剛薩埵から人間界の龍猛菩薩に行われた付法は、不空撰『金剛頂《こんごうちょう》経《ぎょう》大瑜伽《だいゆが》秘密心地《ひみつしんじ》法門義《ほうもんぎ》訣《けつ》』(29)（以下『金剛頂経義訣』）一巻に南天の鉄塔で行われたと説かれる。この南天の鉄塔の解釈に、空海は『付法伝』(30)で、南天の鉄塔は人工的に造られたものか否かの問答を通じて、南天の鉄塔は人間の力で造ったものではなく、如来の加持力（神力）で造られたものであるとする。

如来の加持力で造られた鉄塔とは、『大日経』「住心品」の冒頭に説かれる如来によって加持された法界宮殿と同様に、如来の加持力によって南インドに現れた観想上の鉄塔であって、この塔の中の諸尊たちは金剛界曼荼羅の諸尊であるとされる。(31)龍猛に付法した金剛薩埵（vajrasattva）は、この塔の金剛界曼荼羅の中心に住する法身毘盧遮那如来から生み出されて教勅が与えられ付法されて、毘盧遮那と同じ五股金剛杵を胸にもつ薩埵（人）(32)である。この金剛薩埵から一切如来たちに加持された南天の鉄塔で大日経と金剛頂経が龍猛菩薩に伝授されたとするのである。

もう一つの実在する塔とは、空海の説ではなく、栂尾祥雲《とがのお》博士によって実際に南インドのクリシュナ河の河口付近にあったアマラバティーの大塔がそれではないかとする見解[33]である。

日本密教では、すでに見たように『付法伝』の空海の説に従うから、人工的な人の手による塔の実在は否定される。

『大日経』の相承は鉄塔の内か外か

中国密教では、『大日経』が金剛頂経と同じく南天の鉄塔内での相承か否かの問題も浮上したが、空海は『教王経開題[34]』で金剛頂経と同じく『大日経』も南天の鉄塔内で相承したものであるとした。

また『大日経』の一部の経軌が、虚空や、南天の鉄塔外で相承されたとする説も存する。

一つは、『大日経』の供養法（供養念珠三昧耶法門真言行学処品《くようねんじゅさんまやほうもんしんごんぎょうがくしょぼん》）のサンスクリット本が、善無畏によって勃嚕羅《ぼろら》国の金粟王《こんぞくおう》の塔下で感得[35]し書写され中国で翻訳されたとする伝承と、もう一つは南インドの鉄塔で金剛頂経を伝授する前に、鉄塔外で相承したという次の伝承である。

如来の滅後に一人の大徳あり、龍猛と名づく。先より大毘盧遮那の真言を（誦）持す。毘盧遮那仏、しかもその身を現し、無量の身を現して、虚空の中において、この法門、及び文字章句を説く。次第に写さしめ訖ってすなはち滅しぬ。すなはち毘盧遮那念誦法要一巻これなり[36]。

この『毘盧遮那念誦法要《ねんじゅほうよう》』一巻は、『大日経』の供養法とは少し異なる別本の『大毘盧遮那仏説要略念誦経《ぶっせつようりゃくねんじゅきょう》』一巻（大正一八、No.八四九）の伝承であるとされる。

これ以外にも、清河の崔牧《さいぼく》の「大日経序[37]」による伝説がある。それによると、北インドの勃嚕羅国の石窟にある

『大日経』のサンスクリット写本をあるとき猿猴《えんこう》が虫干ししていると、強風に飛ばされて山の麓に飛散した。それを木こりが拾って国王に献上したが、大猿が返却を強く求めたので書写して返却し、その写本を太子に伝え門外不出とした。この本が十万頌の広本に当たる。

さらにあるとき、中インドから一人の阿闍梨がやって来た。王が見るに高徳な阿闍梨であったので大日経の十万頌のサンスクリット本を伝授すると、阿闍梨はその要旨を抜き出して二千五百頌の経とした。その後に中インドの善無畏がそれを得て来唐し一行と共に開元十二年（七二四）に『大日経』六巻三十一品を翻訳し、翌年自らが請来した供養法第七巻五品を翻訳した。これが、『大日経』七巻三十六品の略本に相当し、この相承によって台密（天台宗の密教）は南天の鉄塔外の相承説を採用する。(38)

この台密の伝承は、空海が南天の鉄塔内で相承したものであり、『大日経』のサンスクリット写本も北インドで客死した無行の請来本によるとする東密（東寺の密教）の伝承とは大きく異なる。

第三節　大毘盧遮那と弘法大師

大毘盧遮那（mahā-vairocana）は、法界にあって「遍《あまね》く照らすもの(39)」を意味することから世間の太陽に喩えられて「大日」とも訳される。この大日の智恵の光は、『大日経疏』(40)の解釈に沿って、世間の太陽とは異なり、昼夜の別なく、また陰を作らず、一切を照らし、すべての衆生の様々な善根を引き出す働き（除暗遍明の義）を持つとされる。この大毘盧遮那如来の悟りの智は、大悲胎蔵生曼荼羅の東側にある三角形の遍知《へんち》印に表し出されている。

弘法大師空海の投華得仏

空海が中国長安の青龍寺で灌頂を受けたとき、両部の曼荼羅に投げた華が二度とも中央の毘盧遮那如来の上に落ち、遍照金剛《へんじょうこんごう》という灌頂名が授けられた。この遍照とは、サンスクリット語の毘盧遮那（vairocana）の意訳である。

阿字本不生の意味

空海の密教思想では、『大日経』の阿字思想が極めて重要であるのは、阿字が大毘盧遮那如来の種子(41)であり、法身（教えの本体）であるとされているからである。

この阿字は、『吽字義(42)』に、阿（a）字は「口を開く音にみな阿の声あり」とされるように、インドのサンスクリット語の字母《じも》（ka, kha, ga……）にはどの字にも必ず母音の阿字が含まれている。それゆえに、阿字は、「一切の字の母であり、一切の声の体であり、一切の実相の源である(43)」ともいわれる。

インドのサンスクリット語には、四十二字門と五十字門の二種のアルファベットがあり、その両者の先頭に阿字がある(44)。四十二字門の先頭の阿字は不生（an-utpāda）を意味し、五十字門の先頭の阿字は無常（a-nitya）を意味する。

この四十二字門の阿字本不生の意味について空海は、『三教論(45)』に『大智度論』の八不(46)を引いて、心に生滅する一切諸法は本来生ずることもなく、滅することもない。その生滅への心の執着を断ち切ったとき、本不生を悟ると(47)された。

さらに、サンスクリット語の阿字は、接頭辞として言葉の最初に付くと無や非や不の否定を表す。たとえば、常《じょう》（nitya）という言葉の前に阿（a）を付けると無常（a-nitya）となり、生《しょう》（utpāda）の前にアン（言葉の最初が母音の時はアがアン an となる）を付けると不生（an-utpāda）となる。このように、阿字には、本来不生という意味と、無・

非・不の否定の意味の二面を持っている。

阿字は法身毘盧遮那如来の種子

『大智度論』[48]のように、この𑖀《ア》(阿)字一字に四十二字をすべて含ませて、阿字即四十二字、四十二字即阿字とされるようになると、この思想を受けた『大日経』[49]は、阿字を法身毘盧遮那の種子とし、さらにこの法身の阿字に空点(anusvāra)を加えた百光遍照王の𑖀𑖽《アン》(aṃ)字をもって法曼荼羅の三角形の遍知印に置き、この𑖀𑖽《アン》字から一切諸尊を光明として法界に生み出すとする。

また『秘蔵記』は、『大日経』の「阿字とは毘盧遮那理法身の種子[50]」であり、『金剛頂経』の毘盧遮那如来の「鑁字は(毘盧遮那の)智法身の種子」であるとして、「理智相い離れず、理は智の用を起こし、智は大悲を起こす[51]」と示している。

この法身毘盧遮那如来から一切諸法が生み出される点を、『吽字義[52]』は、「阿字本不生より一切の法を生ず」と表現する。このように見れば、三千大千世界に遍満する一切諸法は、すべて法身毘盧遮那如来の阿字本不生から生み出されたものとなるのである[53]。

註

(1) 初期仏教では、法身はパーリ語で dhamma-kāya、サンスクリット語は dharma-kāya であり、釈尊の心《むね》(フリダヤ)にあるとされた(拙著『法身思想の展開と密教儀礼』法藏館、二〇〇九年、四頁参照)。

(2) 『増一阿含経』巻四十四(大正二、№一二五、七八七頁b)前掲註(1)拙著『法身思想の展開と密教儀礼』六〇頁参照。

(3)『二教論』(『定本弘全』第三巻、一〇七頁、『弘全』第一輯、五〇三頁)。

(4)『二教論』(『定本弘全』第三巻、七六頁、『弘全』第一輯、四七五頁)。「唯識中観には言断心滅を歎ず」(『二教論』、『定本弘全』第三巻、七五頁、『弘全』第一輯、四七四頁)。

(5)『二教論』(『定本弘全』第三巻、七五頁、『弘全』第一輯、四七四頁)。

(6)「二種法身。一法性身。二應化法身」、「有二法身。一果極法身。二応化法身。其応化法身如影随形。以果身常故応身亦常」(『菩薩瓔珞本業経』、大正二四、No.一四八五、一〇一五頁c、一〇一九頁c)。

(7)「瓔珞経に依らば毘盧遮那はこれ理法身、盧舎那は則ち智法身、釈迦をば化身と名づく。しかれば則ち、この金剛頂経に談ずる所の毘盧遮那仏の自受用身の所説の内証自覚聖智の法とは、これ則ち理智法身の境界なり」(『二教論』、『定本弘全』第三巻、一〇〇頁、『弘全』第一輯、四九六～四九七頁)。

(8)『瑜祇経』(『金剛峰楼閣一切瑜伽瑜祇経』、大正一八、No.八六七、二五四頁a)や、『聖位経』(『略述金剛頂瑜伽分別聖位修証法門序』、大正一八、No.八七〇、二八八頁a)などにもあり(『二教論』、『定本弘全』第三巻、一〇三～一〇四頁、『弘全』第一輯、四九九～五〇〇頁参照)。

(9)『大毘盧遮那経』(『大日経』)にも空海は次のように四種法身説法を説くと『二教論』にいう(「自性身の説法」〈『定本弘全』第三巻、一〇六頁、『弘全』第一輯、五〇二頁〉、「受用身の説法」〈『定本弘全』第三巻、一〇六頁、『弘全』第一輯、五〇二頁〉、「変化身の説法」〈『定本弘全』第三巻、一〇六頁、『弘全』第一輯、五〇二頁〉、「等流身の説法」〈『定本弘全』第三巻、一〇六頁、『弘全』第一輯、五〇二～五〇三頁〉)、また『大日経』の「四種法身説法」に関しては『定本弘全』第三巻、一〇六頁、『弘全』第一輯、五〇三頁、さらに『金剛頂経』の「四種法身」に関しては『定本弘全』第三巻、一〇一～一〇二頁、『弘全』第一輯、四九八頁。

(10)『定本弘全』第三巻、一〇八頁、『弘全』第一輯、五〇四頁。『大智度論』(大正二五、No.一五〇九、一二六頁b)。前掲註(1)拙著『法身思想の展開と密教儀礼』六七～六八頁。

(11)「法性身と父母生身、衆も法性身なり」(『大智度論』大正二五、№一五〇九、一二一頁c)。

(12) 空海はこの法性身を法身であると理解している(『二教論』、『定本弘全』第三巻、一〇八頁の「これは衆を明かす。またこの法性身は生死の人の見るところにあらず」を『弘全』のごとく読む。『弘全』第一輯、五〇四頁)。この空海が理解する法身は、法身の自性を有する仏格とするから、唯識説が唱える法身とは異なる。

(13)『二教論』のこの文末の二行割りの文は、『弘全』の文による(『定本弘全』第三巻、一〇八頁、『弘全』第一輯、五〇四頁)。

(14) 法身の複数化については、「如来の不来不去」の喩えを説く小品系『八千頌般若経』「常啼菩薩品第三十」に「如来は色身として見られるべきではない。諸の如来たちは、諸の法身なのだから(dharma-kāyās tathāgatāḥ)。善男子よ、法性は来ることもなく、去ることもない」(大正八、№二二七、五八四頁b、Vaidya、№四、二五三頁二四行)とある。前掲註(1)拙著『法身思想の展開と密教儀礼』二八頁、五九頁参照。

(15)『十住心論』巻第十(『定本弘全』第二巻、三三三頁、『弘全』第一輯、四一一〜四一二頁)。

(16) 空海が請来した密教経典は、『大日経』と金剛頂経系の経典を中心とする二一六部・四六一巻である(『御請来目録』、『定本弘全』第一巻、五頁、『弘全』第一輯、七一頁)。

(17) 五乗は、人天乗・声聞乗・縁覚乗・菩薩乗・仏乗。

(18) 五蔵は、経蔵・律蔵・論蔵・般若波羅蜜多蔵・陀羅尼蔵。

(19)『即身成仏義』(『定本弘全』第三巻、一七頁、『弘全』第一輯、五〇六頁)。『御請来目録』(『定本弘全』第一巻、一八頁、『弘全』第一輯、八三頁)。

(20)『声字実相義』(『定本弘全』第三巻、三七〜三八頁、『弘全』第一輯、五二三〜五二四頁)。

(21) 吽字(hūṃ)を賀(ha)と阿(a)と汙(ū)と麼(ma)の四字に分解して字相と字義を解釈し『大日経』の三句の法門を吽字(hūṃ)一字に摂し、これが密教の字相字義であるとする(『定本弘全』第三巻、五三頁〜、『弘全』第一輯、五三五頁〜)。

(22)『秘蔵宝鑰』巻下『守護国界主陀羅尼経』「陀羅尼功徳儀軌品第九」（『定本弘全』第三巻、一六五頁、『弘全』第一輯、四六三頁）。『守護国界主陀羅尼経』第九巻（大正一九、№九九七、五七〇頁c）。

(23)『付法伝』（『定本弘全』第一巻、一一一〜一一二頁、『弘全』第一輯、四四頁）。

(24)『二教論』（『定本弘全』第三巻、七七〜七八頁、『弘全』第一輯、四七六頁）。

(25)胎蔵法の毘盧遮那は、法界定印を結び、真言はアヴィラウンケンである。金剛界の毘盧遮那は、智拳印を結び、真言はヴァザラサトヴァンである。十三仏の真言では、金胎不二の真言として、アヴィラウンケン・ヴァザラサトヴァンと唱える場合もある。

(26)松長有慶『密教の相承者――その行動と思想――』（評論社、一九七三年）五七頁参照。

(27)これは、龍三：龍猛菩薩は右手に三股金剛杵、龍経：龍智菩薩は右手に経典、金珠：金剛智菩薩は念誦をもつ、不縛：不空三蔵は両手を縛する、善指：善無畏三蔵は右手の人差し指を伸ばす、一内：一行禅師は衣の下で印を結ぶ、恵童：恵果阿闍梨は童子を伴う、弘五：弘法大師は五股金剛杵を右手に、念誦を左手に持つ、をあらわしている。

(28)前掲註(26)松長『密教の相承者――その行動と思想――』五七頁参照。

(29)海雲が不空撰『金剛頂経大瑜伽秘密心地法門義訣』を引く（大正三九、№一七九八、八〇八頁a）。この『金剛頂経義訣』の不空撰を疑う説もある（松長有慶『密教の歴史』の注記、平楽寺書店、二〇〇二年、第一六刷、六五頁と同書の註16参照）。

(30)『付法伝』（『定本弘全』第一巻、一一六頁、『弘全』第一輯、四八頁）。

(31)海雲は『金剛頂経義訣』の南天の鉄塔の記述を引いて次のようにいう。「此経梵本十万偈。略本四千偈。広本則有無量百千倶胝那庾多微塵数偈。如金剛頂義訣中説。南天竺国有大鉄塔。中有金剛界曼荼羅」（『両部大法相承師資付法記』巻上、大正五一、№二〇八一、七八四頁b）。

(32)薩埵は、サンスクリット語のサットヴァ sattva の音写文字である。サットヴァは普通、衆生（有情）とも人とも訳されるが、智サッタや金剛サッタなどの人間以上の尊格を指し示す場合には、漢訳は薩埵、チベット語は sems dpaḥ、sems pa（衆生は sems can）と訳して区別する。

(33) 栂尾祥雲『密教思想と生活』（『栂尾祥雲全集』Ⅲ、密教文化研究所、一九八二年、二三頁、一三〇頁）、前掲註(26)松長『密教の相承者――その行動と思想――』一二六頁。また、栂尾博士は、空海が帰朝後に、高野山の伽藍に建立を意図した根本大塔も、南天の鉄塔を模したものという（同書、二三頁参照）。

(34)「この（金剛頂）経および大日経は並にこれ龍猛菩薩南天の鉄塔の中より誦出する所の如来秘密蔵の根本なり。応化仏の所説には同ぜず。三世の一切の如来皆この門に従って成仏す」（『教王経開題』、『定本弘全』第四巻、一〇二頁、『弘全』第一輯、七一九～七二〇頁）。

(35) 仏の加持力によって感じ取る不可思議な現象。

(36) 清水谷恭順「大日金剛頂両部大経の制作地方並に其の作者考」（『仏誕生二千五百年記念　仏教学の諸問題』一九三五年、七一三～七二五頁）参照。

(37)『卍続蔵経』一・三十六・一・二十七丁。神林隆浄「大毘盧遮那成仏神変加持経解題」『国訳一切経　密教部一』（大東出版社、一九八〇年、一～一三頁）。前掲註(36)清水谷「大日金剛頂両部大経の制作地方並に其の作者考」参照。

(38)『渓嵐拾葉集』第九十三（大正七六、No.二四一〇）。

(39)『大日経開題　法界浄心』（『定本弘全』第四巻、五～六頁、『弘全』第一輯、六三六頁）。

(40)「除暗遍明の義」（『大毘盧遮那成仏経疏』巻第一、大正三九、No.一七九六、五七九頁a）。『大日経開題　今釈此経』（『定本弘全』第四巻、二五頁、『弘全』第一輯、六五三頁）。

(41)「अ字は則ち大日の種子真言なり」（『大日経開題　法界浄心』、『定本弘全』第四巻、一三頁、『弘全』第一輯、六四二頁）。『大日経開題　隆崇頂不見衆生狂迷』（『定本弘全』第四巻、四八頁、『弘全』第一輯、六七三頁）。さらに「毘盧舎那経には阿字を毘盧遮那の種子とし、吽字を金剛薩埵の種子とす。金剛頂経には吽字を毘盧遮那の種子とし、阿字を金剛薩埵の種子とす」ともいう（『秘蔵記』、『定本弘全』第五巻、一五九頁、『弘全』第二輯、四六頁）。

(42) サンスクリット語のアルファベット文字には、「阿字の義とは、訶字の中に阿の声あり。これ一切字の母、一切声の体、一切実相の源なり。およそ最初に口を開く音に皆な阿の声あり」（『吽字義』、『定本弘全』第三巻、五三頁、『弘全』第一輯、五三五頁）。

(43) 前掲註(42)『吽字義』。

(44) 四十二字門については、前掲註(1)拙著『法身思想の展開と密教儀礼』三七～四六頁参照。

(45) 『二教論』（『定本弘全』第三巻、八七頁、『弘全』第一輯、四八五頁）。

(46) 八不とは、不生不滅、不断不常、不一不異、不去不来である。

(47) 本不生については、『秘蔵宝鑰』（『定本弘全』第三巻、一五四頁、『弘全』第一輯、四五四頁）などにあり。

(48) 「一字皆入四十二字。四十二字亦入一字」（『大智度論』巻第八九、鳩摩羅什、弘始七年（四〇五）漢訳。大正二五、№一五〇九、六八五頁a、六八六頁b）。「初阿字門亦具四十二字門。」（『維摩経略疏』巻第九、隋智顗〈五三八～五九七〉述、大正三九、№一七七八、六九〇頁c。『維摩経玄疏』巻第四、隋智顗撰、大正三八、№一七七七、五四二頁a）。『華手経』巻第十（大正一六、№六五七、二〇三頁a）。「四十二字皆帰阿字」（『大乗玄論』巻第一、吉蔵〈五四四～六二三〉、大正四五、№一八五三、一九頁a）。『諸法無諍三昧法門』巻上（大正四六、№一九二三、六二八頁a）など。

(49) アン字のことを百光遍照王ともいう。

(50) 『秘蔵記』（『定本弘全』第五巻、一三五頁、『弘全』第二輯、一九頁）。

(51) 『秘蔵記』（『定本弘全』第五巻、一三五頁、『弘全』第二輯、一九～二〇頁）。

(52) 『吽字義』（『定本弘全』第三巻、五四頁、『弘全』第一輯、五三六頁）。

(53) 「一切諸法」とは、空海の説く六大能生の法身毘盧遮那から生み出された四種曼荼羅や三種世間などである。

第四章　『金剛頂経』の釈迦の幼名と毘盧遮那菩薩

第一節　華厳経の仏伝

華厳経の一切義成就と毘盧遮那

初期の仏伝では、歴史上の釈迦の幼名に、悉達《しつだ》（シッダールタ siddhārtha）と一切義成就《いっさいぎじょうじゅ》（サルバールタシッダ sarvārthasiddha）の二種をあげる。浄飯王《じょうぼんおう》と摩耶妃《まやひ》に王子が誕生したとき、王は自分の目的（アルタ artha）が叶えられた（シッダ siddha）という気持ちを込めて「悉達」と命名し(1)、そのとき人民たちも自分たちの一切の（サルヴァ sarva）目的が叶ったという思いを込めて、一切義成就と呼んだ(2)。

この釈迦の二種の幼名を同時に掲載させる仏伝資料は、『ラリタヴィスタラ』(3)などであるが、これらの幼名は歴史上の釈迦から離れ、法界として遍満した法身から生み出された幼名であり、欲界の摩耶夫人《ぶにん》の胎内に下生《げしょう》する前の兜率天《とそつてん》などでの菩薩名である。この仏伝に、華厳経ではさらに毘盧遮那菩薩名の仏伝が加わる。

この華厳経(4)「如来名号品」には、一切義成就と毘盧遮那を含む釈迦の十種の名前を示す。

一切義成就（サルバールタシッダ）・円満月《えんまんげつ》・獅子吼・釈迦牟尼（シャーキャムニ）・第七仙《だいしちせん》・毘盧遮那（ヴァイローチャナ）・瞿曇《くどん》（ゴータマ）・大沙門《だいしゃもん》・最勝仏・大導師。

このうち、一切義成就は、華厳経の仏伝では毘盧遮那菩薩と同じ菩薩である。それとともに、毘盧遮那（ヴァイローチャナ）は華厳経の教主である法身毘盧遮那如来でもある。この毘盧遮那菩薩と法身毘盧遮那如来の登場は、一から四世紀頃までに成立した華厳経(5)が最初であり、続いて五、六世紀頃の初期密教経典と、つづいて七世紀中葉に成立した中期密教経典の『大日経』などから釈迦に代わって登場する。この釈迦から毘盧遮那へは『理趣経』類本にその変遷の跡を明確に示す。そして、金剛頂系経軌の思想において大毘盧遮那如来として結実する。

華厳経の毘盧遮那菩薩

華厳経の「如来随好光明功徳品《にょらいずいこうこうみょうくどくぼん》」では、毘盧遮那菩薩が釈迦族の摩耶夫人の胎内に下生する仏伝を記す。そこでは、地獄の衆生が救われて兜率天に再生したとき、ある天子が地獄から救ってくれた毘盧遮那菩薩の所に行けという(6)。行ってみると毘盧遮那菩薩はすでに釈迦族の摩耶夫人の胎内に下生した後だったので、天子のいうように天眼で下界を見ると、兜率天から没して人間界の浄飯王の館で摩耶夫人の子宮の楼閣に居る毘盧遮那菩薩が見えたとする。

『八十巻華厳経』「入法界品」(7)では、この菩薩が、悟りを開いて法身毘盧遮那如来となり、一々の毛孔から微塵の数に等しい無数の大光線を発して化身の雲を放出し、一切の仏国土で説法していると説く。この法身は、観想で見える三十二相、八十種好を持つ如来であり(8)、法身と報身（自受用身）が合わさった性格の法身である。

この法身と報身が合わさった仏格は、初期仏教で悟りを得た釈迦が色身《しきしん》のままで法身と呼ばれていた仏格の再来を意図したものであろう。

この報身に近い法身は、やがて密教の曼荼羅に住する毘盧遮那如来となるが、まだ密教のような菩薩形の毘盧遮那如来とはなっていない。

第二節　色究竟天の成道における毘盧遮那菩薩

この華厳経の毘盧遮那菩薩が菩薩形の毘盧遮那如来となる思想は、『金剛頂経』や『大日経』の色究竟天における成仏と須弥山頂での曼荼羅教の説法を待たなければならない。

そこで次に、これら『大日経』と『金剛頂経』の曼荼羅の毘盧遮那如来がなにゆえに菩薩形であるかを探ってみよう。

『大日経』の菩薩形の毘盧遮那如来

まず最初に、『大日経』の毘盧遮那菩薩の成道から見ることにする。

『大日経』の成道(9)では、釈迦の菩薩名である毘盧遮那菩薩が、色究竟天の菩提道場（菩提樹下）で五《ご》字《じ》厳身観《ごんしんがん》によって成道し、法界宮殿に住し、やがて須弥山頂に降りて『大日経』とその曼荼羅を説いたと記す。この法界宮殿を、善無畏は色究竟天（摩《ま》醯首羅《けいしゅら》天宮《てんぐう》）にある菩提道場であるとする(10)。

このときの法界宮殿に住する菩薩形の毘盧遮那如来が、成道後に色究竟天から須弥山の頂上に降り、十九執金剛たちに囲繞されて『大日経』を説いたのである(11)。その須弥山頂の説法会では、金剛手が、世尊毘盧遮那如来が得た悟りの一切智智とはどのようなものかと質問する。すると、世尊は三《さん》摩《ま》地《じ》に入って一切智智の悟りの境界を大悲胎蔵生曼荼羅として見せるのである。それを同じく三摩地に入って見た金剛手たちは、次のように世尊毘盧遮那如来に請願する(12)。

一切三界を覆う世尊毘盧遮那の一切智智の境界を描きだした曼荼羅を、普賢や金剛手を始めとする甚だ清浄な者たちには見られたが、自分たち以外の衆生たちには世尊の曼荼羅は見えません。だから、かれらのために大悲胎蔵生曼荼羅を説いてください（意趣）。

と。この金剛手の請願によって、「具縁品」に身曼荼羅が説かれ、「転字《てんじ》輪漫荼《りんまんだ》羅行品《らぎょうぼん》」では語曼荼羅が説かれ、「秘密漫荼羅品」では心（意）曼荼羅が説かれたが、この三密の身曼荼羅でも中台の毘盧遮那は菩薩形の如来であった。それは、菩薩形の毘盧遮那如来が、須弥山の頂上で自身の悟りの境界を曼荼羅に表現したのであるから、当然、曼荼羅中台の毘盧遮那如来は菩薩形でなければならなかったのである。したがって、この菩薩形の毘盧遮那如来の頭上に頂く宝冠は、四如来に灌頂された五仏の宝冠（金剛界曼荼羅の五仏の宝冠思想を受けた可能性が強い）である。この点が、単なる菩薩の宝冠と異なるところである。

『金剛頂経』の菩薩形の毘盧遮那如来

『金剛頂経』の成道では、色究竟天で一切義成就菩薩(13)が五相成身観《ごそうじょうじんがん》によって悟りを得る(14)。この五相成身観で悟りを得た一切義成就菩薩は、通達《つうだつ》本心・修菩《しゅぼ》提《だい》心・成《じょう》金剛心・証《しょう》金剛身・仏身円満の五段階で心身を浄化して悟り、金剛界如来となり、四如来の灌頂を受けて五仏の宝冠を頂く菩薩形の毘盧遮那如来である。この如来が、須弥山頂に降りて四面の毘盧遮那如来と成って住すると、色究竟天に留まっていた阿閦《あしゅく》・宝生・阿弥陀・不空成就の四如来も自分たちの加持の力で須弥山頂に降りて毘盧遮那如来の四方に住する。

彼ら五如来は、毘盧遮那如来と四如来に分かれて互いに十六大菩薩・四波羅蜜・内の四供養・外の四供養・四門護を生み出して、須弥山頂に三十七尊の金剛界曼荼羅を画きだす。

このときの金剛界曼荼羅の中央輪の毘盧遮那如来は、自らを投影した菩薩形の毘盧遮那如来であるから、この毘盧遮那は菩薩形の四面の毘盧遮那如来となっているのである。(15)

しかしながら、空海が請来した金剛界九会曼荼羅などの各毘盧遮那如来は、すべて一面の菩薩形である。

第三節　ブッダガヤの八相成道

釈迦の成道の仏伝図では、八相成道が一般的で、十二相はチベット系のタンカ(16)に多い。その中の八相成道の内容は、次のようなものである。

①兜率天では、次に生まれ変わったときには必ず悟るという身を得た菩薩(一生補処の菩薩 eka-jāti-pratibaddha-bodhisattva)は、兜率天の天子たちに法を説き、人間界に生まれ変わるために釈迦族の浄飯王の妃・摩耶夫人の体内に下生すると決定する。その下生の方法は、六本の牙をもつ白象に姿を変えて行くことであった。

②受胎では、白象となった菩薩は摩耶夫人の右脇から体内に入って受胎する。その子宮の栴檀《せんだん》で造られた楼閣で、兜率天から共に下生した天子たちに説法しながら十ヵ月間とどまる。

③誕生では、出産を間近に控え、里帰りの途中にルンビニー園で休息をとる。このとき産気づいてアショーカ樹につかまり右脇から出産する。帝釈天が太子を受け取り、太子は灌水で産湯を使ったのち、七歩あるいて「天上天下唯我独尊(わたしこそこの世で一番尊い者である)」といったとされる。母の摩耶は出産後七日して亡くなり、その妹のマハープラジャーパティーによって太子は育てられる。

④出家では、出家のきっかけは、あるときに城の東の門から出て老人に出会い、あるときは南の門から出て病人

に出会い、あるときは西の門から出て死人に出会い、あるときは北の門から出て出家者に出会う。この老・病・死に出会ってこの世の無常を知り、出家者に出会って出家の決心をする。これを四門出遊という。太子と同じ日に生まれた御者チャンダカにひかれる愛馬カンタカに乗って二十九歳で城の北門から出て出家する。出家した菩薩は、最初にアーラーダ・カーラーマ仙人に師事して教えを受けたが飽きたらず、次にウドラカ・ラーマプトラ仙人に師事して教えを受けたがそれにも満足せず、両師を離れて六年間の苦行生活に入る。

⑤降魔《ごうま》では、二人の仙人のもとで学んだ禅定の教えも、自らが求める悟りではないと知って、菩薩はウルヴィルヴァー村に行き苦行に専念する。しかし、この苦行によっても悟りが得られないと気づいた菩薩は、六年間の苦行をやめ、尼蓮禅河《にれんぜんが》で身を清め、村娘スジャータが供養する乳糜《にゅうみ》（乳で何度も煮つめた粥）を食べてもとの若々しい身体を取りもどす。身体が回復すると尼蓮禅河から仏陀伽耶の菩提樹の下へ行き、通りかかった草刈りから座に敷く草をもらって敷き観想に入る。菩薩が観想に入ると、魔（マーラ）の誘惑が悩ましい三人の娘を使って始まる。しかし菩薩が情欲の誘いに誘惑されないと知ると、次には恐ろしい形相の軍勢を差し向けて弓矢や刀剣で攻撃し襲いかからせた。この魔の軍勢も、菩薩の精神的葛藤の表れであったが、それらも菩薩は克服し、弓矢や刀剣などは菩薩の観想の力で花となって地に落ちたとされる。

怒った魔は、最後の戦いとして前世で行った善行のどちらが多いかを競い合うことにする。菩薩は右手の指先で大地に触れ、地の女神を証人として呼び出し、魔よりも多くの善行を積んだことを証明させた。すると、魔は降参し大軍を率いて退散する。このシーンは、煩悩魔（心身を悩ます煩悩）と陰魔（様々な苦しみを生ずる五蘊）と死魔（死のおそれ悲しみ）と天子魔（人の善行をさまたげ欲界を支配する他化自在天の魔王）の四種の魔を降伏することから「四魔降伏」ともいわれ、右手で大地に触れて地の女神を呼び出すジェスチャーは降魔印とも触地印《そくじいん》ともいわれる。

⑥成道とは、菩薩が三十五歳のとき菩提樹下で四魔を降伏して悟りを得たことをいう。この悟りを開いてから四十九日間、菩提樹下で悟りの喜びに浸る（自受法楽）。釈迦は自分が悟った境地は誰にも理解されないのではないかと悩み、説法することを躊躇する。それを察した梵天（ブラフマン）は、釈迦に布教への旅立ちを勧める（梵天勧請）。

⑦転法輪では、梵天勧請により釈迦は三摩地（瞑想）から立ち上がりベナレス市郊外にある鹿野苑《ろくやおん》（サールナート）に入る。そこには、かつて苦行をともにした五人の比丘たちがいた。彼らはブッダの最初の説法（初転法輪）を聞いて帰依したという。ここに仏・法・僧の三宝を満たす仏教教団が成立したのである。三十五歳で悟りを開いてより八十歳までの四十五年間、衆生教化の布教の旅が始まったのである。

⑧入涅槃では、パーヴァー村の鍛冶工の子が用意した食事にあたり体調をくずした釈迦は、故郷カピラヴァストゥに近いクシナガラを終焉の地に選び阿難（アーナンダ）とともに向かう。そしてクシナガラ郊外の沙羅双樹の林に北枕で右脇を下にして横たわり、八十歳の生涯を閉じる。師の入涅槃（死）の悲報を聞いて遅れてクシナガラに到着した大迦葉《だいかしょう》（マハーカーシャパ）が礼拝をすませると、釈迦の遺体は荼毘《だび》にふされた。その遺骨は、マガダ国、リッチャヴィ族、シャカ族、コーリヤ族、ブリ族、パーヴァーのマツラ族、マガダ国のアジャータシャトル王の八ヵ所にドローナの調停で等しく分配された（舎利八分）。さらにその後、荼毘の灰が申し出のあったモーリヤ族に与えられ、遺骨の配分に用いられた瓶がドローナ自身に与えられて、舎利塔は十ヵ所に建立されたという。その中でも、前八基の仏塔は、八大仏塔として有名である。

このように、成道には毘盧遮那菩薩や一切義成就（サルヴァールタシッディ）菩薩の色究竟天での成道と、悉達

（シッダールタ）や一切義成就（サルヴァールタシッダ）菩薩のブッダガヤでの成道との二種があり、密教の成道は、色究竟天（アカニシュタ天）での成道である。

註

（1）四、五世紀頃までに成立した説出世部の『マハーヴァスツ』（Mahāvastu）では、釈迦の幼名が、「世間の最上者が生まれたとき、王のすべての目的はかなえられた。それ故に、最上人の名前は、サルヴァールタシッダと［名づけられた］」とされる（Paré Senart : *Le Mahāvastu*, Paris, 1882-1897, Meicho-Fukyūkai, 1997, No.II, P.21[14]。藤村隆淳『マハーヴァスツの菩薩思想』山喜房佛書林、二〇〇二年、三七三頁参照）。

（2）梁の僧祐撰『釈迦譜』（大正五〇、№二〇四〇、一七頁b）。唐の道宣の『釈迦氏譜』でも、「太子生まれし時、宝蔵皆な諸瑞の吉祥なるを現じ、名を立てて薩婆悉達（Sarvārtha-siddha）と為すべし」とある（大正五〇、№二〇四一、八九頁c）。南伝仏教の伝として『スッタニパータ』に釈尊の部分的な伝記が記され、成道から教団の成立までが『マハーヴァッガ』（律蔵）に記されている。漢訳仏典では『過去因果経』『仏所行讃』『仏本行集経』『大般涅槃経』などに記される。空海も当然六世紀初頭の経録である『出三蔵記集』の著者である僧祐の『釈迦譜』を知っていたであろう。漢訳にもチベット訳にもない仏伝資料の『ラリタヴィスタラ』には、悉達太子や、一切義成就菩薩の名前も併記されてくる。

（3）『マハーヴァスツ』には、サルヴァールタシッダ（一切義成就）の名前で登場する（前掲註1藤村『マハーヴァスツの菩薩思想』三七三頁）。

（4）『六十巻華厳経』（大正一〇、№二七九、五八頁c、東北№四四、ka帙、fol.178b[3~]）。

（5）don thams cad grub pa、Sarvārthasiddha。「入法界品」のサンスクリット本では、一切義成就のサンスクリット名をsarvārthasiddha（Vaidya、№五、P.333[28]）とし、『初会金剛頂経』では、一般にsarvārthasiddhiとする（『梵本初会金剛頂経』（堀内本）上、一二三頁）。

（6）東北No.四四、ga帙、fol.$58b^{3}$~。『六十巻華厳経』「仏小相光明功徳品第三十」（大正九、No.二七八、六〇五頁c）、『八十巻華厳』「如来随好光明功徳品第三十五」（大正一〇、No.二七九、二五六頁b）。

（7）チベット訳、東北No.四四、ga帙、fol.$302b^{5}$。『八十巻華厳経』「入法界品」（大正一〇、No.二七九、三三七頁b）。

（8）Vaidya、No.五、pp.222^{23}~224^{25}。梶山雄一監修『悟りへの遍歴下　華厳経入法界品』（中央公論社、一九九四年）四八~五一頁。

（9）『大日経疏』（大正三九、No.一七九六、五八〇頁a~b）。酒井眞典『大日経広釈全訳』（『酒井眞典著作集』第二巻、法藏館、一九八七年）一一頁。

（10）善無畏の『大日経疏』では、「住心品」の最初に説かれる世尊が住するこの法界宮殿は、アカニシュタ天（摩醯首羅天宮）にあるという（拙稿「大乗仏教と真言密教」『高野山大学選書　第二巻　真言密教の新たな展開』小学館スクウエア、二〇〇六年、五九頁）。

（11）ターラナータ（一五七三~一六一五?）の『インド仏教史』では、ヨーガタントラの『初会金剛頂経』がスメール山頂で説かれたように、『大日経』もアカニシュタ天宮から降りてきた毘盧遮那如来によってスメール山頂で説かれたとする（前掲註10拙稿「大乗仏教と真言密教」五九頁）。

（12）チベット文『大日経広釈』「入漫荼羅具縁真言品」（東北No.二六六二、ñu帙、fol.298a）。前掲註(9)酒井『大日経広釈全訳』七五頁。

（13）すでに注記したように、『ラリタヴィスタラ』などでは、一切義成就菩薩をsarvārthasiddhaとするが、『初会金剛頂経』ではsarvārthasiddhiとする。

（14）「復た次に瑜伽行者、是の如くの想いを作せ。諸仏世尊、今まさに降臨して、威徳大神通力を示現したもうべき。此の想いを作し已りて、復たまさに釈迦如来の成道の法を観察すべし。釈迦菩薩の如きは、……諸の苦行を修し、六年を満足して、仏道を成ぜんことを願い、菩提樹に趣き、金剛座に坐して、金剛定に入りたもう」として、アカニシュタ天宮で金剛頂経の五相成身観で悟りを得たことを記す。他の金剛頂経系資料では、この釈迦菩薩は、毘盧遮那菩薩とも、一切義成就菩薩とも表現されている（大正一八、No.八六八、二七三頁b）。『六十巻華厳経』（大正一〇、No.二七九、五八頁c、東北No.四四、ka帙、fol.178b3~）。

(15)『梵本初会金剛頂経』（掘内本）二四頁。

(16) チベット系のタンカ（thaṅ ga）とは、掛け軸風の仏画である。

第五章　『理趣経』の釈迦から毘盧遮那へ

『理趣経』諸本では、初期の①『般若理趣分』からサンスクリット本和訳の⑨『百五十偈聖般若波羅蜜多理趣《ひゃくごじゅうげしょうはんにゃはらみったりしゅ》』と最後の⑩宋・施護《せご》訳『仏説遍照般若波羅蜜経《ぶっせつへんじょうはんにゃはらみつきょう》』一巻までには、教主の世尊釈迦牟尼が、毘盧遮那如来に変遷する様を、次の表1のように示す。

表のAの①にある唐の玄奘訳『大般若波羅蜜多理趣分』（以下『般若理趣分』）の「第四証悟の法門」では、「世尊（釈迦牟尼）は復た遍照（毘盧遮那）如来の相（姿）に依りて」と表現し、④になると世尊がそのまま大毘盧遮那仏と表現され、⑨のサンスクリット本では世尊毘盧遮那如来と表現されるようになる。

また表のBの①『般若理趣分』「第五降伏《ごうぶく》の法門」では、Aの遍照如来の相に代わって「世尊は復た釈迦牟尼如来の相（姿）に依りて」と表現される。

表1　世尊釈迦牟尼から毘盧遮那への教主の変遷（表は上から下に見る）

	①	②	③	④	⑤	⑥	⑦	⑧	⑨	⑩
A第四証悟の法門（栂尾祥雲『理趣経の研究』一四二～一四三頁）	世尊は復た遍照如来の相に依りて	世尊は復た一切如来の普く光明の相を以て	世尊は復た毘盧遮那如来の相に依りて	大毘盧遮那仏は復た自ら	世尊毘盧遮那如来は	世尊毘盧遮那は	世尊毘盧遮那如来は	縛伽梵毘盧遮那如来は	bhagavān vairocanas tathāgataḥ 世尊毘盧遮那如来は(1)	遍照如来は
B第五降伏の法門（栂尾前掲書、一六〇～一六一頁）	世尊は復た……釈迦牟尼如来の相に依りて	世尊は復た……釈迦牟尼の相を以て	世尊は復た……釈迦牟尼の相に依りて	釈迦牟尼仏は	世尊である……釈迦牟尼如来は	釈迦牟尼如来は	釈迦牟尼世尊如来は	釈迦牟尼如来は	bhagavān sarva-duṣṭa-vinayana-śākyamunis tathāgataḥ 世尊である一切の難調伏者を調伏する釈迦牟尼如来は(2)	釈迦如来は

①唐・玄奘訳『大般若波羅蜜多理趣分』一巻
②唐・菩提流志訳『実相般若波羅蜜経』一巻
③唐・金剛智訳『金剛頂瑜伽理趣般若経』一巻
④宋・法賢訳『仏説最上根本大楽金剛不空三昧大教王経』（『七巻理趣経』）
⑤チベット文和訳『金剛場荘厳と名づくる大儀軌王』
⑥チベット文和訳『吉祥最上根本と名づくる大乗の儀軌王』
⑦チベット文和訳『百五十偈聖般若波羅蜜多理趣』（『理趣略経』）
⑧唐・不空訳『大楽金剛不空真実三昧耶経』（『理趣経』）一巻
⑨サンスクリット本『百五十偈聖般若波羅蜜多理趣』（栂尾祥雲本・苫米地等流校訂本）
⑩宋・施護訳『仏説遍照般若波羅蜜経』一巻

さらにまた、毘盧遮那如来に代わって、ある法門では釈迦牟尼如来（Śākyamunis tathāgataḥ）として表現されるものもある。

このように、『般若理趣分』では、生み出す世尊の釈迦と、生み出された毘盧遮那が即の関係で成り立っている。この点を、栂尾祥雲博士は『理趣経の研究』(3)で、これら『般若理趣分』の記述は般若経と同じく教主の釈迦仏の異名が毘盧遮那であり、それはやがて金剛頂経になると毘盧遮那が常恒の法身に転換し、釈迦をこの法身毘盧遮那如来から生み出した変化身の釈迦と見る変遷の一過程を示すものと指摘する。

『秘蔵記』の釈迦即毘盧遮那

上記に『理趣経』の釈迦と毘盧遮那が即の関係にあることを見てきたが、この点を『秘蔵記』は、『大日経』の大悲胎蔵生曼荼羅の毘盧遮那と釈迦の関係で説明する。

そこでは、中台毘盧遮那如来を法身の心王（citta-rāja）とし、この心王から生み出された曼荼羅の第二重の釈迦を心主とする。この心主から生み出された無数の釈迦が心数《しんず》（心所《しんじょ》 caitasika, caitta）であって、三千大千世界の仏国土で八相成道を示す釈迦如来たちである。

この心王の毘盧遮那が悟りを得たとき、心主《しんじゅ》の釈迦をはじめとするその他の諸尊も同時に悟りを得るとする。この点を曼荼羅諸尊の数だけ穴の空いた闇室を使って、次のように『秘蔵記』は説明する。(4)

問う、経に云く。釈迦即毘盧遮那といっぱ、其の心如何。答う、喩えば数穴の闇屋に灯を燃す時、諸穴より倶時に光を放つが如し。心王の毘盧舎那成仏の時は、無数の心主同時に成仏す。この無数の心主各々に名別にして、各々に迹を垂れて樹下に八相成道す。然れば則ち（各々の）釈迦はこれ心王の所の心主の釈迦の迹（心数）

なりと。ないし世間に出現する一切の仏菩薩はみなこれ各々心主の迹（心数）なり。本に帰すればみな毘盧舎那なりと雖も、三昧門に拠すれば各々三昧の化なり。

この意味は、大悲胎蔵生曼荼羅の中台毘盧遮那如来を心王（citta-rāja）と捉え、その中台（の法身の印＝遍知印）から光として生み出された曼荼羅の諸尊を識大の顕れの心主と捉える。この心主から光明として生み出された無数の諸尊が、三千大千世界に遍満する心数（心所）である。

すなわち、胎蔵生曼荼羅の中台毘盧遮那如来が心王の法身であり、その他の曼荼羅の十二院の諸尊が心主となる。この十二院の心王と心主から生み出され三千大千世界に遍満する無数の諸尊が心数である。この思想によって、十二院の大悲胎蔵生曼荼羅から、三千大千世界に遍満する理論が明確になる。

『大日経疏』[5]は、「心主とは即ち心王なり」とし、心王毘盧遮那如来一尊をもって一切の心主を摂するとする。空海もこれを受けて、心王に心主を摂して一体と見、心王と心数の二つを立てる。この両者の関係を『十住心論』巻第十[6]では、大悲胎蔵生曼荼羅の毘盧遮那・宝幢・開敷華王・阿弥陀・天鼓雷音の五仏を心王として、「五仏は即ち心王、余尊は即ち心数なり。心王心数その数無量なり」とする。

このように、複数の心王をもつ曼荼羅思想において、曼荼羅の毘盧遮那如来と諸尊の関係から、心主即心王と見たとき、釈迦即毘盧遮那の関係が成り立つとするのである[7]。

『金剛頂経』の釈迦即毘盧遮那

『金剛頂経』の「金剛界品」では、色究竟天の成道で、一切義成就菩薩が五相成身観によって悟りを開き金剛界毘盧遮那如来となる。やがて四仏に四方仏として灌頂されるや、毘盧遮那如来は須弥山頂に降りて一切諸方（四方）を向いて住する。すると、色究竟天で金剛界毘盧遮那如来の頭上に留まっていた四如来は、自身の加持力によって須弥山頂の金剛界毘盧遮那如来の四方に住するのであるが、そのときの金剛界毘盧遮那如来を世尊・釈迦牟尼如来（bhagavataḥ Śākya-munes tathāgatasya）(8)と呼んでいる。

これは、釈迦の幼名の一切義成就菩薩が、五相成身観で悟りを得て金剛界毘盧遮那如来となって須弥山頂に降り、やがて南贍部洲に降りて釈迦の八相成道を示すのであるから、この毘盧遮那如来は実際は釈迦牟尼如来であるとするのである。

この説と同じく、空海も『秘蔵宝鑰《ひぞうほうやく》』巻下(9)に『守護国界主陀羅尼経』を引き、釈迦牟尼仏が毘盧遮那如来であることを示している。

密教の一識から十識

さらに、『秘蔵記』(10)は、顕密の識の異なりについて、顕教の唯識説の識は八識（眼《げん》識・耳《に》識・鼻識・舌識・身識・意識・末那《まな》識・阿頼耶《あらや》識）であるが、密教の識は何識かを問題とする。そこでは、胎蔵生曼荼羅の中台毘盧遮那如来と八葉の四仏四菩薩を心王と捉えて、次のようにいう。

胎蔵生曼荼羅の中台毘盧遮那の心王をもって一切の心主を摂する場合は一識。
八葉の尊の心王をもって一切の心主を摂する場合は八識。
八葉の尊と中台の尊をもって一切の心主を摂する場合は九識。
第九以上の九識を動かさないで余の十仏刹微塵数《じゅうぶつせつみじんずう》の一切の心主を一識に摂する場合は十識である（意趣）とする。

このように、心王の解釈を中台毘盧遮那如来だけではなく、八葉の九尊まで広げ、それ以外の曼荼羅諸尊を識大の顕れの心主と捉えることによって、密教には、一識・八識・九識・十識が存するとする。

十方遍満仏としての毘盧遮那如来

さらに釈迦と毘盧遮那の関係を劉宋の曇無蜜多《どんむみった》訳『仏説観普賢菩薩行法経《ぶっせつかんふげんぼさつぎょうぼうきょう》』[11]（以下『普賢観』）には、

釈迦牟尼を毘盧遮那が一切処に遍じたものと名く。その仏の住処を常寂光《じょうじゃくこう》と名く。……この色（身の釈迦）は常に法（身の毘盧遮那）に住するが故に。

とある。これは三千大千世界の一切処に遍満する色身の釈迦が法身の毘盧遮那如来から生み出されたことを記すもので、この三千大千世界に遍満する法身毘盧遮那と釈迦を十方遍満仏とするのである。

この記述はかなり有名であったらしく、『法華経』の注釈書である宋の智圓『請観音経疏闡義鈔《しょうかんのんきょうしょせんぎしょう》』巻第三[12]や、宋の知禮《ちらい》『金光明経文句記』巻第一上[13]にも引用され、そこでは「普賢観に云く、釈迦牟尼を毘盧遮那と名く」と明瞭に両者の関係を釈迦即毘盧遮那と捉えるのである。

このように、この釈迦牟尼即毘盧遮那の関係は、『普賢観』の原義に沿って法身毘盧遮那如来から三千大千世界に生み出された釈迦牟尼如来（仏）の関係で理解されるべきものではあるが、生み出したものと、生み出されたものが、即の関係で捉えられていることは重要である。それは、華厳経や密教の曼荼羅思想の一即一切、一切即一の即の関係と同じ思想であるからである。[14]

註

（1）苫米地等流校訂本：*adhyardhaśatikā prajñāpāramitā*, 2008, p.9^{11}。このテキストは、苫米地等流氏がポタラ宮殿所蔵のサンスクリット本写本（現在は、ランチャ書体の写本が北京の蔵学中心にあると聞く）を既存のサンスクリット本とチベット訳本と漢訳本を使って校訂したもので、Sanskrit Text（デーヴァナーガリー書体、一～二八頁）と、Tibetan Text（チベット語書体、二九～七三頁）から構成されている。当箇所は、既存の栂尾使用サンスクリット本（『理趣経の研究』密教文化研究所、一九七〇年）では、p.2^{22}に当たる。栂尾使用サンスクリット本については、松長有慶『密教の歴史』の注記（平楽寺書店、二〇〇二年、第一六刷、七九頁、注15）に詳しい。苫米地本との内容を比較するに、栂尾サンスクリット本の *adhyardhaśatikā prajñāpāramitā* とかなり異なり、栂尾サンスクリット本にあるところが苫米地本には欠文となっていたり、またその反対もあり、語彙の異なりや、二十清浄句の異なり、真言の箇所の異なり、百字の偈と流通文とが顚倒し入れ替わっているなどがある。したがって、理趣経のサンスクリット本に関しては、両者のテキストを補完し合いながら使用する必要がある。今回の新サンスクリット本校訂本の閲覧に関しては、苫米地等流氏の厚意によった。

（2）苫米地本 *adhyardhaśatikā prajñāpāramitā*, p.11^{4}（栂尾サンスクリット本 p.3^{12}）。

（3）前掲註(1)栂尾『理趣経の研究』三六～三七頁、本文の和訳（同、一～四〇六頁）。

（4）『秘蔵記』（『定本弘全』第五巻、一五五～一五六頁、『弘全』第二輯、四三頁）。

（5）『十住心論』巻第七では、心王と心主と心数の三者の関係を、『大日経疏』と同じく「心主とは即ち心王なり」（大正三九、№一七六六、六〇三頁a）とした上で、水波の喩えを用いて心数の波は心王の水を離れてあり得ないとして、心の本不生を覚る（『定本弘全』第二巻、二四二頁、『弘全』第一輯、三三九頁）。

（6）『十住心論』巻第十（『定本弘全』第二巻、三一〇頁、『弘全』第一輯、四〇〇頁）。

（7）「秘密曼荼羅の金剛心殿の如きに至っては、是れ則ち最極究竟の心王如来大毘盧遮那自性法身の住処なり。心王の大日は三身を孕んで円円の又の円。心数の曼荼は十地を超えて以て本有の又の本なり。恒沙の眷属は鎮えに自心の宮に住し無尽の荘厳は常に本初の殿に遊ぶ」（『大日経開題』、『定本弘全』第四巻、一五頁、『弘全』第一輯、六四四頁、『十住心論』巻第十、『定本弘全』第二巻、三一二頁、『弘全』第一輯、四〇二頁）。

（8）Atha khalv Akṣobhyas tathāgato, Ratna-saṃbhavaś ca tathāgato, Lokeśvara-rājaś ca tathāgato, 'mogha-siddhiś ca tathāgataḥ, sarva-tathāgata-tvaṃ svayaṃ ātmany adhiṣṭhāya bhagavataḥ Śākya-munes tathāgatasya sarva-samatā-suprativedha-tvāt / sarva-dik-samatām adhyālambya catasṛṣu dikṣu niṣaṇṇāḥ //（堀内本、三二頁）。

（9）『秘蔵宝鑰』巻下（『定本弘全』第三巻、一六五頁、『弘全』第一輯、四六三頁）。『守護国界主陀羅尼経』では、この「釈迦牟尼仏」は「仏」とあるのみ（大正一九、№九九七、五七〇頁c）。

（10）『秘蔵記』（『定本弘全』第五巻、一五五～一五六頁、『弘全』第二輯、四二～四三頁）。

（11）『仏説観普賢菩薩行法経』一巻「汝は今まさに是の如く悪と不善業を懺悔すべし。その時行者はこの語を聞きおわって、空中の声に問う。我れ今何処で懺悔の法を行ずべきや。時に空中の声が即ち是の語を説きたもう。釈迦牟尼を毘盧遮那が一切処に遍じたものと名く。其の仏の住処を常寂光と名く。……是の色（身の釈迦）は常に法（身の毘盧遮那）に住するが故に」（宋・曇無蜜多訳、大正九、№二七七、三九二頁c）。

（12）「普賢観（経）に云く、釈迦牟尼を毘盧遮那と名く。涅槃（経）に云く、吾が今の此の身は即ち是れ法身なり。故に法報（法身と報身）に約して応身（応化身）の光と解すなり。……即ち是れ釈迦の神通の力なり」（『請観音経疏闡義鈔』巻第三、大正三九、№一八〇一、九九一頁b）。

（13）「故普賢観云。釈迦牟尼名毘盧遮那。此仏住処名常寂光。牟尼是人寂光是法」（宋・知禮述『金光明経文句記』巻第一上、大正三九、№一七八六、八七頁c）。

（14）高神覚昇の大釈同異論では、歴史上の釈迦と毘盧遮那の関係を論じて、この点を捉えていない（『密教概論』文政堂、一九七〇年、一二五～一三三頁）。

第六章　空海の金胎両部思想

第一節　空海が入唐した時代背景

三武一宗の法難

空海が入唐した時代背景には、把握しておかなければならない点が二つある。一つは、隋・唐の仏教各派の実情と、もう一つは僧尼の増大につれて税が減収し国家財政が疲弊したこととあわせて、仏教と道教の対立などによって仏教の迫害が四回訪れた三武一宗《さんぶいっそう》の法難である。

空海が八〇四年に長安に留学したとき、中国仏教界には、隋代に開創した天台宗・三論宗・三階教などと、唐代に開創した浄土教・法相宗・禅宗・華厳宗・密教などが存在していた。それらのうち、三論・法相・密教の諸宗は、インド仏教を忠実に中国に移植しようとしたが、天台宗・三階教・南山律宗・禅宗・華厳宗などはインド仏教に忠実ではなく中国文化に順応させ開創者の独特な哲学や宗教観によって樹立された新しい宗教であった。

したがって、中国に新たに伝えられた密教は、長安の青龍寺で忠実なインド密教として根付いていた宗教であった(1)。

もう一つの三武一宗の法難は、北魏の太武帝と北周の武帝と、唐の武宗《ぶそう》と後周《こうしゅう》の世宗《せいそう》の仏教に対する弾圧であり、法難の時代には僧侶は還俗させられ仏典の翻訳も禁止され、仏像などの破壊もなされた。

この四期の法難とは以下の事件である。

第一度目は、北魏の太武帝が太平真君七年（四四六）から七年間、道教を擁護して仏教を弾圧した法難。

第二度目は、北周の武帝が建徳三年（五七四）と同六年（五七七）の二度にわたって儒教を擁護して仏教と道教を弾圧した法難。この法難後に末法思想が流布し、仏教復興時には最高の全盛をもたらすこととなった。

第三度目は、唐の武宗が会昌五年（八四五）に道教を擁護して仏教とキリスト教、ゾロアスター教（祆教《けんきょう》）、マニ教を弾圧した法難。

第四度目は、後周の世宗が顕徳二年（九五五）に国家の財政的窮迫を救うために行った仏教弾圧の法難である。このとき、銅銭を鋳造するために、仏像や仏具が改鋳された。

空海が入唐したのは、この第二度目の法難と、第三度目の間であり、中国仏教の全盛期に当たる時期であった。

真身舎利の供養

中国仏教の舎利供養は、五五八年に拓跋育《たくばついく》が阿育王《あいくおう》（アショーカ）がもたらした釈迦の真身舎利を発見し法門寺を開基したことに始まる。それ以後、三十年の周期で真身舎利の供養がなされることとなった。(2)

空海が留学した頃（八〇四〜八〇六）は、建徳三年と同六年の二度にわたって行われた北周の武帝の法難から二百二十七年がたち、仏教の復興を経て中唐のまっただ中にあった。しかし、やがて来る会昌の破仏と、唐代の仏教に最終的な打撃を与えた世宗の法難が迫っていた。

空海は、この舎利供養祭に出合うことは出来なかったが、「仏舎利八十粒　就中《このなか》に金色の舎利一粒」を請来したと『御請来目録《ごしょうらいもくろく》』(3)に記している。

第二節　空海の金胎両部思想

空海の密教思想には、金胎両部という言葉は使用されるが、これと同意趣の金胎不二と両部不二という言葉はまだ使われていない。この不二思想は、空海以後の日本密教で生まれた新たな用語である。

空海が八〇六年に中国から請来した密教は、青龍寺の恵果和尚の『金剛頂経』の金剛界法と『大日経』の胎蔵法の両部の密教であった。この両部の大法は、恵果和尚が不空三蔵に師事して金剛界系密教を授かり、善無畏三蔵の弟子玄超《げんちょう》から大日経系の密教を授かった両部の密教であった。

恵果和尚から相承された『大日経』と『金剛頂経』の両部の大法(4)は、胎蔵の大法が訶陵《かりょう》の辨弘《べんこう》と新羅の慧日に、金剛界の大法が剣南の惟上《いしょう》と河北の義円に、両部の大法が義明供奉と日本の空海に授けられたと『秘密漫荼羅教付法伝』（以下『付法伝』）に記される。(5)

東寺講堂の立体曼荼羅

金胎両部の密教を請来した空海は、弘仁十四年（八二三）に東寺を賜り、講堂に自らの設計図に従って、唐朝の形式に倣う二十一尊立体曼荼羅を建立した。その曼荼羅の中には、金剛界曼荼羅の三十七尊を毘盧遮那如来・阿閦如来・宝生如来・阿弥陀如来・不空成就《ふくうじょうじゅ》如来と、金剛波羅蜜菩薩・金剛薩埵菩薩・金剛宝菩薩・金剛法菩薩・金剛業（羯磨《かつま》）菩薩の十尊に集約し、胎蔵生曼荼羅の持明院《じみよういん》の五尊を不動明王・降三世《ごうざんぜ》明王・軍荼利《ぐんだり》明王・大威徳明王・金剛夜叉明王の五大明王に置き換えた金胎両部の十五尊と、梵天・帝釈《たいしやく》天と四天王を加えた二十一尊立体曼荼羅であった。

三部と五部の融合

この恵果和尚の両部思想は、『大日経』の三部と、『金剛頂経』の五部を融合する。『大日経』の三部とは、大悲胎蔵生曼荼羅十二院の仏部と蓮華部と金剛部の三部である。『金剛頂経』の五部とは、金剛界曼荼羅の仏部と蓮華部と金剛部と宝部と羯磨部の五部である。

空海は、法身の働きである身・語（口）・心（意）の三密を『金剛頂経開題』(6)で『金剛頂経』の五部のうち、仏部には身密を、蓮華部には語密を、金剛部には心密を当てはめ、宝部には三密の福徳の面を、羯磨《かつま》（業）部には三密の衆生教化の面を摂するとする。

また、『秘蔵記』(7)は、金剛界の五部を仏部・蓮華部・金剛部・宝部・羯磨部の順序で呼び、上述のような三密の両部思想を示す。

さらに、空海の『金剛頂経開題』(8)でも、『金剛頂《こんごうちょう》 一切如来真実摂《いっさいにょらいしんじつしょう》 大乗《だいじょう》 現証《げんしょう》 大教《だいきょう》 王経《おうきょう》』（『金剛頂経』）の経題を開いて、五部を三密に摂している。

この『秘蔵記』に見たように、空海の密教でも、三密と三部と五部を金胎両部の思想の下に摂して、三部の仏部・蓮華部・金剛部の順序に沿って、五部の順序も仏部・蓮華部・金剛部・宝部・羯磨部の順序で呼ぶのである。

金胎両部の曼荼羅と五仏

上記のように、金剛部の五部を胎蔵部の三部に摂することから、空海以後の日本密教では、これを金胎不二とも呼んだ。東寺の講堂の二十一尊立体曼荼羅は、金剛界曼荼羅の三十七尊を十尊に集約した尊と、胎蔵生曼荼羅の持明院と関連する五大明王の五尊を合わせた十五尊を金胎両部として構成されたものであることはすでに触れた。

三密と『大日経』

『大日経』の経文を三密に配当する思想も、空海の『大日経開題　法界浄心《ほうかいじょうしん》』(9)に見えている。その思想とは、『大日経』の最初の「如是我聞《にょぜがもん》」などの序分を身密に当てて仏部とし、「爾時世尊《にじせそん》」から嘱累品《ぞくるいぼん》の終わりの「皆大歓喜《かいだいかんぎ》」までを語密に当てて蓮華部とし、その続きの「信受奉行《しんじゅぶぎょう》」の一文を意密に当てて金剛部とする。

金胎両部の理智思想

五部を理智に配する解釈も、『秘蔵記』(10)に見えている。

両部のうち、胎蔵生曼荼羅を理に配し、金剛界曼荼羅を智に配した上で、理の浄菩提心の清浄さを、泥に染まらない蓮華と等しいと見て蓮華部と名づけ、自心の理（月輪《がちりん》）の中にある衆生利益の智を、怨敵を破す様が金剛の堅固さと等しいと見て金剛部と名づけ、その理と智は凡夫には顕れないが悟りを得た仏には顕れるから理智の具足を仏部と名づけるとする。

さらに、仏の円満する福徳を宝部に当て、一切衆生を救済する働きの面を羯磨部に当てて、加えて五部ともする。

さらにまた、胎蔵は理、金剛界は智であるとし、この界は身であって、身は聚集《しゅじゅう》の義であるという。この界を身や聚集とする解釈は、初期仏教が法身の身（kāya）を本体や集合体とした思想と一致している(11)。
そして、この理智を金胎両部に配する『秘蔵記』の思想は、空海の著作にも明確に示され、日本密教の重要な思想となっていく。

第三節　密教と須弥山思想

高野山は須弥山

空海が高野山を密教の修禅の地として選んだのは、この山が須弥山《スメール》に似ていたからだという(12)。山上には八葉の峰が聳え、裾野には低い山脈が連なる。まさに両部の大法を観想するにふさわしい条件を備えていた。この修禅の地で真言行者は、須弥山の曼荼羅を観想して、仏と無二無別になる悟りの境地を得ようとしたのである。

この須弥山に似た高野山の地を空海は法身の里とも呼ぶ。京都の下界から帰った空海は、この高野の里で、風の音や、小川のせせらぎ、木々の葉音、鳥のさえずり、朝日に輝く露などの法身の五大の響き(13)に包まれてリフレッシュしたと『性霊集《しょうりょうしゅう》』(14)は記す。

須弥山の観想

空海は『秘密漫荼羅十住心論』（以下『十住心論』）の第一の「異生羝羊心《いしょうていようしん》」と『秘蔵記』で、須弥山思想を説く(15)。そこでは、『起世経《きせきょう》』『倶舎《くしゃ》論』『瑜伽論』などの記述を引きながら、須弥山の成立から始め、須弥山の五輪、九山八海、四洲の形と数を述べた後、地獄・餓鬼・畜生・阿修羅・人間の五趣について詳しく説明し、この大洲の中に増劫の時には四種の輪王が出、減劫の時には仏が出現するという。

この須弥山の減増の劫では、壊劫《えごう》（消滅の時間）、空劫（消滅から生成までの時間）、成劫《じょうごう》（生成の時間）、住劫（生成から消滅までの時間）の四期間を一周期とする。

四期間の各一周期は二十劫であり、四期間で八十劫を要する。壊劫は欲界[16]の地獄から消滅が始まり、餓鬼と畜生が消滅すると人間は色界の第二禅天に移る。

空劫の二十劫が過ぎ、成劫が始まると人間の業の働きによって虚空に風が起こる。風が起こると渦を巻く風輪ににわかに暗雲が立ちこめる。すると激しい雨が風輪の上に降り注ぎ渦巻く水輪が現れる。やがてその水輪の水が温められ、牛乳を温めると白色の幕が表面に出来、冷めると硬い金色の膜が出来るようになる。これが地に当たる金《こん》輪《りん》（地輪）である。この三輪に支えられて須弥山が中央に聳え、七つの山脈と、その周囲に四つの大陸（四洲）と、金輪の外側を囲む鉄囲《てっち》山《せん》が聳え、二禅天にいた人間たちが下の世界に下り、再生された地獄まで有情が満ちわたる。

その須弥山の上には三界が連なり、その上に諸仏が住む仏界が存するとするインドの宇宙観が、須弥山思想である[17]（図1参照）。

この風・水・金《こん》の三輪思想は、やがて水を温める働きを火輪とし、風輪の先端が接する虚空を空輪の空点として加えた逆順の五輪が成立する（図2参照）。すなわち、虚空に接する須弥山の下を空点とした逆さまの空・風・火・水・地の五輪が成立し、その上の須弥山上に上向きの地・水・火・風・空の五輪が成立し、その七金山の四方の地上にある方形・円・三角・半月の四洲が、それぞれ立体的に金色（黄色）の地となり、乳白色の水となり、赤色の火となり、黒色（深青色）の風となり、虚空と接触する緑色（一切色）の空点となって、その五輪が一直線に重なり逆順の五輪塔として『大日経』「具縁品」[18]などの五大思想へと変遷してくる。

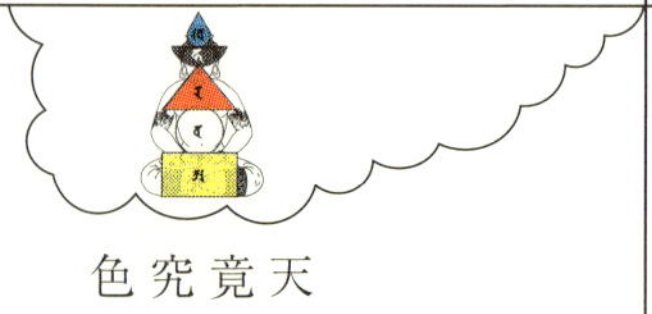

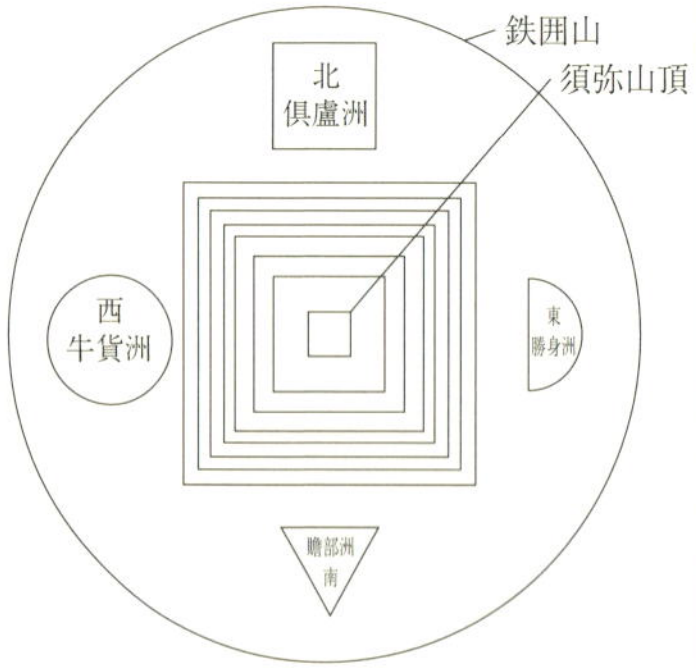

		仏界
無色界		非想非非想処
		無所有処
		識無辺処
		空無辺処
色界	四禅	色究竟天
		善見天
		善現天
		無熱天
		無煩天
		広果天
		福生天
		無雲天
	三禅	遍浄天
		無量浄天
		少浄天
	二禅	極光浄天
		無量光天
		少光天
	初禅	大梵天
		梵輔天
		梵衆天
欲界	六欲天	他化自在天
		楽変化天
		兜率天
		夜摩天
		三十三天 四大王衆天
	地表	倶盧洲（北）
		牛貨洲（西）
		勝身洲（東）
		贍部洲（南）
		傍生 餓鬼
	地下	統括地獄
		黒縄地獄
		衆合地獄
		号叫地獄
		大叫地獄
		炎熱地獄
		大熱地獄
		無間地獄

図1　三界と仏界

この五輪を逆に観想する記述は、善無畏の『大日経疏』「具縁品」にも記されている。(19)

図2　逆順の五輪と須弥山

五大の意味

さらにこの『大日経』(20)の五大に、ア・ヴァ・ラ・カ（ハ）・キャ（クハ）の五文字を当てはめる解釈(21)は、『大般若波羅蜜多経』と、四十二字門(22)の解釈に従っている(23)（表1参照）。

また、金剛頂経系の『瑜《ゆ》伽《が》金剛頂《こんごうちょう》経《ぎょう》釈《しゃく》字《じ》母《も》品《ぼん》』(24)（以下『釈字母品』）の五十字門は、『大日経』の三十四字(25)に先頭のア字を除く十五母音(26)とクシャ（kṣa）を加えて整理したものである。したがって、『仏説普曜経《ぶっせつふようきょう》』などの五十字門系(27)とは関係のない四十二字門系のものである(28)。

この『釈字母品』の五十字門を採用しているのが、『金剛頂経』の五相成身観に使用される十六母音（アーリ）と三十四字母（カーリ）である。

表1　五大と四十二字門の解釈

五　字	五字のサンスクリット	四十二字門の解釈
𑖀《ア》（a）	不生（an-utpāda）	ア字門に入るとき、一切法は本不生と悟るが故に。
𑖪《ヴァ》（va）	語言道（vāk-patha）	ヴァ字門に入るとき、一切法は言音の道を断ずと悟るが故に。
𑖨《ラ》（ra）	過失（rajas）	ラ字門に入るとき、一切法は塵垢を離れたりと悟るが故に。
𑖮《カ（ハ）》（ha）	因縁（hetutva）	カ字門に入るとき、一切法は因性不可得と悟るが故に。
𑖏《キャ（クハ）》（kha）	虚空（kha）	キャ字門に入るとき、一切法は虚空性の如く不可得なりと悟るが故に。

六大思想

五大に識大を加えた空海の六大思想は、次の『阿《あ》毘《び》達磨《だるま》倶《く》舎論《しゃろん》』（以下『倶舎論』）の地界・水界・火界・風界・空界・識界の六界思想の展開である。

すなわち、『倶舎論』では、地界は堅い支えの性質、水界は水分の湿の性質、火界は暖かい熱の性質、風界はものを動かす性質であり、空界は虚空のことであり大きな穴のような明暗の空である。さらに、識界は衆生が生きていると感じる意識（有漏識《うろしき》）であるとされる。(29)

このように、行者の人体に当てはめて解釈した六界の解釈は、法界の法身大毘盧遮那如来を能生《のうしょう》とし、その大毘盧遮那如来から生み出される四種曼荼羅や三種世間を所生《しょしょう》とする空海の『即身成仏義《そくしんじょうぶつぎ》』(30)の六大思想へと展開する。

註

（1）山口益他『仏教学序説』（平楽寺書店、一九六一年）三七八～三八六頁。道端良秀『中国佛教史　改訂新版』（法藏館、一九六六年改訂第四版第二刷）五八頁～。
（2）呉立民・韓金科『法門寺地宮唐密曼荼羅之研究』（中國佛教文化出版、一九九八年）前半参照。
（3）『御請来目録』（『定本弘全』第一巻、三三頁、『弘全』第一輯、九七頁）。
（4）両部の大法とは、『大日経』の胎蔵法と『初会金剛頂経』の金剛界法をいう。
（5）『秘密漫荼羅教付法伝』（『定本弘全』第一巻、一一一～一一二頁、『弘全』第一輯、四四頁）。
（6）三部と五部については、『秘蔵記』（『定本弘全』第五巻、一二一～一二三頁、『弘全』第二輯、六～七頁）と、『金剛頂経開題』（『定本弘全』第四巻、八六頁、『弘全』第一輯、七〇六～七〇七頁）を参照。
（7）『秘蔵記』（『定本弘全』第五巻、一五三頁、『弘全』第二輯、四〇頁）。
（8）『金剛頂経開題』（『定本弘全』第四巻、八五～八六頁、『弘全』第一輯、七〇六～七〇七頁）。
（9）『大日経開題　法界浄心』（『定本弘全』第四巻、四～五頁、『弘全』第一輯、六三四～六三五頁）。
（10）『秘蔵記』（『定本弘全』第五巻、一二二～一二三頁、『弘全』第二輯、六～七頁）。
（11）拙著『法身思想の展開と密教儀礼』（法藏館、二〇〇九年）一三頁参照。
（12）『高野四至の敬白の文一首』（『定本弘全』第八巻、一七一～一七二頁、『弘全』第三輯、五二四～五二五頁）。
（13）「五大に皆響きあり」（『声字実相義』、『定本弘全』第三巻、三八～三九頁、『弘全』第一輯、五二四～五二五頁）。
（14）『性霊集』巻第一、「遊山慕仙詩　並序」。法身の里に遊ぶとは、「誰如閑禅室　澹泊亦儴佯」の儴佯《じょうしょう》（仏の世界に遊ぶ）を指す（『定本弘全』第八巻、一〇～一一頁、『弘全』第三輯、四〇二頁）。『性霊集』巻第一、「入山興雑言」「斗藪して早く法身の里に入れ」（『定本弘全』第八巻、一六～一七頁、『弘全』第三輯、四〇七頁）。
（15）『秘蔵記』欠（『定本弘全』第五巻、一六二頁、『弘全』第二輯、五二頁～）。『十住心論』（『定本弘全』第二巻、一一二頁～、『弘全』第一輯、一三三頁～）。

（16） 欲界とは、地獄・餓鬼・畜生・修羅・人・六欲天の世界である。

（17） 定方晟『須弥山と極楽　仏教の宇宙観』（講談社現代新書、一九九七年第三〇刷）一〇九～一一九頁。

（18） 『大日経疏』（大正三九、№一七九六、七二七頁c）。拙著『図説・マンダラの基礎知識　密教宇宙の構造と儀礼』（大法輪閣、二〇〇五年）四一頁、松長有慶「インド密教における言葉、文字、声」（『佛教文化学会十周年北條賢三博士古稀記念論集　インド学諸思想とその周延』山喜房佛書林、二〇〇四年）一二頁参照。

（19） 『大日経疏』「具縁品」（大正三九、№一七九六、七二七頁c）。

（20） 『大日経』（大正一八、№八四八、三八頁b）。

（21） 『大日経』（大正一八、№八四八、九頁b）。

（22） 四十二字門（a, ra, pa, ca, na, la, da, ba, ḍa, ṣa, va, ta, yaṣṭa, ka, sa, ma, ga, tha, ja, śva, [sva], dha, śa, kha, kṣa, sta, jha, rtha, [ha] bha, cha, sma, hva, tsa, gha, ṭha, ṇa, pha, ska, ysa, śca, ṭa, ḍha）。

（23） 『大般若波羅蜜多経』（大正五、№二二〇、三〇二頁b～c）。前掲註（11）拙著『法身思想の展開と密教儀礼』三七～四五頁。

（24） 『瑜伽金剛頂経釈字母品』（大正一八、№八八〇、三三八頁b～c）。

（25） 『大日経』系の三十四字門（a, ka, kha, ga, gha, ca, cha, ja, jha, ṭa, ṭha, ḍa, ḍha, ta, tha, da, dha, pa, pha, ba, bha, [ma], ya, ra, la, va, śa, ṣa, sa, ha, ṅa, ña, ṇa, na, ma）。前掲註（11）拙著『法身思想の展開と密教儀礼』三九頁と同頁の註（84）参照。

（26） 十六母音（a, ā, i, ī, u, ū, ṛ, ṝ, ḷ, ḹ, e, ai, o, au, aṃ, aḥ）。

（27） 五十字門「（a, ā, i, ī, u, ū, ṛ, ṝ, ḷ, ḹ, e, ai, o, au, aṃ, aḥ, ka, kha, ga, gha, ṅa, ca, cha, ja, jha, ña, ṭa, ṭha, ḍa, ḍha, ṇa, ta, tha, da, dha, na, pa, pha, ba, bha, ma, ya, ra, la, va, śa, ṣa, sa, ha, kṣa）」（大正三、№一八六、四九八頁c）。

（28） 前掲註（11）拙著『法身思想の展開と密教儀礼』四五～四六頁。

（29） 『倶舎論』（大正二九、№一五五八、三～六頁）。

（30） 『即身成仏義』（『定本弘全』第三巻、一八～二〇頁、『弘全』第一輯、五〇七頁～）。

第七章　『大日経』の思想

第一節　『大日経』の経題

『大日経』は、空海が青龍寺の恵果和尚から伝授された『金剛頂経』と並ぶ日本密教の主要な経典の一つである。この経典は、空海が入唐する以前に大和《やまと》の久米寺《くめでら》で見た経典でもあった。

この経典には漢訳とチベット訳があるが、サンスクリット本は伝わっていない。チベット訳にはサンスクリット本の経題が mahāvairocanābhisambodhivikurvitādhiṣṭhāna-vaipulya-sūtrendrarāja nāma dharmaparyāya（「大毘盧遮那が成仏し加持によって神変を行う方広経――インドラ王と名づける法門――」）と記されている。

この『大日経』は、空海が『即身成仏義』に、金剛頂経と『大日経』と『菩提心論』の二経一論を典拠として即身成仏の義を書いたときの重要な経典の一つであった。

『大日経』の成立年代

『大日経』の成立年代は、玄奘（六〇二～六六四）が、六二九年（二十八歳）から六四五年（四十四歳）にかけてインドを旅行した旅行記『大唐西域記《だいとうさいいきき》』に密教の記述がないことと、無行《むぎょう》（六八五年、五十六歳で客死）がサンスク

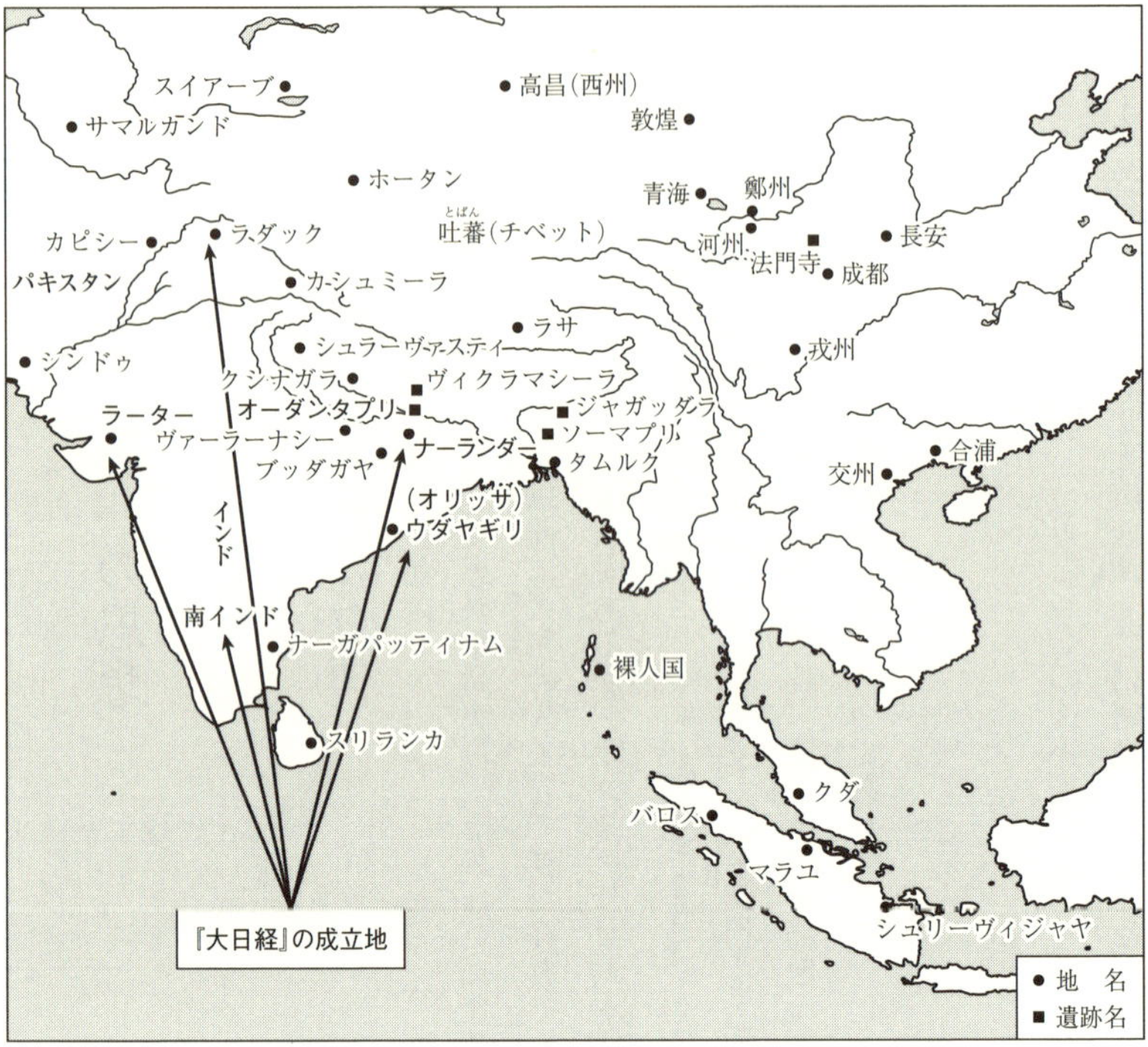

図1　『大日経』の成立地とその伝播

リット本の『大日経』を入手したのが七世紀後半であることから、七世紀の前半のインドにはまだ『大日経』などの密教経典が成立していなかったとして、『大日経』の成立年代を七世紀の中葉とする。

しかし、この玄奘の記述が信用されず、『大唐西域記』以前にすでにこのような『大日経』などが成立していたとすれば、『大日経』の成立をさらに一世紀遡らせて六世紀頃とすることも可能である。(1)

『大日経』の成立地

成立地に関する研究では、第一説に北インドや西北インド説、第二説に南インド説、第三説に西インドのラーター（Lāṭā）説、第四説に中インドのナーランダー（Nālandā）説、第五説にインドのオリッサ州が考えられている。その中で、第四説の

中インドのナーランダー寺での成立と、第五説のインドのオリッサ州での成立が最も有力である。(2)

三種類の大日経

空海は、『大日経』に法爾常恒本《ほうにじようごう》と十万頌《じゅ》広本と三千頌略本の三種があることを、『大日経開題　法界浄心』(3)に、次のようにいう。

①法爾常恒の本　——　諸仏の法曼荼羅
②分流《ぶんる》の広本　——　龍猛《りゆうみよう》の誦伝《じゆでん》する所の十万頌の経
③略本　——　三千余頌有り頌文《じゆもん》三千経巻七軸

最初の法爾常恒本は、空海が『大日経開題　法界浄心』と『理趣経開題　弟子帰命』(4)でこの存在を認めた経本である。この法爾常恒本とは、法身毘盧遮那如来が法界で過去・未来・現在の三世にわたって常恒に説法している大日経のことで、法曼荼羅ともいわれるものである。

第二の分流の広本（十万頌広本）の「龍猛の誦伝」とする記述は、南天の鉄塔で龍猛が大日経を金剛薩埵から相承されたことを表し、他の『大日経開題　隆崇頂不見《りゆうそうちようふけん》』が「金剛手の誦伝」(5)とするのも、付法の相承系譜で金剛薩埵（金剛手）が南天の鉄塔内で大日経を龍猛に相承したことを表している。

したがって、十万頌広本は南天の鉄塔で金剛薩埵から龍猛に相承された大日経の完全な三百巻十万頌の広本である。

三千頌略本とは、南天の鉄塔で龍猛が相承した三百巻十万頌の広本を、龍猛自身が持ち運びに不便であるからとして、(6)その要点を七巻三十六品に要約したものであるとする。

この『大日経』六巻三十一品は、七世紀末に北インドで客死した無行請来のサンスクリット本から、善無畏と一行が漢訳した経典である。

チベット訳の『大日経』は、九世紀の初頭にシーレンドラボーディとペルツェクが訳した七巻二十九品の経典と外篇の七品である。この七巻二十九品の経典は、デルゲ版、北京版、ナルタン版、ラサ版などの各版のカンギュル（仏説部）に収められ、外篇七品は各版のテンギュル（論疏部）に収められている。(7)

通序を持たない『大日経』

五成就とは、どの経典にも必ずあるところの、

①教師
②時
③会場
④説法の内容
⑤聴衆

の五つのことである。多聞《たもん》第一の阿《あ》難尊者《なんそんじゃ》が第一結集《けつじゅ》で「次のように私は聞きました。ある時、世尊は、……」と話したことにより、この五成就が経典の定型となった。

善無畏が翻訳に使用した『大日経』のサンスクリット本には、「如是《にょぜ》我《が》聞一時《もんいちじ》 evaṃ mayā śrutam ekasmin samaye」の通序がなかったという。空海も『大日経開題』(8)で善無畏の『大日経疏』(9)の説を引いて、通序がないのは三百巻十万頌の広本から略本を作ったとき、通序を省略したからだという。

これに対し、八世紀後半に活躍したインドのブッダグフヤが『大日経』に二種の注釈を作ったとき使用したサンスクリット本にも、この通序がなかったという。その理由をブッダグフヤは、小乗の声聞たちが教えを聞いて悟るのに対し、このタントラの金剛手菩薩たちは悟ることを主としたものであるから「如是我聞」とはいわないし、また色究竟天の菩提道場に常住して、常に教えが説かれているから「一時（あるとき）」という時間の限定はない。だから、タントラ経典には、「如是我聞一時」の通序は存在しないという。[10]

しかし、善無畏は七二四年に一行と共に漢訳したとき、『大日経』に欠けていた通序の「如是我聞一時」を補って訳したという。[11]この点、チベット訳本も同じである。

第二節　『大日経』の章の構成

漢訳『大日経』は、七巻三十六品（章）から構成されている。その中の第一巻「入真言門住心品《にゅうしんごんもんじゅうしんぼん》」（以下「住心品」）は、『大日経』の思想面を扱う章である。注釈書の『大日経疏』はこの「住心品」を口の疏《しょ》とし、これ以降の「入漫荼羅具縁真言品第二」から「嘱累品第三十一」までを奥《おく》の疏として、未灌頂の者には開示せず、研究を許さなかった。そのため、奥の疏に関する研究書は少ないが、新旧にわたって口の疏に関する「住心品」の研究書はすこぶる多い。

『大日経』七巻三十六品とは、ナーランダー寺でサンスクリット本を入手し、帰国の途上北インドで客死した無行の遺品の一つであった。それらが長安の華厳寺に送り届けられ、善無畏（六三七〜七三五）と一行（六八三〜七二七）が開元十二年（七二四）に翻訳した六巻三十一品と、善無畏が勃嚕羅国《ぼろらこく》で金粟王《こんぞく》の塔の下で感得し書写したと

表1 『大日経』の漢訳とチベット語の和訳対比

漢訳『大日経』（大正一八、No.八四八）	チベット訳『大日経』（東北No.四九四）カンギュル（仏説部）
入真言門住心品 第一	一 心の差別《しゃべつ》を説く章
入漫荼羅具縁真言品 第二	二 （身）曼荼羅建立の真言蔵の章
息障《そくしょう》品 第三	三 障礙を息滅すべき章
普通真言蔵品 第四	四 一般の真言蔵の広大章
世間成就品 第五	五 世間者の悉地を成就する章
悉地出現品 第六	六 悉地を成就する真実広大章
成就悉地品 第七	七 本尊の三摩地を決定すべき章
転字輪漫荼羅行品 第八	八 無相三摩地の章
密印《みっちん》品 第九	九 世間と出世間の念誦の真実章
字輪品 第十	十 （転）字輪（たる曼荼羅）広大章
秘密漫荼羅品 第十一	十一 印広大章
入秘密漫荼羅法品 第十二	十二 一切処に入る門たる「法文字の理趣」の広大章
入秘密漫荼羅位品 第十三	十三 秘密の（意）曼荼羅の章
秘密八印品 第十四	十四 秘密曼荼羅に入る広大章
持明禁戒品 第十五	十五 秘密八印の広大章
阿闍梨真実智品 第十六	十六 秘密曼荼羅に引入させる広大章
布字品 第十七	十七 明《みょう》の禁戒広大章

受方便学処品　第十八
説百字生品　第十九
百字果相応品　第二十
百字位成品　第二十一
百字成就持誦品　第二十二
百字真言法品　第二十三
説菩提性品　第二十四
三三昧耶品　第二十五
説如来品　第二十六
世出世護摩法品　第二十七
説本尊三昧品　第二十八
説無相三昧品　第二十九
世出世持誦品　第三十
嘱累品　第三十一
第七巻（大正一八、№八四八）
供養次第法中真言行学処品（供養法）第一
増益守護清浄行品　第二
供養儀式品　第三
持誦法則品　第四
真言事業品　第五

十八　阿闍梨の真実を知る広大章
十九　文字を布置すべき広大章
二十　方便を具す菩薩の学処広大章
二十一　百字出生を示した広大章
二十二　（百字の）果の瑜伽を示した広大章
二十三　百字を布置し修法する広大章
二十四　（百字の）自性を成就する広大章
二十五　百字真言の法則の章
二十六　等覚者の自性を示した広大章
二十七　三三昧耶を行ずべき広大章
二十八　如来を説かれる広大章
二十九　真言門より菩薩行を行ずる法則
供養法（東北№二六六四、tu帙）テンギュル（論疏部）他護摩儀軌などの七品されるサンスクリット本を、大日経翻訳の翌年（七二五）に翻訳した一巻五品の「供養法」（「供養《くよう》念珠《ねんじゅ》三昧《さんま》耶《や》法門《ほうもん》真《しん》言行《ごんぎょう》学処品《がくしょぼん》」）と合わせたものである。

無行のサンスクリット本は、文中に欠落のある不完全本で、善無畏がしばしば補訳している箇所がある。この点を補完できるのがチベット訳本である。

チベット訳『大日経』(12)は、漢訳六巻に相当する部分が七巻二十九品で、九世紀の初めのシーレンドラボーディ（silendrabodhi）とペルツェク（dpal brtsegs）の共訳である。

漢訳第七巻の供養法は、チベット訳大蔵経では、カンギュルの『大日経』とは異なる注釈類のテンギュル(13)にペルサンラブガー（dpal bzaṅ rab dgaḥ）の著作として収められている。

漢訳とチベット訳『大日経』の目次を対比すると、表1のような関係となる。

第三節　『大日経』と『大日経疏』

日本密教では、事相（実践）と教相（教理）は車の両輪のように等しく学ばなければならないとされる。『大日経』の実践と教理は『大日経疏』を中心とした大日経系経軌によって学び、金胎両部の日本密教では金剛頂経系経軌の教理の足りないところは、大日経系教理でほぼ会通《えつう》される。

したがって、『大日経』「住心品」のような経典の思想面を持たない『金剛頂経』では、『秘蔵記』の解釈や、『大日経疏』によって思想面を補填しあいながら金胎両部の教理を確立している。

『大日経疏』の第一章「住心品」の注釈を「口の疏」といい、『大日経』と金剛頂経の思想的入門書も兼ねている。第二章から第三十一章までは「奥の疏」といわれる重要な密教の奥義書である。後者は伝法灌頂を受けていない未灌頂の人には秘密にされ、教えない決まりになっている。

漢訳とチベット訳の『大日経』には、善無畏とブッダグフヤの二種類の注釈書がある。漢訳の善無畏の注釈書には、未校訂本の『大日経疏』（二十巻）[14]と校訂本の『大日経義釈』（十四巻）[15]がある。

チベット訳のブッダグフヤの注釈書である『大日経広釈』にも、未校訂本[16]と校訂本とがある。『大日経義釈』（十四巻）は、一行に依頼されて智儼《ちごん》と温古《おんこ》が校訂したものであり、校訂本の『大日経広釈』は、ペルツェク訳の『大日経』[17]の経文を参照してシュンヌペルが一四六一年にツェタン寺で校訂したものである。これらは共に経文の一字一句を注釈した逐語釈の注釈書である。

さらに、ブッダグフヤの注釈書には、『大日経要義』[18]があり、逐語釈ではなく経文を要約して説く注釈書の校訂本である。これの未校訂本は残っていない。

空海は、次のように『大日経』の開題類を七本[19]と『大日経疏要文記』と『大毘盧遮那成仏経疏文次第』の九本を著している。題名の大日経開題以下の「法界浄心」などは、七種の開題のいずれであるかを示すために開題内の文頭の句を記したものである。[20]

『大毘盧遮那成仏経疏文次第』

『大日経疏要文記』

『大日経開題　法界浄心』

『大日経開題　衆生狂迷』

『大日経開題　今釈此経』

『大日経開題　大毘盧遮那』
『大日経開題　隆崇頂不見』
『大日経開題　三密法輪』
『大日経開題　開以受自楽』

これらの『大日経』の文次第や開題類は、空海自らの『大日経』研究や法要や講演などのために書かれた性質上、七種の開題類では内容が重複している部分もあるが、空海の『大日経』に対する解釈を知る上では重要な書である。

日本密教では、空海が請来した『大日経疏』(二十巻)を中心に研究する東密[21]の慣例と、円仁、円珍の請来した『大日経義釈』(十四巻)を中心に研究する台密[22]の慣例とがあって、この慣例は昭和の中頃まで厳しく守られていた。その理由は、『大日経疏』二十巻本は祖師の空海が請来したものであり、なおかつ善無畏が口述し一行が筆記した未校訂本ではありながら善無畏の直説に近いものとして東密は重要視するからである。

これに対し、『大日経義釈』十四巻本は、祖師の請来でなく、台密の円仁たちの請来であり、一行以外に善無畏の『大日経』の講義に同席した智儼と温古の校訂の手が加わったことにより善無畏の直説から離れたものと解釈して、東密では利用しなかった。

これに反し、台密では、未校訂本より校訂本の方が『大日経』の真意が理解できるとして、かえって『大日経疏』を利用しないとした。

『大日経疏』の乱脱

日本密教では、『大日経』の学習において、師の伝授を受けずに我流に陥るものや、慢法《まんぽう》を起こす人を防ぐために、あえて乱脱《らんだつ》（爛脱）を用いている。

乱脱は、特に『大日経』を学ぶために必要な『大日経疏』に多く表れる。そこでは、文章を故意に錯乱させたり、離脱させたり、それは多いときには数ページにも及ぶ。そのために、読んでも意味不通で、まったく理解できない部分もある。したがって、『大日経疏』を学ぶ場合は、師の口伝無くしては読むことも理解することも出来ないとされた。

善無畏は、『大日経』の曼荼羅の第二重は釈迦院であり、第三重は文殊院であるとした経文（チベット訳も同じ）を顚倒《てんどう》であるとしたが[23]、この点を乱脱と看做さなければ、中国密教には乱脱は無く、善無畏の『大日経疏』の説による空海の著作[24]にもないこととなる。そうすると、この乱脱の習慣は、空海以後の日本密教の特色となり、平安末期の厳覚《げんかく》[25]から始まるとする説が有力となる。

乱脱の研究をする場合には、『十二口伝』中の「乱脱の伝」による必要があるとされるが、現在の国訳された『大日経疏』などでは、この乱脱が正しく直されている。

第四節　『大日経』の章の関連と主要な思想

六巻三十一品の関連と主要な思想

『大日経疏』と共に『大日経』六巻三十一品の関連とそこに説かれる主要な思想を、項目ごとにまとめると、次のような十三項目となる。

i　三句の法門などの思想的全般

【入真言門住心品第一・三三昧耶品第二十五・嘱累品第三十一】

これらの品の「入真言門住心品」第一では、『大日経』の思想を総括する三句の法門を説く。この法門（教え）は、毘盧遮那がどのようにして一切智智（悟りの知恵）を獲得されたのかと問う金剛手の質問に答えた句であり、「菩提心を因とし、悲を根本とし、方便を究竟とす(26)」と述べる三つのフレーズ（三句）である。

これ以外に、順世の八心、六十心、三劫、三妄執《もうじゅ》、十地、六無畏、十縁生句が、思想と対処法の観想を兼ねて説かれている。

三句の思想と関連する「三三昧耶品」第二十五には、菩提心と方便と大悲に合わせて、仏・法・僧の三宝との関連を説く。

空海は、『吽字義《うんじぎ》(27)』に「大日経及び金剛頂経に明かす所みなこの菩提（心）を因とし、大悲を根とし、方便を究竟とすの三句に過ぎず。……則ち一切の教義、この三句に過ぎず」と指摘している。

ii　身語意の三密曼荼羅

【入漫荼羅具縁真言品第二・転字輪漫荼羅行品第八・秘密漫荼羅品第十一・嘱累品第三十一】

これらの品では、『大日経』の身語意の三種曼荼羅を説く。その三種とは、「入漫荼羅具縁真言品」第二の身曼荼羅、「転字輪漫荼羅行品」第八の語曼荼羅、「秘密漫荼羅品」第十一の意曼荼羅である。

「嘱累品」第三十一では、三句を大悲胎蔵生曼荼羅に当てはめ、中台毘盧遮那如来は「菩提心を因とし」、八葉の四仏四菩薩は「大悲を根とし」、外の三院は「方便を究竟とす」に当たるとする。

iii　五字厳身観

【入漫荼羅具縁真言品第二・悉地出現品第六・秘密漫荼羅品第十一・阿闍梨真実智品第十六】

これら『大日経』の「入漫荼羅具縁真言品」第二・「悉地出現品」第六・「秘密漫荼羅品」第十一・「阿闍梨真実智品」第十六などでは五字厳身観を部分的に各々が説く。

この五字厳身観は、『大日経』の先駆思想である『底哩《ていり》三昧耶《さんまや》王《おう》タントラ』（trisamayarāja-tantra　東北No.五〇二）から『金剛手灌頂大タントラ』（vajrapāṇyabhiṣeka-mahātantra　東北No.四九六）を経て『大日経』の上記の品で五字厳身観が説かれるのであり、これらを総合的にまとめなければ五字厳身観の全貌は明らかにならない。

また、「秘密漫荼羅品」の『大日経疏』の釈には、胎蔵生曼荼羅を自身に観想する五字厳身観の実践が詳しく示されている。(28)

iv　障礙を払う真言

【息障品第三・普通真言蔵品第四】

これらの品では、真言行を修するとき様々な障りが生ずる。その障りを取り除くために必要な印・真言を説く。

v　五字と月輪観

【世間成就品第五・悉地出現品第六・成就悉地品第七・世出世持誦品第三十】

これらの品では、三支（菩提心・声・根基）と四支（心・声・根基一・根基二）の外の四支念誦や、五字と月輪観、内の念誦、五字厳身観の五色、耳語《にご》念誦（世間）・意念誦（出世間）などを説く。

すなわち、月輪観をはじめとする五字の布置観《ふちかん》は、『大日経』の「悉地出現品」第六を中心に説き、「世間成就品」第五では世間の悉地《しつじ》を説き、「成就悉地品」第七では発心《ほっしん》・修行・菩提・涅槃の四阿字などを説く。

vi　𑖀𑖽《アン》字観

【説百字生品第十九・百字果相応品第二十・百字位成品第二十一・百字成就持誦品第二十二・百字真言法品第二十三・説菩提性品第二十四】

これらの品には、百光遍照王である𑖀𑖽字観を積極的に説く。この𑖀𑖽字観とは、曼荼羅の中台に住する法身毘盧遮那如来の智を心の𑖀𑖽字から諸尊を無数の光（百光）として流出《るしゅつ》する観想である。

vii　密教の菩薩戒

【受方便学処品第十八・持明禁戒品第十五】

これらの品の中の「受方便学処品」第十八では、般若と方便の両者を具えた密教の菩薩戒を説く。ここでの特殊な密教の菩薩戒は、般若を具えた菩薩は、殺生や偸盗《ちゅうとう》や邪淫《じゃいん》などの十不善業を衆生教化の方便として使用してもよいと説く[29]。また、特に密教の戒とされる三昧耶戒が説かれる点は重要である。

「持明禁戒品」第十五では、六ヵ月間、真言を誦持する期間に護るべき禁戒を説く。

viii　印と真言

【密印品第九】

この「密印品」第九では、真言行者が一三九種の秘密の印を結んで自身を加持し、如来の法界身となることを説く。

ix　秘密の八印

【秘密八印品第十四】

この「秘密八印品」第十四では、五智輪と三部の八印からなる大威徳生印（宝幢）・金剛不壊印（開敷華王）・蓮華蔵印（無量寿）・万徳荘厳印（天鼓雷音）・一切支分生印（普賢）・世尊陀羅尼印（観自在）・如来法住印（文殊）・迅速持印（慈氏）の八印を説く。

x　𑖀《ア》字と真言の布置

【阿闍梨真実智品第十六・布字品第十七・字輪品第十】

「阿闍梨真実智品」第十六では、𑖀《ア》（a）字から生じた真実智が一切処に遍ずる曼荼羅の真言であることを説く。

「布字品」第十七では、咽からはじめてすべての身体の支分に、𑖎《カ》（ka）などの三十四字を布置して成仏することを説く。

「字輪品」第十では、真言行者がこの𑖀《ア》（a）字を中心とする字輪観を修して成仏することを説く。

xi　字・印・形像の三種秘密身の観想

【説本尊三昧品第二十八・説無相三昧品第二十九】

この「説本尊三昧品」第二十八では、種子《しゅじ》・三昧耶形《さんまやぎょう》・仏形の字・印・形像の三秘密身を説き、有想《うそう》の行では有想の悉地を、無想の行では無想の悉地を得るから、無想の行を修すべしと説く。その無想の三昧を説くのが「説無相三昧品」第二十九である。

xii　如来などの意味

【説如来品第二十六】

この「説如来品」第二十六では、如来、世尊（人中尊《にんちゅうそん》）、菩薩、正覚の名前の意味について説明している。

xiii　護摩

【世出世護摩法品第二十七】

この「世出世護摩法品」第二十七では、外道の二十四種の護摩と、仏教の十二種の護摩を説く。

以上のように、『大日経』六巻三十一品の関連と主要な思想は、三句の法門などの思想的全般・身口意の三密曼荼羅・五字厳身観・障礙を払う真言・五字と月輪観・𑖀𑖽（aṃ）字観・密教の菩薩戒・印と真言・秘密の八印・𑖀（a）字と真言の布置・字印形像の三種秘密身の観想・如来などの意味・護摩との十三項目に纏まっている。

註

（1）松長有慶『密教経典成立史論』（法藏館、一九八〇年）一七三頁。

（2）前掲註（1）松長『密教経典成立史論』一七三頁。頼富本宏『密教仏の研究』（法藏館、一九九〇年）一三〇～一四七頁。
（3）『大日経開題　法界浄心』（『定本弘全』第四巻、四頁、『弘全』第一輯、六三四頁）。『大日経開題　衆生狂迷』（『定本弘全』第四巻、二三頁、『弘全』第一輯、六五一頁）。
（4）金剛頂経にも、三種の経本があると空海はいう（『理趣経開題　弟子帰命』、『定本弘全』第四巻、一一〇頁、『弘全』第一輯、七二三頁）。
（5）『大日経開題　隆崇頂不見』（『定本弘全』第四巻、四九頁、『弘全』第一輯、六七五頁）。
（6）「阿闍梨の云く、毘盧遮那の大本に十万偈あり。浩広にして持し難きを以の故に、伝法の聖者（龍猛）、その宗要を採って凡そ三千余頌あり。真言行法は文義略周せりと雖ども……」（『大日経疏』大正三九、№一七九六、五七九頁ｃ）。
（7）共著「密教の主要経典Ⅰ　『大日経』」（松長有慶編『密教を知るためのブックガイド』法藏館、一九九五年）四八～六六頁参照。
（8）『大日経開題　隆崇頂不見』（『定本弘全』第四巻、四八頁、『弘全』第一輯、六七四頁）。
（9）『大日経疏』（大正三九、№一七九六、五七九頁ｃ）。
（10）酒井眞典『大日経広釈全訳』（『酒井眞典著作集』第二巻、法藏館、一九八七年）九頁。
（11）『大日経』（大正一八、№八四八、一頁ａ）。「大経正本に非ざるを以ての故に、通序を題せずと雖も、今例を以てこれを加えるに、義に於いて傷ることなしと」（『大日経疏』、大正三九、№一七九六、五七九頁ｃ）。
（12）東北№四九四。
（13）東北№二六六四。
（14）大正三九、№一七九六。
（15）『卍続蔵経』一―三六―五。

(16) 東北No.二六六三続、ñu 帙、fol. 65a^{3}～260b^{7}。
(17) 東北No.四九四、tha 帙。
(18) 東北No.二六六二、ñu 帙。前掲註(7)共著「密教の主要経典Ⅰ『大日経』」、五七頁参照。
(19) 九本の『大日経開題』等(『定本弘全』第四巻、一～六三頁、『弘全』第一輯、五六五～六八九頁)。
(20) これらの開題の解説については、越智淳仁・後藤雅則の「解説 大日経開題」がある(「解説 大日経開題」、『定本弘全』第四巻、四〇七～四二二頁)。
(21) 京都の東寺を中心とした空海の密教。
(22) 比叡山の天台宗の最澄や円仁、円珍の密教。
(23) 『大日経疏』(大正三九、No.一七九六、六三五頁 a)。
(24) 『大毘盧遮那成仏経疏文次第』「釈迦と文殊互うことを明かす文」(『定本弘全』第四巻、三一七頁、『弘全』第一輯、五八一頁)。
(25) 厳覚(一〇五六～一一二一)「ごんかく」とも言う(虚白仙人『密教文化』第八二号、一九六七年、七二頁)。
(26) 『大日経』(大正一八、No.八四八、一頁 b～c)。『大日経疏』(大正三九、No.一七九六、五八六頁 b～五八七頁 a)。
(27) 『吽字義』(『定本弘全』第三巻、七〇頁、『弘全』第一輯、五五〇～五五一頁)。
(28) 『大日経疏』(大正三九、No.一七九六、七二七頁 a)。
(29) 拙稿「『大日経』「受方便学処品」の研究」(『山崎泰廣教授古稀記念論文集 密教と諸文化の交流』永田文昌堂、一九九八年)参照。

第八章　『大日経』の主要な思想

第一節　『大日経』と華厳経の神変加持

『大日経』「住心品」[1]の「神変加持《じんぺんかじ》 vikurvitādhiṣṭhāna」は、世尊毘盧遮那如来の加持によって、身・語・意の無尽の諸尊や仏国土をすべての毛孔から奮迅示現する神変を示すことである。その奮迅示現する毘盧遮那如来の身・語・意の神変（加持）の有り様は、衆生には不可得であるとされた。

この神変加持の具体的な有り様は、次の『八十巻華厳経』の「序章」[2]に、菩薩たちにしか見えない毘盧遮那如来の神変（加持）として詳しく説かれる。

そのとき、世尊は、彼ら菩薩の心の思いを察知なされて、虚空と等しく無比にして、衆生を照らし荘厳する、大悲の身と、大悲の口と、大悲を先導とし大悲の法と虚空の有り様に随順する（心とを具す）獅子《しし》奮迅《ふんじん》と名づける三昧に入られた。（……）

そこで世尊（毘盧遮那如来）は彼ら菩薩たちを、まさにこの仏の獅子奮迅三昧に従事させるために、一層念を入れて、法界の普き門を顕現させる三世を照らすという、不可説数の仏国土の微塵の数に等しい光線を伴った（大）光線を眉間の白毫から放って、十方すべての世界海にあるすべての仏国土の広がりを照らし出した。

……（この神変を見た）彼らはすべてみな、……世尊毘盧遮那の法界に広大に遍満し、虚空界を極める不可思議な三昧の神変に入った。……ある者たちは法身に入り、ある者たちは色身に入り、……それらをはじめとする十不可説数の仏国土の微塵の数ほどの仏の神変の海に入った。

この神変加持思想は、次の華厳経の加持を受けて『大日経』に引き継がれている。

華厳経の加持

『大日経』の加持の先駆思想は、般若経や華厳経の加持思想に見られる。そこでは、加持の用語が、神力《じんりき》（anubhāva）と加持（adhiṣṭhāna, adhiṣṭhita）によって仏菩薩のみならず、天神や悪魔たちに無差別に使用されている。それが、『八十巻華厳経』になると『六十巻華厳経』の神力が仏菩薩の加持に統合される傾向を持つ。華厳経では、世尊毘盧遮那如来が説法するとき、直接説法するのではなく、加持の力によって他の者を介して説法するを常套手段としている。

次の加持は、その毘盧遮那如来の加持の用例である。そこでは、毘盧遮那如来が如来性起妙徳菩薩《にょらいしょうきみょうとくぼさつ》の頭頂への加持と、普賢菩薩の口への加持によって、如来性起妙徳菩薩に質問させ、普賢菩薩に答えさせる加持の実際を記している。

まず、世尊毘盧遮那如来の白毫から如来性起妙徳菩薩の頭上への加持が、次のように十五項目で示される。(3)

【如来性起妙徳菩薩の頭頂への加持】

①世尊の白毫から無数百千億那由他《なゆた》の〔如来出生と名づける〕光が出る

②一切無辺の世界を悉《ことごと》く照らす

③世間を右方に十回巡って如来の神変を示す
④多百千億那由他の菩薩を覚悟させる
⑤一切無辺の世界を六種に震動させる
⑥一切悪趣を相続する生死〔転生〕を鎮める
⑦一切の悪魔の館を威光で圧する
⑧一切如来が現証して菩提の座〔に坐す様〕を顕現する
⑨仏の説法会を荘厳するなどを無辺に示す
⑩世界を法界で尽くす
⑪〔法界で〕虚空の辺際を尽くす
⑫一切無辺〔の世界〕を余さずに覆う
⑬**再び還って来る**
⑭一切の菩薩の説法会を右方から巡る
⑮**如来性起妙徳菩薩の頭頂**に入る

として、毘盧遮那如来の加持の力が、如来性起妙徳菩薩の頭頂に加えられる。

次に、

【普賢菩薩の口への加持】

①世尊の御口から無量百千億那由他の光輪ある〔無畏の究竟という〕光が出る
②その〔の光〕が一切無辺の世界を余さずに照らす

③世間を右方に十回巡って如来の神変を示す
④多百千億那由他の菩薩を開悟させる
⑤一切無辺の世界を六種に震動させる
⑥一切悪趣の相続の生死〔転生〕を鎮める
⑦一切の悪魔の館を威光で圧する
⑧一切如来が現証して菩提の座〔に坐す様〕を顕現する
⑨仏の説法会を荘厳する〔など〕を無辺に示す
⑩世界を法界で尽くす
⑪〔法界で〕虚空の辺際を尽くす
⑫一切無辺〔の世界〕を余さずに広く覆う
⑬**再び還って来る**
⑭一切の菩薩の説法会を右方から巡る
⑮**普賢菩薩の御口**に入る

として、普賢菩薩の口へ加持力が加えられる。(4)

このように、世尊毘盧遮那如来の白毫から発せられた加持力が如来性起妙徳菩薩の頭頂に加えられると、毘盧遮那如来が質問しようとする内容が菩薩を介して普賢菩薩に語られ、世尊の口から発せられた加持力が普賢菩薩の口に加えられると、普賢菩薩の口を介して質問への答えの内容が語られる。この毘盧遮那如来の加持によって、両菩薩を介して毘盧遮那如来の説法がなされ、華厳経が成立したのである。

この加持の具体的なメカニズムは、以後の経典などでは詳しく示されず、加持(5)（adhiṣṭhāna, adhiṣṭhita）の言葉だけが、様々な漢訳語によって示されるようになる。

これに引き続き、菩薩の十一項目の加持(6)も説かれるが、上記の仏の十五項目の加持と比べるとかなりレベルが下がるものである。これは、あらゆる点で仏と菩薩のレベルが異なるとする華厳経思想によるものである。

また、密教の加持は、この華厳経思想の延長線上に説かれるものであるから、(7)加持の概念を知ろうとする場合は、この華厳経の加持の実際を知っておく必要がある。

空海の加持思想

空海は、『即身成仏義』に「三密加持速疾顕《そくしつけん》」(8)の加持を説明して、

加持とは如来の大悲と衆生の信心とを表す。仏日の影《かげ》衆生の心水に現ずるを加といい、行者の心水のよく仏日を感ずるを持《じ》と名づく。行者、もしよくこの理趣を観念すれば、三密相応するが故に現身、速疾に本有《ほんぬ》の三身を顕現し証得するが故に、速疾顕と名づく。

と解説し、修行により清めた行者の心の鏡に、法界の法身毘盧遮那如来の姿を写し取ることが出来れば、加持された毘盧遮那如来の三密を行者の三密に写し取り、即身成仏できるという。

これ以外の用例で、真言や種子を打ち付けて加持するお加持の用例も見られる。(9)

第二節 『大日経』「住心品」の主要な思想

如実知自心

初期仏教では、悟り（菩提）は心の外にあるとし、菩薩（菩提薩埵《ぼだいさった》）は悟りを求める人と考えられていた。これに対し、大乗仏教は悟りは心の中にあり、菩薩は悟りを約束された人となる。

『大日経』「住心品」(10)は、菩提心とは実の如く自心を知る（如実知自心《にょじつちじしん》）ことであるとし、それと同時に心と虚空界と菩提の相とは無二であり、菩提心の菩提と心の関係を菩提即心《ぼだいそくしん》と解している。(11)

空海は『般若心経秘鍵』(12)に、悟りは心中にあるから、それを信じて修行すれば即身成仏できると主張した。

三句の思想

『大日経』の三句の法門は、本経の重要な思想を漏らすことなく纏めたものである。

この法門(13)とは、須弥山上で十九執金剛《しゅうこんごう》たちに取り囲まれた毘盧遮那如来が金剛手の「世尊が悟った一切智者の智恵（一切智智）とはどのようなものですか」という質問に対し、一切智智とは「菩提心を因とし、悲を根本とし、方便を究竟とす」(14)と答えた三フレーズを指す。

これには、修行して悟りに向かう因位《いんに》の浅略釈《せんりやくしやく》と、悟りを得た果位の立場から衆生を救済する深秘釈《じんぴしやく》との二つの解釈がある。

【因位から悟りへ】

最初の浅略釈の立場から解釈したものが、次のものである。

菩提心を因とす　――　悟りを得るために菩提心を発すことから始める（因）こと。

悲を根本とす　――　菩提心を発すのは衆生を救済しようとする大悲の心に根ざしている（根）こと。

方便を究竟とす　――　悟りを得て衆生を救済するためには様々な手だて（方便）を学ばなければならないこと。

この因・根・究竟の三ポイントをしっかり修行して学べば、悟りに到達できる。

これに対し、悟りを得て衆生に大悲を与える深秘釈の果位の立場から、この句を解釈したものが、次のものである。

【果位から救済へ】

菩提心を因とす　――　悟り（菩提）を得た心を出発点（因）とすること。

悲を根本とする　――　衆生を救済するという大悲の心が根底（根本）にあるから、悟りの境界から目覚めて、衆生救済へと赴くこと。

方便を究竟とす　――　悟りを得た境地から、様々な手だてを用いて衆生を救済すること。それとともに、すべての衆生を救済し終わらなければ大乗の菩薩道が終わらないことを言い表している。

これは、自身の悟りを通じて、自利だけではなく、他の悩める人々をも救済する利他こそが菩薩に課せられた使命であり、それが悟りで得た智恵の究極になくてはならないことを意味している。

この点を空海は、『高野山万灯会《まんどうえ》の願文《がんもん》』(15)で、「虚空尽き、衆生尽き、涅槃尽きなば、我が願いも尽きん」と厳格な菩薩道を誓っている。

世間の順世の八心

『大日経』の順世《じゅんせ》の八心(16)は、空海の『十住心論』(17)にも影響を与えている。

世間の順世の八心とは、愚かな人が他人に布施する善心を生じて家畜のような本能的生活から目覚め、次第に人間として向上してゆく過程を、種子から果実までの八段階の喩えで示すものである。

①種の心……家畜のように一日中食べ続けていた愚かな人が、仏教の教えに教化されて、わずかな善心を起こして節食を始める種の蒔かれた段階。

②芽の心……これが下《もと》となって特別な日に父母や親愛の者に施物を施そうとする種から芽が出た段階。

③幹の心……さらに何の関係もない赤の他人に施しをしようとする茎や幹の伸びた段階。

④葉の心……布施を受けるに値する人を訪ねて施そうとする葉を付けた段階。

⑤花の心……高貴な人や技芸に巧みな人に喜んで布施しようとする花の咲いた段階。

⑥実を結ぶ心……施物をあらゆる人々に親愛の思いをもって施そうとする結実した段階。

⑦種を付ける心……死後、天に生まれ変わろうとして戒を護ろうとする再生のために種を付けた段階。

⑧畏れなき心……輪廻に流転する愚かな人々が安息を得て畏れがなくなった心の段階。

このように『大日経』は、家畜のように食と性欲に翻弄される人々は、この世間に随順する八心を学んで忘れずに、仏法を聞き、布施の精神を学び、心の平安を得るように努めなければならないと説く。

百六十心の対処法

『大日経』の「住心品」では、衆生が善心を起こす過程に世間的な八心（順世の八心）と出世間的な八心（違世の八心）があるとし、この中の世間的な八心に付随して六十心とか百六十心の煩悩が生じるとする。

この世間の煩悩には貪・瞋・痴・慢・疑の五煩悩が根本となっており、開けば無数の煩悩となり、摂すれば貪・瞋・痴の三根本煩悩となる。五根本煩悩から無数の煩悩が生じて百六十心となる計算を「住心品」[18]には、世間の五根本煩悩を二倍し、それを五回繰り返すとする。

（一回目）五×二＝一〇、（二回目）一〇×二＝二〇、（三回目）二〇×二＝四〇、（四回目）四〇×二＝八〇、（五回目）八〇×二＝一六〇。

このように、世間の百六十心は五根本煩悩が基になっており、その具体的な六十心の内容については、次にそれらの三根本煩悩を代表して個々の心とその対処法を記す。この中でサンスクリット本の欠文により漢訳本は第四十六の濁心を欠き、その代わりに第六十心に猨猴心を漢訳時に善無畏が補う。これに対し、チベット訳本には第四十六濁心の記述はあるが、『大日経疏』のような対処法の記述はない[19]。

これら世間の六十心の本質を知って、その対処法を学べば、心の平安が得られるとして、その具体的な内容が説かれる。

たとえば、貪・瞋・痴の三根本煩悩を見るに、六十心の第一の貪心では、貪心とは、ものに貪り着く愛着の心であって、もしこの心が起きた場合には、その対処法として、それが執着に値するものであるのかどうかを見極めながら、農夫が雑草を取り除きよい苗を育てるように、徐々に愛着の心から離れるようにしなさいとする。

第三の瞋心では、瞋心とは、怒りの心を持つことである。その対処法として、怒りは顔や言葉や動作に出るから、もし怒りがしばしば外に現れるようになれば、心が怒り狂っているのである。だから、心の怒りを鎮めなさいとする。

第五の痴心では、痴心とは、瞑想(禅定)して熟考する智恵のない愚かな心を持つことである。その対処法として、ものの善悪と是非を瞑想で熟考した智恵で判断し行動しなさいとする。

このように、第六十心までの心についても、同様の対処法によって世間の心を克服すれば、出家者が持つ出世間心が生ずると説く(20)。

成仏に必要な三劫という時間

この世間心を克服するために必要な時間について、一般大乗仏教と密教との間に解釈の相違がある。それが、『大日経』の三劫段の解釈である。この世間の六十心を超えるための三劫という三つの劫(tri-kalpa)とは、次のような三つの天文学的時間である。

『雑阿含経《ぞうあごんぎょう》』(21)の劫の説明には、「芥子劫《けしこう》」と「磐石劫《ばんじゃくこう》」が使われる。「芥子劫」とは、一辺が約七キロメートルの立方体の鉄城に芥子粒を満たし、百年に一粒ずつもち去って、すべての芥子粒が無くなる時間を一劫とし、その三倍が三劫の時間である。

「磐石劫」とは、一辺が約七キロメートルある大きな岩山をカルパーサ樹の繊維で織った白い綿ネルで百年に一度サッと払って、その岩山がすり減って無くなる時間を一劫とする。その三倍が三劫の時間である。

このように、天文学的な時間を経なければ、世間の六十心を克服することができないとする『雑阿含経』の三劫思想では、悟りはこの世で実現できない空想のものとなってしまった。

これに対し密教のように、この「三劫」の「劫（kalpa）」を麁妄執《そもうじゆう》（荒い執着）・細《さい》妄執（細かい執着）・極細《ごくさい》妄執（極めて細かい執着）の妄執と解釈すれば[22]、修行によって短期間でこれら三つを克服することができると考える。したがって、『大日経』では世間の六十心を超えることを「世間の三妄執を超えて、出世間心が生ず」と説き、修行者が一生にこの三妄執を克服できれば、一生成仏（即身成仏）ができると説くのである。空海はこの『大日経』の三妄執の解釈によって、『即身成仏義』を書いた。

六種の畏れなき心

無畏（畏れなき心）とは、盗賊からの畏れを免れた安堵感が、ちょうど輪廻の荒野に流浪する衆生が業と煩悩の盗賊から解放されたような畏れなき心に喩えられる。

六無畏とは、善無畏・身無畏・無我無畏・法無畏・法無我無畏・一切法自性平等無畏の六種で、これには一般仏教の立場（所寄《しょき》斉《さい》）と真言行者の修行の立場（能寄斉）とがある。この六無畏は、『大日経』[23]の畏れなき心を得る教えで、この観を順次に行えば、あらゆるものへの執着を断ち、空の智を得て、心の平安を得ることができるとされる。

①善無畏……不善の行為を止め、十善戒の善行を行うことによって、世間の順世の八心を得て、仏・法・僧の三宝に帰依し戒を得て人間や天神に生まれ変わり、悟りを得て涅槃に至る。死後に地獄に堕ちて猛火に焼かれる苦しみや、餓鬼道に堕ち刀や杖で迫害される苦しみや、畜生道に堕ちて互いに食い合う苦しみから逃れる安らぎ（無畏）を得る心の状態である。

【真言行者の修行】これは、真言行者がはじめて三昧耶戒に入り、三密と供養と修行をなす位である。

②身無畏……布施を始めとする世間の順世の八心を実行するとき、善知識（教えを説いて正しい道に導く人）に逢って自我の本質を見極め、自身の存在価値を知って無畏を得る心の状態である。

【真言行者の修行】これは、真言行者が本尊との三密瑜伽によって観想の中に様々な現象が現れ出る位である。

③無我無畏……すべての存在は五蘊《うん》の仮の寄り集まりであって、それ自身に我は存在しないと見極めたとき、自我が存在しないことを悟り無畏を得る心の状態である。

【真言行者の修行】これは、真言行者が心は不可得であると見極めて、本尊に対する執着を離れる位である。

④法無畏……幻・陽焔《ようえん》などの十縁生句の喩えをもって、あらゆる現象の集まり（諸法）は真実として存在しないと捉えたとき、順世の八心を超えて、静かな心の平安を得て、存在するものへの無畏を得る心の状態である。

【真言行者の修行】これは、真言行者が観想で悉地の果として顕れた本尊に対し、鏡に映った姿や水面に映った月影のように、実態もなく生ずることもないと悟る位である。

⑤法無我無畏……あらゆる現象は真実として存在しないと捉えたとき、存在するものへの執着を断つ無畏を得る心の状態である。

【真言行者の修行】これは、真言行者が観想で、心に自由な働きを得る位である。

⑥一切法自性平等無畏……あらゆる現象は捉えるものも、捉えられるものも無く実態としての本性はない。この空の智恵が生ずるとき、一切法の自性は本質的に平等であるという平等観を得た心の状態である。

【真言行者の修行】これは、真言行者の観想に現れるすべての現象は、虚空のような清浄な菩提心であり、一即多、多即一の関係から一切は完全平等であると知る位である。

この六無畏の境地を獲得すれば、あらゆるものからの心の解放を得て、苦しみや畏れから解脱を得ることができるのである。

十縁生句で得る空の心

『大日経』(24)の十縁生句とは、般若経で説く如幻・陽焔・夢・影・乾闥婆《けんだつば》城・響・水月《すいがつ》・浮泡《ふほう》・虚空華・旋火輪という十喩と同じである。ただ、般若経と異なるところは、上記の第四の法無畏と関連して、真言行者が悉地の果を得たとき、その果に執着しないように、この十喩を観想する。その悉地の果の執着を滅するために、十縁生句をどのように観想すべきかの具体的な対処法が、ここに添えられているのである。

①如幻とは、幻術師や薬物によって空に昇ったり、像が現れたりする不思議な現象が現れるが、それは幻のようなもので実在しない。また幻のように現象がどこにでも現れたり、消えたりすることはないから、その現象には実態がない。

【密教の修行】真言行者にも、三密行で真言を唱えたり観想しているときに様々な現象が現れるが、幻の観を行ってそれへの執着から離れるべし。

②陽焔（かげろう・蜃気楼）とは、立ちのぼるかげろうを見て水と思い、蜃気楼を見て実在すると思うのは無知の人である。そのように、陽焔の本性は空にして実態はない。それは単なる妄想にすぎないからである。

【密教の修行】真言行者には、観想の中に特殊な境界とか、諸仏の集まりや荘厳の現象が現れるが、これらに陽焔の観を行ってそれへの執着から離れるべし。

③夢とは、夢の中で笑ったり、泣いたり、悲しんだり、恐れたりする場面を見るが、醒めてみればその事実は何一つない。

【密教の修行】真言行者には、観想の中で座を立たずに諸仏の国土に遊び近づいて供養したり、衆生を利益したりすることが現れるが、これにも夢の観を行ってそれへの執着から離れるべし。
④影とは、鏡に姿を映すことによって姿が現れるように、鏡が無ければ姿は現れないし、姿がなければ鏡に姿は現れない。姿は鏡を待ってはじめて姿を現すから。
【密教の修行】真言行者には、観想で修行の果として悉地の果が現れるが、それは行者に現れるのではなく、行者の清浄な心に現れるものであると知るべきである。しかし、この鏡の姿が鏡を壊して探しても現れないように、真言行者もこの影の観を行ってその姿への執着から離れるべし。
⑤乾闥婆城とは、天界に実在しない妄想のこの城は、名ばかりあって実在しないものである。
【密教の修行】真言行者には、観想の中に曼荼羅の楼閣宮殿などが表れるとき、この乾闥婆城の観を行ってそれへの執着から離れるべし。
⑥響とは、深山峡谷や洞穴で大声を出せば木霊《こだま》が返ってくるのを響きというが、無知な人は誰かが言葉を真似て答えているように考える。しかし、智者はこの響きは人が行っているのではなく、実声《じっしょう》ではないと知るべきである。
【密教の修行】真言行者には、観想の中でブッダの八種類の説法の声（八音）を聴き、あるいは無量の説法を聞き、あるいは一音の説法を聴くときがあるが、この響きの観を行って声への執着から離れるべし。
⑦水月とは、子供が水面に映る月の影を見て取ろうとするように、無知な者も同様に思う。智者は、杖で水面をかき混ぜて月の姿を消し、実在するものでないことを諭す。
【密教の修行】真言行者には、観想のとき、清らかな心に諸仏菩薩の姿が映ることがあるが、水月の観を行っ

てそれへの執着から離れるべし。

⑧浮泡とは、雨水が水面にしたたり落ちるとき、大小の浮泡が現れては消えるが、この浮泡は雨水の水と異なるものではない。心の変化もこれと同じく心を離れて実在しないものである。

【密教の修行】真言行者には、観想で自らの心から種々様々な変化身や曼荼羅の諸尊が流出することを見ることがあるが、浮泡の観を行ってそれへの執着から離れるべし。

⑨虚空華とは、子供は空を見て実際に色があると捉えるが、実態としては何色も存在しない。そのように、虚空の中に種々の人物や華の形相があると見て恐れたり執着したりすることがあるが、すべて実在しないのである。

【密教の修行】真言行者には、観想中に種々の悪魔の禍が生じたり、種々の煩悩に悩まされたりすることがあるが、この虚空華の観を行ってそれへの執着から離れるべし。

⑩旋火輪とは、縄に火を付けて円・三角・半月、それらの大小・長短に思い通りに動かせば、あたかもその実線があるように見えるが、実際には実線など存在しない。

【密教の修行】真言行者には、観想の中で諸尊や曼荼羅や楼閣宮殿などのどんなものでも生み出すことができるが、この旋火輪の観を行ってそれへの執着から離れるべし。

悉地の果が常に現れる真言行では、行者はその悉地の果に執着すべきではないから、悉地の果が生じたときには、この十縁生句によってその執着から離れなければならない。このように修行の過程で生じた執着から離れる観想が幾重にも『大日経』には説かれているのである。

註

(1)「薄伽梵（毘盧遮那如来）は、（一切）如来の加持する広大な金剛法界宮である如来が信解し遊戯する神変より生ずる大楼閣宝王に住された。……毘盧遮那如来の加持の故に、身無尽荘厳蔵を奮迅示現し、かくのごとくの語と意平等の無尽荘厳蔵を奮迅示現するも、……一切処に起滅する辺際は不可得であった」（大正一八、№八四八、一頁a～c）。

(2) 拙著『法身思想の展開と密教儀礼』（法藏館、二〇〇九年）一四八～一五一頁。「獅子奮迅三昧とジェータ林の神変」（梶山雄一監修『さとりへの遍歴　上　華厳経入法界品』中央公論社、一九九四年、二八頁～）参照。

(3) 華厳経チベット訳、東北№四四、ga帙、fol. $76a^{5}$、大正一〇、№二七九、二六二頁a。前掲註(2)拙著『法身思想の展開と密教儀礼』一八〇～一八一頁参照。

(4) 華厳経チベット訳、東北№四四、ga帙、fol. $77b^{1}$、大正一〇、№二七九、二六二頁b。前掲註(3)拙著同頁参照。

(5) 加持（adhiṣṭhāna, adhiṣṭhita）という漢訳語は、不空の翻訳に多く見られるが、それ以外に漢訳『大日経』では、護持・加護・威神・威験現前・念・住・神力・威神所加持・所持などがみられる。拙稿「『大日経』の神変加持」（『高野山大学創立百十周年記念　高野山大学論集』一九九六年、一七～四七頁）参照。

(6) 華厳経チベット訳、東北№四四、ga帙、fol. $77b^{6}$、大正一〇、№二七九、二六二頁b。

(7) 前掲註(2)拙著『法身思想の展開と密教儀礼』一七九～一八四頁参照。菩薩の十一項目の神変加持については、同書一八四頁参照。

(8)『即身成仏義』（『定本弘全』第三巻、二八頁、『弘全』第一輯、五一六頁）。

(9) 加持には、上記に見た一般的な加持と、真言を打ち付けるお加持と印で印《いん》じるお加持とがある。前者はアディシュターナ（adhiṣṭhāna, adhiṣṭhita）であり、後者は真言を打ち付けた（sngags kyis btab）を意味するもので、一般にお加持を意味すると表現される。真言を打ち付けるお加持の用例は、洒水器の水の加持や、お砂踏みのお砂のお加持や、土砂加持のお加持などがある。

(10)　『大日経』（大正一八、No.八四八、一頁c）。

(11)　『大日経』「心虚空界菩提三種無二」（大正一八、No.八四八、一頁c）。『諸仏境界摂真実経』巻中にも「心は是れ菩提なり」とあり（大正一八、No.八六八、二七三頁c）。

(12)　『般若心経秘鍵』「それ仏法遥かにあらず、心中にして、すなわち近し」（『定本弘全』第三巻、三頁、『弘全』第一輯、五五四頁）。

(13)　「三句の法門」とは、『大毘盧遮那成仏経疏』巻第一（大正三九、No.一七九六、五八九頁a）に記される呼称であって、『大日経』にある呼称ではない。

(14)　『大日経』（大正一八、No.八四八、一頁b～c）、『大日経疏』（大正三九、No.一七九六、五八六頁b～c）。これは、カマラシーラの *Bhāvanākrama* にあり。サンスクリット文は［tad etad sarva-jñajñānaṃ karuṇā-mūlaṃ bodhicitta-hetukam upāya-paryavasānam iti］（G. Tucci : *Minor Buddhist Texts*, Part II, p. 196）。ここでは、三句の順序が「いわゆる、一切智智とは、悲を根とし、菩提心を因とし、方便を究竟とす」とあって、『大日経』の三句の順序と異なる。これは「悲」を強調したためと考えられる。

(15)　天長九年（八三二）八月二十二日『高野山万灯会の願文』（『定本弘全』第八巻、一五八～一五九頁、『弘全』第三輯、五一五～五一六頁）。

(16)　大正一八、No.八四八、二頁b。『大日経疏』（大正三九、No.一七九六、五九四頁c）。拙著『はじめての「大日経」入門』（セルバ出版、二〇一〇年）三三頁参照。

(17)　『定本弘全』第二巻、八頁～、『弘全』第一輯、一三〇頁～。『秘蔵宝鑰』（『定本弘全』第三巻、一一六頁～、『弘全』第一輯、四二〇頁～）。

(18)　『大日経』（大正一八、No.八四八、二頁c～三頁a）、『大日経疏』（大正三九、No.一七九六、五九六頁b～、「百六十心」については、六〇〇頁b）。前掲註(16)拙著『はじめての「大日経」入門』三五～四〇頁。

(19)　「第六十心なり。梵本欠文。阿闍梨云く、一の猨猴心を少《か》く。猨猴の性は、身心散乱して常に暫くも住せず。行人もまたしかなり。……」（『大日経疏』大正三九、№一七九六、六〇〇頁b）。

(20) 全六十心については、前掲註(16)拙著『はじめての「大日経」入門』三五～四〇頁参照。

(21) 『雑阿含経』（大正二、№九九、二四二頁）。

(22) 劫 kalpa を妄執と解釈したのは vi-kalpa と解釈したものか。

(23) 六無畏については、『大日経』（大正一八、№八四八、三頁c）、『大日経疏』（大正三九、№一七九六、六〇六頁c）。前掲註(16)拙著『はじめての「大日経」入門』四二頁。

(24) 十縁生句については、『大日経』（大正一八、№八四八、三頁c～四頁a）、『大日経疏』（大正三九、№一七九六、六〇六頁b～六〇九頁b）。前掲註(16)拙著『はじめての「大日経」入門』四四～四五頁。

第九章　密教の戒と律

空海は『三昧耶戒序《さんまやかいじょ》』(1)で、「戒に二種あり。一つには毘奈耶《びなや》、これには調伏《ちょうぶく》と翻ず。二つには尸羅《しら》、翻じて清涼と寂静という」とする。

毘奈耶（vinaya）は、律と訳されて教団の規則を指す。犯せば罰則が与えられ邪悪な心を改変させるから「調伏」ともいわれるのである。

尸羅（śīla）は、戒と訳されて、罰則を伴わない倫理道徳の生活規範である。この戒は、十不善を犯す悪心から離れる心を「清涼寂静」とし、これを護るものが尸羅の戒であるとされる(2)。

したがって、一般に戒律と一語のように呼ばれる場合があるが、戒律は戒と律に区別して扱わなければならない(3)。

第一節　顕戒と密戒

空海の『真言宗所学経律論目録』(4)には、経・律・論の合計四二四巻のうち、律典資料に一七三巻があり、そのうちの三昧耶戒を密戒とする資料は『蘇悉地羯囉経《そしつじからきよう》』(5)三巻(以下『蘇悉地経』)、『蘇婆呼童子請問経《そばこどうじしようもんぎよう》』(6)二巻・別本(以下『蘇婆呼経』)と『秘密三昧耶仏戒儀』(7)一巻である。

また空海が請来した顕戒資料は、師である恵果和尚が受けた小乗の四分律とは別の、義浄(六三五〜七一三)が翻訳した新たな一連の根本有部律の資料である。(8)それでありながら、現在も真言宗の受戒では、恵果和尚と同様に顕戒は四分律の三聚浄戒をそのまま授けている。

空海は、弘仁《こうにん》の『遺戒《ゆいかい》』(9)で顕密二教の戒について、仏道を志すものは戒を護って修行しなければ悟りに至ることができない。したがって、顕教と密教の二つの戒を受けて護り身口意の三密を清浄にして犯すべきではないと戒めている。そして、その戒を二つに分けて、顕戒とは三帰・八戒(六斎日)・五戒および声聞菩薩などの戒であると(10)し、密戒とは三昧耶戒であり、これは仏戒とも、(発)菩提心戒、無為戒、三世無障礙戒とも呼ばれるとする。

この密教の三昧耶戒は、身口意の三密の活動を身三・口四・意三にまとめて清浄にする十善戒と、それを縮小した五戒を根本としている。

さらに、この密戒は、命を捨てても犯してはならない。もし犯せば仏弟子でもなければ、阿闍梨自身の弟子でもないという。その上で、師と弟子の愛は父子の骨肉の関係よりも深く、一生だけのものでもないという。

この師弟の関係をさらに、空海は『即身成仏義』(11)に『金剛頂瑜伽金剛薩埵五秘密修行念誦儀軌』(以下『五秘密儀軌』)(12)の「灌頂を受けるその人、一切如来の心より生じ、仏口より生じ、仏法より生じ、法より化生し、仏の法財を得」(13)の釈尊時代から展開する師資相承句を引き、(14)さらに『遺戒』(15)でこの句による師弟の関係を「仏弟子は即ちこれ我が弟子なり。我が弟子は即ち仏の弟子なり」と述べ、阿闍梨は灌頂によって弟子を法身毘盧遮那仏の弟子とするが、その仏弟子は阿闍梨である私の弟子でもあるとするのである。(16)

五戒

『大日経』では、五戒は在家菩薩の戒とされる。この五戒には、顕戒と密戒の二種があり、顕教の五戒は、『雑阿含経』[17]や『増一阿含経』[18]などに不殺生・不《ふ》偸盗《ちゅうとう》・不《ふ》邪淫《じゃいん》・不妄語・不《ふ》飲酒《おんじゅ》として説かれる。この顕教の五戒は三業の心業を欠くことから、大乗仏教の顕戒になると、十善戒に取って替られる。

これに対する密教の五戒は、『大日経』「受方便学処品」[19]に不殺生（不奪生命戒）[20]・不偸盗（不不与取戒）[21]・不邪淫（不欲邪行戒）[22]・不妄語（不虚妄語戒）・不邪見とされ、五戒の最後の不邪見が顕戒の不飲酒と相違している[23]。これは、五戒の最初の不殺生・不偸盗・不邪淫が身密の戒となり、不妄語が口密の戒となり、最後の不邪見が心（意）密の戒となる十善戒の身三・口四・意三を簡略化したものによるからである[24]。

十善戒

すべての戒の根本は、大乗菩薩の十善戒とされる。したがって、五戒と三昧耶戒は十善戒を根本としている。『大日経』「受方便学処品」の十善戒は、十善業道戒（十善道戒）とも呼ばれている。

この十善業道戒には、二種があって、声聞の十善業道と大乗菩薩の十善業道である。この両者の異なりは、般若と方便を持つか持たないかであり、声聞には般若はあっても方便が無く、大乗菩薩にはその両方があるとされる。

殺生について一例を示すと、この菩薩の特殊な殺生戒の方便行とは、菩薩が大悪人を殺害することで大衆の利益になり、その大悪人が悪業により地獄に堕ちることを救い魂を救済するために、罪を犯す前に菩薩が大悪人を殺害しても殺生戒にはならないとされるものである。

このような般若と方便を持つ大乗菩薩の方便戒は、一般の十善業道戒とは異なった密教の特殊な十不善業道戒として、『大日経』「受方便学処品」[25]に説かれている。

その密教菩薩の特殊な十不善業道戒でなく、大乗菩薩の一般的な十善戒が、『大日経』「受方便学処品」で十善業道戒として表現されるのは、『十地経』の第二離垢地《りくち》が戒波羅蜜を学ぶ階梯であり、そこで学ぶ十善業道戒と同じであるからである。[26]

この十善業道戒とは、不殺生戒（不奪生命戒）・不偸盗戒（不不与取戒）・不邪淫戒・不妄語戒・不悪口戒（不麁悪罵戒）・不両舌戒・不綺語戒・不貪戒・不瞋戒・不邪見戒（捨離邪見戒）で、身三・口四・意三の菩薩戒のことである。

第二節　大日経系の三昧耶戒

空海は『三昧耶戒序』[27]で、三昧耶仏戒とは「大毘盧遮那の自性法身が説く所の真言曼荼羅教の戒[28]である」とする。すなわち、『三昧耶仏戒儀』[29]のこの三昧耶戒は、密教独自の戒であって、四波羅夷《しはらい》戒ともいわれる。この戒相を、

第一に、正法を捨てて邪行を起こすべからざる戒
第二に、菩提心を捨離すべからざる戒
第三に、一切の法において慳悋《けんりん》すべからざる戒
第四に、一切衆生において不饒益《ふにょうやく》を作すことをえざる戒

と述べ、『菩提心論』[30]の勝義、行願（大悲）、三摩地の三種菩提心の思想を戒相とする。

越三昧耶

密教の受法では、弟子は、灌頂を授かる前にこの三昧耶の禁戒《ごんかい》（vrata）を誓うが、その犯してはならない三昧耶戒の内容をさらに詳しく見てみよう。

①第一の、正法を捨てずとは、自身の師である阿闍梨と正法を誹謗し教団を毀損しないこと。

②第二の、菩提心を捨てずとは、衆生救済のために悟りを求める菩提心を捨てないこと。

③第三の、慳悋せずとは、阿闍梨になったとき、後継者としての弟子に教えを惜しみなく伝授しなければならないこと。

（しかし、密教では弟子の生まれながらの素質によって授ける法に制限があるとする。すなわち、未灌頂や非器の者に、灌頂の大事や、行法次第の印・真言を教えたりして戒を破れば、越三昧耶〈三昧耶戒を犯した〉として、阿闍梨が強く戒められる。）

④第四の、衆生を害しないとは、衆生の不利益になることはいかなる場合もなすべきでないという意味と、自利に耽《ふけ》って利他の衆生利益を行わないことへの強い警鐘である。

この三昧耶戒は、『大日経』「受方便学処品」(31)に、「過去未来現在の一切諸仏は、みな智恵と方便を具えて三昧耶戒を修行したから、無上菩提を悟ることができた（趣意）」と示され、犯せば悟りが不可能となるから、この三昧耶戒は命に代えても護らねばならないとされる(32)。

さらに、大日経系と異なる金剛頂経系の『金剛頂瑜伽中略出念誦経』(33)でも、越三昧耶の段で、灌頂に入っていない未灌頂の者に法を説けば、説いた者の頭が破裂し、死後には地獄に堕ちるとも説いている。

このように、三昧耶は、犯せば悟りは不可能となり、死しては地獄に堕ちると説かれているのである。

したがって、真言行者は、教団を追放され僧侶の資格を剥奪される程の重罪である越三昧耶を決して犯してはならないのである。

註

（1）『三昧耶戒序』（『定本弘全』第五巻、八頁、『弘全』第二輯、一三七頁）。
（2）『三昧耶戒序』（『定本弘全』第五巻、八～九頁、『弘全』第二輯、一三七～一三八頁）。
（3）戒律に関する研究書では、戒律の入門書として、上田天瑞『戒律の思想と歴史』（密教文化研究所、一九七六年）。律蔵の資料研究では、平川彰『戒律の研究』（山喜房佛書林、一九六〇年）が必読である。また、戒律研究の現代までの研究史としては、大谷大学仏教学会編『仏教学への道しるべ』（文栄堂、一九八〇年）の佐々木教悟「第三章　戒律仏教」（五四～七五頁）が便利である。さらに、顕密の二戒については、高木訷元、甲田宥吽の解説がある（「解説　三昧耶戒序」、『定本弘全』第五巻、三四三～三五〇頁）。
（4）『定本弘全』第一巻、四三頁、『弘全』第一輯、一〇五頁。
（5）大正一八、No.八九三。
（6）大正一八、No.八九五。
（7）『定本弘全』第五巻、一六五頁、『弘全』第二輯、一四〇頁。
（8）平川彰「特別講演　戒律と密教」（『密教学研究』第一八号、一九八六年）一～五頁参照。
（9）二種ある中の『定本弘全』では後者、『弘全』では前者を指す（『定本弘全』第七巻、三九二頁、『弘全』第二輯、八六一頁）。
（10）空海は、八二二年（弘仁十三）に、奈良の東大寺に真言院を建立したとき、ここを有部律の道場とした説があり、また、「顕戒の範疇に四分律でなく、根本説一切有部律を充当せしめた」とする高木訷元説もある（『定本弘全』第

五巻、「解説　三昧耶戒」三四六頁参照)。

(11)『定本弘全』第三巻、五一五頁(『弘全』第一輯、五一五頁)。

(12)大正二〇、No.一一二五、五三五頁c。

(13)パーリ語文献などでは、この句は「法より化生し」と読むのが正しいが、漢訳資料では「法化より生じ」と読む場合が多い(拙著『法身思想の展開と密教儀礼』(法藏館、二〇〇九年、一九頁)。

(14)この句を師資相承句と命名したのは、筆者による。前掲註(13)拙著『法身思想の展開と密教儀礼』「はしがき」参照。

(15)前掲註(9)『遺戒』(『定本弘全』第七巻、前の『遺戒』三九一頁、『弘全』後の『遺戒』八六四頁)。

(16)唐・円照集『不空三蔵表制集』「三蔵和上遺書一首」(大正五二、No.二一二〇、八四五頁a)。

(17)『雑阿含経』第十六(大正二、No.九九、一一四頁b)。

(18)『増一阿含経』第二十(大正二、No.一二五、六四八頁a)。

(19)大正一八、No.八四八、三九頁b～c。

(20)カッコ内は漢訳語。

(21)不与取戒では、与えないものを取る戒となって善戒とはならない。したがって、不偸盗と同じ意味内容とするために、不不与取戒と訂正した。十善戒も同じである。

(22)『大日経』「受方便学処品」では、不欲邪行戒(不邪淫)と不虚妄語戒(不妄語)が顚倒しているが、十善戒の順序に従って正した。

(23)栂尾祥雲『密教思想と生活』(『栂尾祥雲全集』Ⅲ、密教文化研究所、一九八二年)四六〇頁参照。

(24)したがって、真言宗の葬儀の引導作法の五戒は、不殺生・不偸盗・不邪淫・不妄語・不邪見を授けなければならない。

(25)拙稿「『大日経』「受方便学処品」の研究」(『山崎泰廣教授古稀記念論文集　密教と諸文化の交流』永田文昌堂、

一九九八年、二二一～二二三頁）参照。
(26) 前掲註(8)平川「特別講演　戒律と密教」、一八頁参照。
(27) 「1．信心、2．大悲心（行願心）、3．勝義心（深般若心）、4．大菩提心（三摩地）を上げる」（『三昧耶戒序』、『定本弘全』第五巻、四～八頁、『弘全』第二輯、一三三～一三七頁）。
(28) 『三昧耶戒序』（『定本弘全』第五巻、四頁、『弘全』第二輯、一三三頁）。
(29) 『三昧耶仏戒儀』（『定本弘全』第五巻、一七二～一七三頁、『弘全』第一輯、一四九～一五一頁）。
(30) 『菩提心論』（『十巻章』、高野山大学出版部、一九六六年改訂版、二〇六～二一五頁）。
(31) 『大日経』「受方便学処品」（大正一八、No.八四八、二二頁a、東北No.四九四、tha 帙、fol. 174a5。大正一八、No.八四八、四〇頁a、東北No.四九四、tha 帙、fol. 220b6）。
(32) 『八十巻華厳経』「普賢行品」（大正一〇、No.二七九、二五八頁b。東北No.四四、ga 帙、fol. 65a6）。『六十巻華厳経』（大正九、No.二七八、六〇七頁b～）。『大日経疏』の三昧耶の偈については、『国訳一切経　経疏部』一四、二九二頁参照。前掲註(13)拙著『法身思想の展開と密教儀礼』二九一頁参照。前掲註(25)拙稿「『大日経』「受方便学処品」の研究」三九頁参照。
(33) 大正一八、No.八六六、二五二頁b。

第十章　大悲胎蔵生曼荼羅

第一節　曼荼羅の語義

曼荼羅（maṇḍala）の語義は、『大日経』の中に示されているが、漢訳とチベット訳『大日経』では翻訳された経文が異なっている。それは、両者が使用したサンスクリット本に起因する。漢訳が使用したサンスクリット本は、長安の華厳寺にあった北インドで客死した無行の遺品であったが、かなり文中に欠落のある本で、この曼荼羅の語義解釈の部分も一部欠けていた。

そこで、善無畏が『大日経』「具縁品」(1)を翻訳したとき、この箇所の曼荼羅（maṇḍala）の説明の記述を、

漫荼羅とは、その義如何と、仏言《のたま》はく、これを諸仏を発生《ほっしょう》する漫荼羅と名づく。極無比味《ごくむひみ》、無過上味《むかじょうみ》なり。この故に説いて漫荼羅と為す。また秘密主、無辺の衆生界を愛愍《あいみん》するが故に、これ大悲胎蔵生漫荼羅の広義なり。

と訳す。ここでの「極無比味。無過上味」の意味は、サンスクリット本の欠文のある曼荼羅（maṇḍala）のマンダ（maṇḍa）の語義によったもので、衆生の仏性を乳に喩え、それを攪拌することで妙なる甘露な覚りの醍醐となる。その変質しない醍醐の甘露がマンダラの意味であるとしたのである。

この解釈は、空海によって日本にもたらされ、日本密教の曼荼羅の意味として一般化した。

これに対し、欠文のないチベット訳『大日経』(2)の経文では、

何故にマンダラと名づけるのか。世尊が仰られた。秘密主よ、このマンダラは仏を出生するものにして、マンダ（maṇḍa）とは心髄《しんずい》（hṛdaya）と名づく。ラ（-la）とは円満（pūrya）にして、それ以上に心髄となるものが他に無いから、だからマンダラという。秘密主よ、しかもこの広大なマンダラは無辺の衆生界を愛愍するから、大悲胎蔵生（曼荼羅）という。

この両者の翻訳文の相違からわかるように、漢訳にはマンダラをマンダとラに分けた箇所のラの説明部分のサンスクリット文が欠けていたようで、同じ経典でありながら両者の翻訳文に相違がみられることとなったのである。しかしながら、両翻訳において、曼荼羅の意味を「諸仏を出生する心髄を有するもの」と捉える点は共通している。さらに、チベット語に翻訳しにくい言葉を編纂した『二巻本訳語釈』(3)の曼荼羅の解釈文では、

マンダラ（maṇḍala）というのは、マンダ（maṇḍa）はサーラ sāra（の同義語）であって「心髄」とか「界」、または「中心」をいう。ラ la はアーダーナ ādāna（と同義語）であって「取ること」とか「持つこと」などをいう。また、周囲が円いものを指す名称もマンダラ（maṇḍala）というから、（チベット語で）「キンコル dkyil ḥkhor（マンダラ）」という。

とし、マンダラとは、中心を持ち、「周囲が円いもの」を指すとした。

この『大日経疏』の「輪円の義」の解釈と、チベットで作られた『二巻本訳語釈』の「（外側の）周囲が円いもの」という解釈の相違から、曼荼羅の形に中国および日本密教の方形のマンダラと、チベット密教の円形のマンダラを生じさせたのである。このチベット系曼荼羅の外側を円で囲む形態は、インドのオーダンタプリ寺をモデルにして最初に建立したチベットのサムエ寺とも深く関連している。

空海の『秘密漫荼羅教付法伝』（以下『付法伝』）のタイトルにもあるように、密教の主要な教えは曼荼羅（法）教である。[4] このように、曼荼羅は真言行にとって最も重要な教えである。

この『大日経』の曼荼羅のフルネームは、大悲胎蔵生曼荼羅（mahākaruṇāgarbhodbhava-maṇḍala）である。『大日経』がこの意味を「大悲の胎蔵より生ずる曼荼羅」[5]としたのは、これが中台八葉院の大悲者・毘盧遮那如来の胎蔵から生み出された諸尊の集合図を意味するからである。この意味では、上記に見た漢訳とチベット訳の「マンダラは仏を出生するもの」とする解釈と同じである。[6]

『大日経疏』[7]では、真言門より菩薩行を行う菩薩は、この三句の曼荼羅行によって、十地の初地の段階で初めて清浄な菩提心を発し、第七地以上で大悲万行と方便を学び、第十地の仏地に至って一切智智を得て衆生救済に赴くとされるのである。

この三句による成仏の速さを、空海は『秘密漫荼羅十住心論』（以下『十住心論』）で、「神通の宝輅《ほうろ》は虚空を凌《しの》いで速やかに飛んで一生の間に必ず所詣に至る」[8]という一生成仏（即身成仏）を説く。これにより、真言宗では密教の乗り物を小乗の羊車《ようじゃ》と大乗の牛車《ごしゃ》より速い神通乗とするが、これも空海以後の思想である。

図1　チベットのサムエ寺

（出典：『チベット』ベースボール・マガジン社）

両界曼荼羅の正しい呼び方

インド密教では、日本密教のように、『大日経』の曼荼羅を胎蔵界曼荼羅とは呼ばない。それは、空海以後の日本密教で金剛界曼荼羅の界に引きずられて、胎蔵界曼荼羅、両界曼荼羅と呼んだ誤りに起因する。

また、日本密教の空海の著作にもこの呼称はなく、天台宗の安然《あんねん》（八四一〜九一五）あたりから始まった呼び方である。(9)

したがって、現在、固有名詞として呼ばれている胎蔵界曼荼羅や両界曼荼羅の呼称はさておき、正しくは界を付けない大悲胎蔵生曼荼羅とか、胎蔵生曼荼羅と呼ぶのが正しい。

『大日経』に五智思想はあるか

『大日経』(10)には、毘盧遮那・宝幢・開敷華王・阿弥陀・天鼓雷音の五如来は説かれるが、五仏の智恵としての法《ほう》界体性智《かいたいしょうち》・大円鏡智《だいえんきょうち》・平等性智《びょうどうしょうち》・妙観察智《みょうかんざっち》・成所作智《じょうそさち》の五智はまだ説かれていない。

この五智は、『金剛頂経』の金剛界曼荼羅に説かれる思想で、中央の大毘盧遮那の法界体性智と、この智から東西南北の四方に向かって生み出される四智を合して五智とされたものである。

しかし、善無畏の『大日経疏』には五智の名称が説かれ、(11)ブッダグフヤの『大日経広釈』にも、五智の名称や、遍知印の中央に五智を標示する五股金剛杵を画くことなどが見えている。(12)

この遍知印の中央に金剛杵を安置するという記述は、チベット訳『大日経』「秘密曼荼羅品」にあり、ブッダグフヤはその経文によって解釈している。この解釈の下地となる「秘密曼荼羅品」の経文は、漢訳とチベット訳では異なりがある。すなわち、漢訳では遍知印を「金剛印をもって囲繞《いにょう》し」(13)として遍知印の三角形の三辺を金剛杵でめぐらすと記す。(14)

これに対し、チベット訳では「金剛の標示をもって標示され」(15)とあることから、両者は遍知印の三角形の中央に金剛杵を安置して悟りの智を標示することだと解釈するが、このときブッダグフヤはこの金剛杵を五股金剛杵とし、善無畏《ぜんむい》は三股金剛杵とする。[16]

この五股金剛杵を採用するブッダグフヤの解釈は、『大日経広釈』を作る前に、『金剛頂経』の注釈書を作っているので、その影響を受けたことによると考えられる。

他方、善無畏の『大日経疏』の五智の解釈も、ブッダグフヤと同様に『金剛頂経』の影響を受けたものと考えられる。

これにしたがって、空海の『大日経開題』類の五智思想でも「五智」の語をあげるが、『金剛頂経』のように五智を具体的に五仏に配当して、法界体性智・大円鏡智・平等性智・妙観察智・成所作智とは示さない。

また『大日経開題』類以外の『十住心論』の第十住心でも、『大日経』の五智について「大秘密究竟心王如来大毘盧遮那の五智四印、及び心数の微塵数の眷属を明かすなり」[17]として「大毘盧遮那如来の五智」をあげるが、この五智が法界体性智（大毘盧遮那）・大円鏡智（宝幢）・平等性智（開敷華王）・妙観察智（阿弥陀）・成所作智（天鼓雷音）の五仏の五智を指すとする具体的な記述はない。しかし一般的には、空海の両部思想においては、『大日経』の五智を『金剛頂経』の五智と同じであると押さえる解釈によるとする考え方がある。

このように、いずれにしても本来『大日経』には『金剛頂経』のような五智思想は存在しなかったが、善無畏の『大日経疏』の説や、恵果の金胎両部の融合思想などから、空海の大日経思想でも、胎蔵五仏に金剛界の五智が関連付けられて説かれるようになったと考えられる。[18]

第二節　曼荼羅の製作

曼荼羅の七日作壇

密教では、曼荼羅は弟子を灌頂するために作られる。そのときの『大日経』の七日作壇《しちにちさだん》は、択地《ちゃくじ》して後に、次の順序で曼荼羅を作り、弟子を灌頂し、終われば諸尊を仏国土に撥遣した後に、破壇する。

①初日には、地神を警発し地を掘って小石などを除き土壇を築く。

②二日目には、牛の糞と尿に香料を混ぜたもので塗って土壇を整え固める。

③三日目には、四方・四隅・中央に掘った穴に五宝・五穀・五薬を納めて埋める。

④四日目には、下絵の白檀曼荼羅を画く。

⑤五日目には、地上の壇に結界して、その夜、阿闍梨はその壇の西側に東を向いて寝て夢を見て、悉地《しつじ》の果を占う。

⑥六日目には、弟子に三昧耶戒を授けてから、歯木を嚙ませて投げさせ悉地の相を見る。そして五色の金剛線を与える。

⑦七日目には、弟子の投華《とうけ》得仏《とくぶつ》と灌頂が終わると、撥遣し曼荼羅を破壇する。(19)

この七日間には、曼荼羅作壇から灌頂儀式を終えての破壇までが織り込まれている。この曼荼羅作壇の間中は、阿闍梨は金剛薩埵となって左手に金剛鈴を持ち、右手に三股金剛杵を持って弟子と共に曼荼羅を画くのである。その目的は、弟子に投華得仏させて有縁の尊を決定させ、五智の瓶水《びょうすい》で灌頂し、得仏の印明を授けるなどを行って伝法の阿闍梨位を授けるためのものである。

曼荼羅の形

空海によって日本に請来された両部曼荼羅は、外形がすべて四角形である。これは、本堂の四角形の大壇上に曼荼羅諸尊を招請する結界が四角形であるために、中国から日本に請来された曼荼羅の形態が、方形である。

これに対し、チベット系の曼荼羅は、結界が八方などで外形が円形である。これは須弥山の一番外側が鉄囲山で巡らされた円形を採用したことや、インドのオーダンタプリ寺の円形の城壁や、それを模したチベットのサムエ寺の円形の城壁などのすでに触れた形態と思想から、曼荼羅の外側を円形で囲む形式がインドやチベットで用いられるようになったからである。

次に、日本に請来された曼荼羅の特色を知るために、善無畏系の一〇一尊大悲胎蔵生曼荼羅と、チベット系一二二尊大悲胎蔵生曼荼羅と、四〇八尊伝真言院曼荼羅（西院本曼荼羅《にしのいんぼん》）の形態を簡単に見ておく。

善無畏系一〇一尊大悲胎蔵生曼荼羅

次頁の図2は、善無畏の『大日経疏』の説明によって、漢訳『大日経』「具縁品」の一〇一尊曼荼羅を画いたものである。

この曼荼羅の特色は、東側の遍知印（一切遍智印）が下向きであり、経文の第二重の釈迦牟尼院と第三重の妙吉祥（文殊）院を、善無畏が三句の法門の順序に合わせて入れ替え、第二重に妙吉祥院を、第三重に釈迦牟尼院を置き換えたものである。そして、遍知院では、遍知印の左右に空海の請来曼荼羅に見られるような優楼頻羅《うるびんら》迦葉《かしょう》と伽《が》

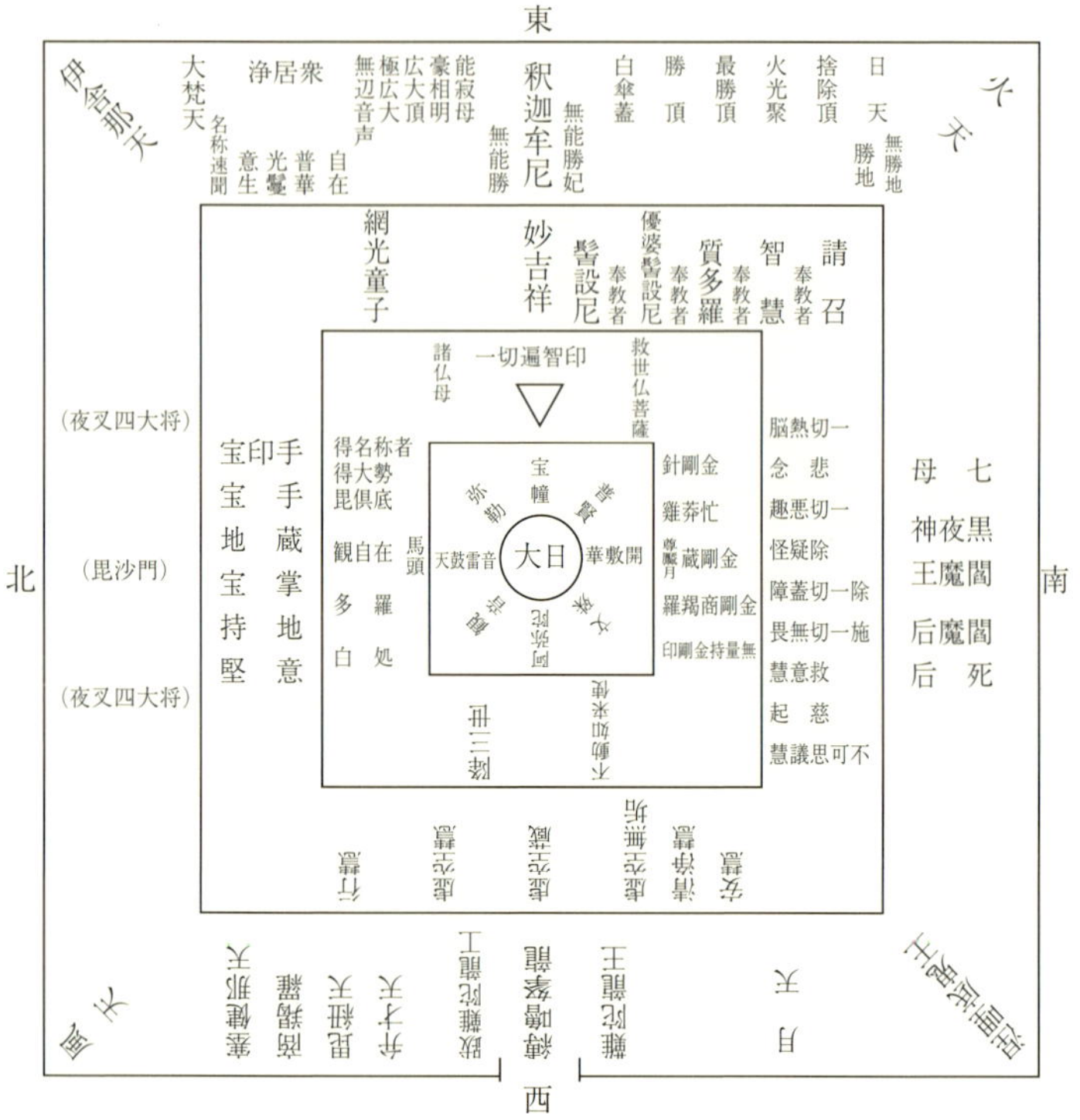

図2　一〇一尊善無畏系大悲胎蔵生曼荼羅
（尊名は中央大日に向かって記す）

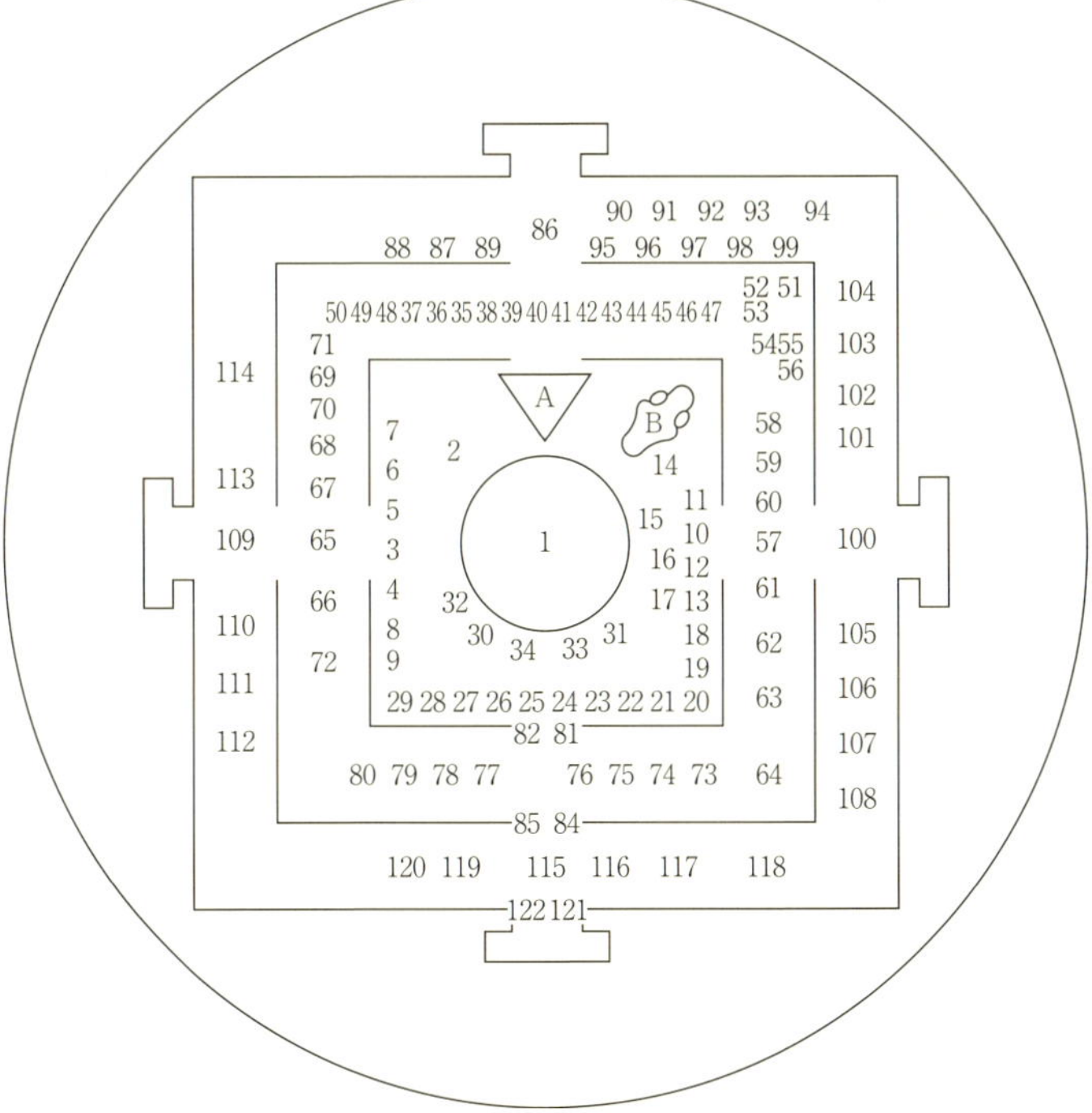

図3　一二二尊チベット系大悲胎蔵生曼荼羅

（2～122尊はすべて中台の大日に座を向ける姿で画く）

1大日（毘盧遮那）、A遍知印、2虚空眼仏母、3観自在、4多羅、5毘倶胝、6得大勢、7持名称者、8白処尊、9何耶掲利婆、B真陀摩尼、10金剛手（蔵）、11忙莽雞、12金剛商羯羅、13月黶尊、14・15・16・17金剛部侍者、18虚空無垢、19金剛輪、20金剛牙、21名称、22大忿、23寂然、24大金剛、25青金剛、26蓮華広眼、27妙金剛、28住無戯論、29無量虚空歩、30金剛針、31不動、32勝三世、33不可越守護、34相向守護、35釈迦牟尼、36遍知眼、37毫相、38白傘、39勝頂、40最勝頂、41捨除頂、42火聚頂、43自在、44普華、45光鬘、46意生、47名声遠聞、48広大頂、49極広大、50無辺音声、51火仙、52カーシュヤパ、53ゴウタマ、54マールカンダ、55ヴァシシュタ、56アンギラス、57閻魔王、58死后、59黒夜、60クマーリ、61ヴィシュニー、62ヴァラヒー、63チャームンダー、64涅哩底、65釈天王、66・67帝釈天侍者、68縛嚕拏竜王、69日天、70勝、71無勝、72大梵、73地神、74弁財、75毘紐、76塞建那、77風神、78商羯羅、79烏摩后、80月天、81無能勝、82無能勝妃、83持地神（所在不明）、84難蛇、85抜難蛇、86妙吉祥、87網光童子、88無垢光童子、89宝冠童子、90髻設尼、91優婆髻設尼、92質多羅、93地恵、94請召、95―99五奉教者、100除一切蓋障、101除疑怪、102施一切無畏、103除一切悪趣、104救意恵、105慈起大衆生、106悲念具恵者、107除一切熱悩、108不可思議恵、109地蔵、110宝処、111宝手、112持地、113宝印手、114堅意、115虚空蔵、116虚空恵、117清浄恵、118行恵、119虚空無垢、120安恵、121不可越守護、122相向守護。

表1　十二院曼荼羅の尊数

十二院名	尊　数
中台八葉院	9尊
遍知院	7尊
持明院（五大院）	5尊
観自在院	35尊
金剛手院	32尊
釈迦院	39尊
文殊院	25尊
除蓋障院	9尊
地蔵院	9尊
虚空蔵院	28尊
蘇悉地院	8尊
外金剛部院	202尊
合計	408尊

耶《や》迦葉の存在は記されていない。また、遍知院には諸仏母と救世仏菩薩の二尊の尊数とし、持明院も五大明王ではなく不動と降三世の二明王である。また、十二院の蘇悉地院の区画は存在しない。

チベット系大悲胎蔵生曼荼羅

チベット訳『大日経』の大悲胎蔵生曼荼羅の諸尊は一二二尊曼荼羅であり、善無畏系一〇一尊大悲胎蔵生曼荼羅とも異なっている（図3参照）。

しかしながら、このチベット系の大悲胎蔵生曼荼羅は、『大日経』の記述に忠実なものとなっている[20]。

特に、漢訳の善無畏系曼荼羅と大きく異なる点は、中台八葉に毘盧遮那如来一尊しか画かれないこと、上部遍知院の南側に位置する如意宝珠が三昧耶形であること。善無畏系が第二重の釈迦牟尼院と第三重の妙吉祥院を入れ替えたが、チベット系は経文に忠実で釈迦牟尼院と妙吉祥を入れ替えない。

大悲胎蔵生曼荼羅の十二院と十三院

これに対し、東寺の伝真言院（西院）曼荼羅の十二院には、四〇八尊が画かれ、外金剛部院では密教の諸尊やヒンドゥー教の神々、四天王・九曜・十二宮・二十八宿などが互いに個性を生かし合いながら整然と配されている（表1参照）。

胎蔵生曼荼羅の十三院は、「転字輪漫荼羅行品」の語曼荼羅に説かれる。そこでは、十二院の第一重の外側に四大護院（東（帝釈方）・無畏結護者、北（夜叉方）・壊諸怖結護者、西（龍方）・難降伏結護者、南（焔摩方）・金剛無勝結護者）の一院を加えている。[21] この第十三院の四大護院は、空海の『大日経開題　衆生狂迷』にも触れられ、『大毘盧遮那経広大儀軌』（以下『広大儀軌』）、『大毘盧遮那成仏神変加持経蓮華胎蔵悲生曼荼羅広大成就儀軌供養方便会』（以下『玄法寺儀軌』）、『大毘盧遮那成仏神変加持経蓮華胎蔵菩提幢標幟普通真言蔵広大成就瑜伽』（以下『青龍寺儀軌』）[22] にも説かれている。

しかし、『大日経』「具縁品」には説かれていないし、空海請来の曼荼羅にもこの四大護院は画かれていない。また、チベット系大悲胎蔵生曼荼羅にも画かれていない。

第三節　三重曼荼羅と十二院の実際

『大日経』の善無畏所説の大悲胎蔵生曼荼羅は三重曼荼羅であり、空海請来のものは四重曼荼羅である。この両者の尊数にも異なりがあり、善無畏の大悲胎蔵生曼荼羅が一〇一尊とするのに対し、伝真言院曼荼羅（西院本曼荼羅）はすでに見たように四〇八尊とする。

三重曼荼羅の十二院

三重曼荼羅に画かれる十二院の各院を示すと、図4のようになる。

第一重……中台八葉院・遍知院・持明院・観自在院・金剛手院

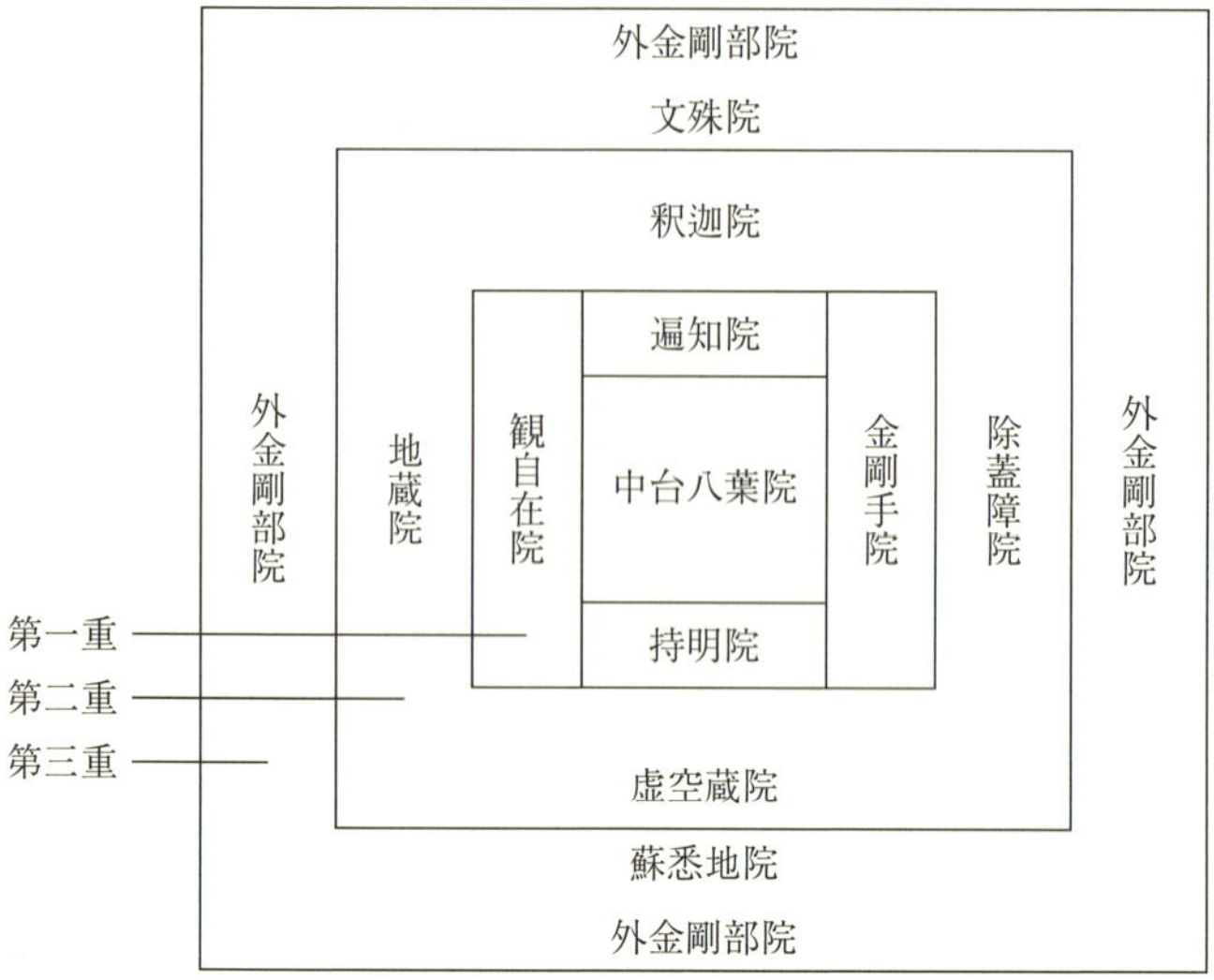

図4　『大日経』の三重曼荼羅

第二重……釈迦院・地蔵院・除蓋障院・虚空蔵院

第三重……文殊院・蘇悉地院・外金剛部院

『大日経』の大悲胎蔵生曼荼羅は、上が東である。

中台八葉院

曼荼羅の中台と八葉院の九尊は、毘盧遮那如来（仏）と四仏・四菩薩からなる。この八葉の四仏・四菩薩は、中台の毘盧遮那如来の遍知印からすべて生み出される。その九尊は次のように、

中台……毘盧遮那如来（中央の毘盧遮那如来の悟りを上部の遍知印で示す）

四方……宝幢如来（東）・開敷華王如来（南）・阿弥陀如来（西）・天鼓雷音如来（北）

四隅……普賢菩薩（東南）・文殊菩薩（南西）・観自在菩薩（西北）・弥勒菩薩（北東）

の方角に住する。この北方で天鼓雷音如来が結ぶ印相は、触地《そくじ》印《いん》とも降魔《ごうま》印《いん》とも呼ばれるもので、これは釈迦が四魔を降伏したときの印相である。金剛界曼荼羅でも、東の阿

閦如来がこれと同じ印相を結んでいる。

毘盧遮那如来と遍知印

毘盧遮那如来は、法界定印を結んで、五仏の宝冠を頂く菩薩形として八葉蓮華の中台に住する。この毘盧遮那如来の悟りの理と智が、頭上の東に遍知印の三角形として画かれている。この遍知印は、法身（教の本体）の印《しるし》[23]とも呼ばれていることから、毘盧遮那如来の心《むね》にあった法身を、三角形の標示として視覚的に表現したものである。

したがって、この法身の印としての遍知印は、初期仏教の法身と同じく教えの本体であり、教えの集合体として一切の如来たちを生み出すものである。ここにも、初期仏教の法身思想の展開の跡が見受けられる[24]。

図５　遍知印

さらに、この遍知印[25]は、中台毘盧遮那如来の悟りとして太陽の昇る東側に表したもので、正しくは一切遍知印という。この印は、法身の印以外にも、一切如来の大勤《だいごん》勇《ゆう》の印とか、諸仏の心印[26]ともいわれる。

また、『大日経』と『大日経疏』に記述はないが、空海が請来した曼荼羅の遍知印には、上部の左右に、向かって右に優楼頻羅迦葉（ウルヴィルヴァー・カーシャパ）、左に伽耶迦葉（ガヤー・カーシャパ）が住する（図５参照）。この二人は、拝火教のバラモンの迦葉三兄弟の長男と三男で、釈迦の教化によって長男の優楼頻羅迦葉は五百人の弟子を連れて帰依し、三男の伽耶迦葉は二百人の弟子を連れて帰依したとされる。この両バラモンは火を崇める専門家であるため、悟りの智火の番人として遍知印の両側に配置されているのである。

さらに、遍知印の三角形には、上向きと下向きの二種があって、空海請来の現図曼荼羅には上向きの遍知印が画かれているが、『大日経疏』では、画かれるべき遍知印は下向きとされている(27)。またチベット系『大日経』の大悲胎蔵生曼荼羅の遍知印も、三角形が下向きである(28)。

この十二院中の遍知院には、経文には仏母と如意宝珠の二尊しか説かれていない。

持明院

持明院には、経文では不動明王と降三世明王の二明王しか説かれていない。持明とは、明呪《みょうじゅ》を持てるものを意味し、不動明王はハーン hāṃ の明呪を、降三世明王はフーン hūṃ の明呪を持つ。また、不動明王が教令輪身《きょうりょうりんじん》（教令使）であるとするのは『大日経疏』「息障品」(29)であり、空海も同様に『大日経開題　衆生狂迷』(30)で不動を教令輪とする。

この教令輪は、自性《じしょう》輪身・正法《しょうぼう》輪身・教令輪身の三輪身の一つであるが、空海の頃の密教思想には、二輪身はあっても、自性輪身を含む三輪身思想はまだなかった。

観自在院と金剛手院

観自在院は、蓮華部ともいい、北側にあって仏・蓮・金の三部の一つでもある。観自在菩薩が中心であり、この院の最下位に忿怒尊の馬頭観音がいる。この尊は、観自在院の教令輪身である。

金剛手院も、南側にあり、仏・蓮・金の三部の一つで、金剛手菩薩が主尊であり、この主尊は金剛蔵菩薩ともいわれる。この院にも忿怒月黶《がってん》という教令輪身が最下位に画かれている。

釈迦院と文殊院

『大日経』の大悲胎蔵生曼荼羅では、すでに触れたが三重曼荼羅の東側の第二重を釈迦院とし、第三重を文殊院とするが、善無畏の『大日経疏』では「住心品」所説の「菩提心を因とし、大悲を根とし、方便を究竟とす」の三句の順序から見て、第二重の釈迦院と第三重の文殊院を入れ替えさせて、第二重を文殊院に、第三重を釈迦院にすべきであるとする。

その理由は、『大日経疏』の「具縁品」(31)に、第二重の釈迦院は釈迦とその眷属をもって第三重とせよという善無畏阿闍梨の説によると一行禅師は記す。

さらに「具縁品」に、

かくの如く文を互《たがい》にする所以は、これはこれ如来の密蔵なり。諸の慢法の人ありて、師に従はずして受くるを防がんがために、経文を変化す。故に須《すべか》らく口伝し相付すべし。

という。この師に従わないで受けることを防ぐために、経文を互いにする理由を慢法の人に秘密にするためであるとするのは、これも一種の如来である法身毘盧遮那如来の秘密である。それゆえに、善無畏系の大悲胎蔵生曼荼羅では、師の口伝によって第二重を文殊院とし、第三重を釈迦院と訂正すべきであるという。

これによって古来より、『大日経』そのものに乱脱があったのではないかとされる。この解釈は、三句の法門からすれば、善無畏の説に妥当性が見られるが、チベット訳『大日経』とブッダグフヤの注釈書『大日経広釈』には善無畏のような第二重の釈迦院と第三重の文殊院を入れ替える解釈はない。

したがって、この点を『大日経』の未整理な点が表面化した一面として受け留めるべきであろう。

虚空蔵院と蘇悉地院

空海請来の現図曼荼羅では、虚空蔵院に蘇悉地院を加えて二重とする。しかし、灌頂の投華得仏の儀式の前に阿闍梨は弟子を曼荼羅の西側に立たせ、阿闍梨は毘盧遮那如来となって曼荼羅に入り虚空蔵院と蘇悉地院の場所に坐って弟子を清める。そのための阿闍梨の坐すスペースがこの場所に必要なため、本来ここは空けておかなければならない場所である。しかし、すべての現図曼荼羅には、ここにスペースを設けていない。

外金剛部院

外金剛部院には、四方天として東南に火天、南西に涅哩帝《ねりてい》（羅刹天）、西北に風天、北東に伊舎那《いしゃな》天を画く。護方天としてヒンドゥー教のシヴァ神とその妃ウマーや、閻魔大王、四天王を画き、さらに九曜、十二宮、二十八宿などが画かれている(32)。

善無畏系曼荼羅

そこで、大悲胎蔵生曼荼羅の注釈的立場から、文殊と釈迦を入れ替える善無畏系の曼荼羅と、経文のままに画くブッダグフヤ系の曼荼羅との二種類が存在することとなる。このブッダグフヤ系は、形式から不空系の『都部陀羅《とぶだら》尼目《にもく》』(33)所説の曼荼羅とも同じものである。

現在、日本密教で知られる代表的なブッダグフヤ系と善無畏系の曼荼羅には、表2のものがある。(34) これらによって知られるように、空海が請来した曼荼羅をはじめとするほとんどのものが、経文を尊重するブッダグフヤ系の曼荼羅である。

表2　ブッダグフヤ系と善無畏系の曼荼羅

ブッダグフヤ系・不空系	善無畏系
『胎蔵旧図様』（『曼究』第五一図）	『胎蔵図様』（『曼究』第四八図）
高雄曼荼羅（『曼究』第五五図）	『摂大儀軌』の曼荼羅（『曼究』第四九図）
伝真言院曼荼羅（西院本曼荼羅）	『広大儀軌』の曼荼羅（『曼究』第五〇図）
子島曼荼羅（『曼究』第五六図）	『玄法寺儀軌』の曼荼羅（『曼究』第五二図）
東寺敷曼荼羅(35)	阿闍梨所伝の曼荼羅（『曼究』第四七図）など
空海請来の現図曼荼羅甲本（第二転写本）	大日経曼荼羅の一（善無畏系、『曼究』第四五図）
板彫胎蔵曼荼羅（唐代・重文）(36)	
東寺胎蔵曼荼羅（『曼究』第五九図～第七一図）	
現図胎蔵曼荼羅（長谷版『曼究』五三図）	
現図胎蔵曼荼羅（妙法院版『曼究』五四図）など	
大日経曼荼羅の二（ブッタグフヤ系、『曼究』第四六図）	

『曼究』（『曼荼羅の研究』『栂尾祥雲全集』Ⅳ、密教文化研究所、一九五八年）

十二院の仏蓮金の三部

大悲胎蔵生曼荼羅の仏部と蓮華部と金剛部の三部は、仏部に𑖀《ア》（a）、蓮華部に𑖭《サ》（sa）、金剛部に𑖪《ヴァ》（va）の種子を配当して、ア・サ・ヴァと呼ぶ。狭義では、ア字を中台・毘盧遮那の種子とするが、広義の意味では、ア字を毘盧遮那如来を代表する中台八葉院と遍知院と持明院を摂する仏部の種子とする。サ字は、観自在菩薩の種子であるから観自在菩薩を代表する蓮華部の種子とする。また、ヴァ字は、金剛手の種子であるから金剛手を代表する金剛部の種子とする（図6参照）。

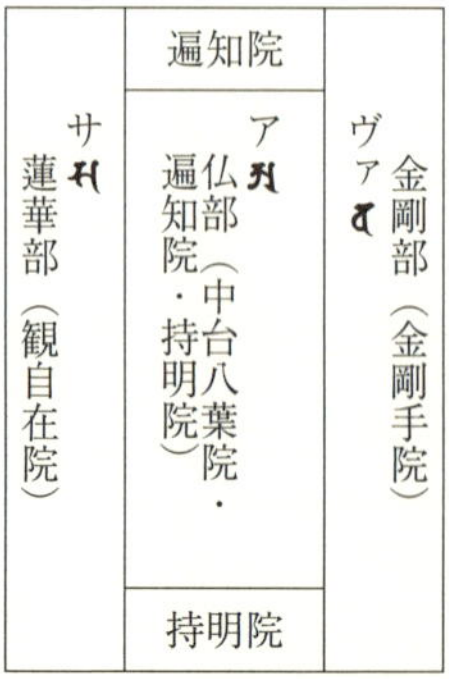

図6　曼荼羅の三部の配置図

この伝真言院曼荼羅の三部には、次のように八十八尊が配当されている。

三部　𑖀《ア》 ―― 仏部（中台八葉院・遍知院・持明院）―― 二十一尊
　　　𑖭《サ》 ―― 蓮華部（観自在院）―― 三十五（三十六）尊
　　　𑖪《ヴァ》 ―― 金剛部（金剛手院）―― 三十二尊

この蓮華部と金剛部の尊数が異なるのは、両院の尊は三列の七段であるから二十一尊ずつであるが、脇侍の数の異なりによるものである。この両院の二十一尊と同じく仏部の三院の尊数も二十一尊である。この仏・蓮・金の三部の尊数が共に二十一尊である点は、空海請来系の大悲胎蔵生曼荼羅も同様である。

註

（1）『大日経』（大正一八、No.八四八、五頁b）。
（2）東北No.二六六三、fol. 162b（拙稿「新校訂チベット文『大日経』（続）――第2章「入漫荼羅具縁真言品」――」『高野山大学論叢』第三二巻、一九九七年、八頁）。
（3）『二巻本訳語釈』（東北No.四三四七、fol. $154a^{4}$、九世紀初頭）。石川美恵訳注『二巻本訳語釈――和訳と注解――』（東洋文庫、一九九三年）一〇八頁二九八項「曼荼羅」参照。
（4）『付法伝』（『定本弘全』第一巻、六七～七〇頁、『弘全』第一輯、三～六頁）、『真言付法伝』（『定本弘全』第一巻、一二〇頁、『弘全』第一輯、五〇頁）。賛寧（九一九～一〇〇二）の『宋高僧伝』（大正五〇、No.二〇六一、七二四頁b）。禅宗の契嵩（一〇〇七～一〇七二）の『伝法正宗論』（大正五一、No.二〇八〇、七八三頁b）。
（5）「故名大悲胎蔵生也」（『大日経疏』大正三九、No.一七九六、六一〇頁a）。
（6）本書第五章の『秘蔵記』に記される「密教の一識から十識」の解釈によって、この「マンダラは仏を出生するもの」という場合の仏を三千大千世界に生み出された諸仏と理解するときには、マンダラ十二院の十識がすべて、三千大千世界に諸仏を生み出す諸尊となり、それを一仏に集約したとき、中台の大毘盧遮那如来となる。
（7）「復次初入浄菩提心門見法明道。如識種子歌羅羅時。前七地以来。為大悲万行之所含養。如在胎蔵。無功用以去漸学如来方便。如嬰童巳生習諸技芸。至如来一切智地」（『大日経疏』、大正三九、No.一七九六、六一〇頁a）。
（8）『秘密漫荼羅十住心論』巻第一（『定本弘全』第二巻、五頁、『弘全』第一輯、一二七頁）。
（9）拙稿「胎蔵界の用語例について」（『ヒマーラヤ』第二号、一九六八年）一一一～一一六頁。
（10）『大日経』「秘密八印品」（大正一八、No.八四八、三七頁a）、『大日経疏』（大正三九、No.一七九六、六二二頁c、七五一頁b）。

(11)『大日経疏』(大正三九、No.一七九六、六二一頁a、六二七頁a、六三四頁a、六三五頁aなど)。

(12)ブッダグフヤの『大日経広釈』(酒井眞典『大日経広釈全訳』『酒井眞典著作集』第二巻、法藏館、一九八七年)二頁、一〇五頁、一〇八頁、一〇九頁、二七三頁など。

(13)『大日経』「秘密漫荼羅品」(大正一八、No.八四八、三四頁a)。

(14)『大日経疏』「秘密漫荼羅品」(大正三九、No.一七九六、七四二頁a)。

(15) rdo rjeḥi mtsan mas mtsan pa ste // (ブッダグフヤの『大日経広釈』前掲註12酒井『大日経広釈全訳』三三二頁)。チベット訳『大日経』(北京版 vol. 五、No.一二六、fol. 174a^5)。

(16)「三角(遍知院)を繞らして金剛をもってこれを囲む」の経文を図画して金剛を三股金剛杵とする(『大日経疏』大正三九、No.一七九六、七四二頁a～b)、前掲註(12)酒井『大日経広釈全訳』。

(17)『十住心論』(『定本弘全』第二巻、三一一頁、『弘全』第一輯、四〇一頁)。『大日経疏』(大正三九、No.一七九六、五七九～五八〇頁b)。

(18)『大日経』の大悲胎蔵生曼荼羅の諸尊には、五股金剛杵を持つ者も画かれるが、『大日経』は三部立てであるから、三股金剛杵でなければならない。これらの点に金胎融合思想が見られる。

(19)拙著『図説・マンダラの基礎知識　密教宇宙の構造と儀礼』(大法輪閣、二〇〇五年)五五～七七頁参照。漢訳『大日経』(大正一八、No.八四八、五頁a)、国訳『大毘盧遮那成仏神変加持経』(国訳一切経　密教部一、六三頁)、国訳『大毘盧遮那成仏経疏』(国訳一切経　経疏部十四、一四頁)、『大日経広釈』(前掲註12酒井『大日経広釈全訳』八八頁)参照。

(20)チベット系『大日経』大悲胎蔵生曼荼羅一二二尊については、田中公明「西蔵の胎蔵生曼荼羅について」(『日本西蔵学会会報』第二八号、一九八二年)一四～一六頁。

(21)『大日経』「転字輪漫荼羅行品」(大正一八、No.八四八、二三頁b)。

(22)『大日経開題　衆生狂迷』(『定本弘全』第四巻、一一六頁、『弘全』第一輯、六四五頁)。「四方四大護」としては、

(23) 『広大儀軌』(大正一八、No.八五二、九六頁c)。『玄法寺儀軌』(大正一八、No.八五二、一一二頁c、一一三頁c、一三二頁aなど)。『青龍寺儀軌』(大正一八、No.八五三、一四九頁a、一五〇頁aなど)。
(24) ブッダグフヤの『大日経広釈』(前掲註12酒井『大日経広釈全訳』一〇六頁、一〇七頁)。
(25) 拙著『法身思想の展開と密教儀礼』(法藏館、二〇〇九年)一三頁。
(26) 『大日経疏』(大正三九、No.一七九六、六三一頁c)では遍知印、『広大儀軌』巻中などでは遍智印とされる(大正一八、No.八五一、九八頁c)。空海の著作では、両者を使用する。
(27) 「大勤勇印」(『大日経疏』大正三九、No.一七九六、六三一頁c)。他の名称は次註(27)参照。
(28) 「画作一切遍知印。作三角形其鋭下向純白色。光焰圍之在白蓮花上。即是十方三世一切如来大勤勇印也。亦名諸仏心印也」(『大日経疏』、大正三九、No.一七九六、六三一頁c)。
(29) ゴル寺の大悲胎蔵生マンダラ参照(前掲註19拙著『図説・マンダラの基礎知識』三二頁図版)。
(30) 「此大力不動明王……如来秘密之教令使」(『大日経疏』「息障品」大正三九、No.一七九六、六七九頁b)。
(31) 「教令輪者不動尊」(『大日経開題　衆生狂迷』、『定本弘全』第四巻、一六頁、『弘全』第一輯、六四五頁)。五仏の不空成就の働きが教令輪であるとするのは『金剛頂経開題』にあり(『定本弘全』第四巻、八五～八六頁、『弘全』第一輯、七〇六頁)。前掲註(19)拙著『図説・マンダラの基礎知識』一二〇～一二六頁参照。
(32) 『大日経疏』「具縁品」の釈(大正三九、No.一七九六、六三四頁c～六三五頁a)。
(33) 前掲註(19)拙著『図説・マンダラの基礎知識』一六一～一八一頁参照。
(34) 不空訳『都部陀羅尼目』(大正一八、No.九〇三、八九九頁a～b)。
(35) 前掲註(19)拙著『図説・マンダラの基礎知識』一二〇～一二六頁参照。
(36) 両界曼荼羅(京都東寺所蔵、賢禅威儀作、平安後期、重文)。
(36) 高野山金剛峯寺所蔵。

第十一章　身語心の三種曼荼羅

三業から三密へ

三密とは、身・口（語）・心（意）の三業思想の展開したものである。三業思想は古く、『雑阿含経』[1]に釈迦が夏《げ》安居《あんご》の自恣《じし》（懺悔の集会）で、

諸の比丘よ、まさに我を懐受すべし。我が身口心に嫌責すべきことあらしむなかれ。我等世尊の身口心に嫌責すべき事あるを見ず。

と、師である釈迦が自身の三業に過ちは無かったかと尋ねると、師の三業には過ちはないと高弟舎利弗が申し上げる。その後に弟子たちも自身の三業を振り返り懺悔して悔い改め、次の旅立ちへと向かうのである。

この三業は、釈迦如来の涅槃後の悉有仏性や如来蔵の思想によって、やがて法界に遍満する如来の秘密の三業は三密と呼ばれ、衆生や菩薩の身口心はそれまでと同様に三業とされたが、華厳経などの**「生み出すものと、生み出されたものとは等しい」**という思想によって、衆生の三業と如来の三密は同じであるから、衆生の三業も三密であるとされた。[2]その結果、密教では仏と衆生のすべての身口心（身語意）は共に三密と呼ばれるようになった。

それとともに、この三密思想は、密教経典の『金剛頂瑜伽金剛薩埵五秘密修行念誦儀軌』（以下『五秘密儀軌』[3]）

になると、師資相承句[4]の最後の法の相続者となる「法財」について、

法財とは謂く三密の菩提心の教法なり。

と二行割りで示され、真言行者の学ぶべき瑜伽の教法が三密であるとされたのである。

密教の三密瑜伽では、手に印を結び（身密）、口に真言を唱え（語密）、心を三摩地に住す（心密）れば、如来の加持力で如来の三密と行者の三密が合一して悟りが得られるとされる（三密瑜伽）。

この『五秘密儀軌』の「その人一切如来の心より生じ、仏口より生じ、仏法より生じ、法化より生じて、仏の法財を得。法財とは、いわく三密（瑜伽の）菩提心の教法なり」という師資相承句は、空海の『即身成仏義』[5]に引かれ、弟子が師より法財を受ける灌頂の句とされるとともに、三密瑜伽の菩提心ともされたのである。

『大日経』の大悲胎蔵生曼荼羅には、姿・形・色で画かれた身曼荼羅と、諸尊の種子（種字）で画かれた語曼荼羅と、印・持物・標示で画かれた心曼荼羅の三種があって、これらの三密の諸尊は中台毘盧遮那如来の一切の毛孔から生み出されるとされる[6]。この流出思想は、華厳経の思想を受けたもの[7]であり、金剛界曼荼羅のように、諸尊の心《むね》にある月輪の金剛杵から諸仏が流出されるとする思想はまだ『大日経』にはない[8]。

この『大日経』の曼荼羅は、身曼荼羅が第二章の「入漫荼羅具縁真言品」（以下「具縁品」）に、語曼荼羅が第八章の「転字輪漫荼羅行品」に、心（意）曼荼羅が第十一章の「秘密漫荼羅品」に説かれる。三密の曼荼羅は、法界に遍満する法身毘盧遮那如来の身的活動と言語的活動と意識的活動を表現したものであるから、真言行者は三密を観想する瑜伽によって、法身毘盧遮那如来の説法を聴き、姿を見、思いを知ることができる[9]とされているのである。

第一節　身語心の三密曼荼羅

身曼荼羅

身曼荼羅は、大曼荼羅のことで、仏・菩薩・天神たちの色と姿と形をもって画いた彩色曼荼羅である。

空海は、『法華経開題』[10]に大曼荼羅の「大」を法身の説法者である大毘盧遮那如来と、その説法を聴聞できる三十二相と八十種好を具す偉**大**な諸尊の「大」であるとし、また『教王経開題』[11]では六**大**所成の「大」であり、大日如来をはじめとする三十七尊の「偉**大**」な尊を指すものと記している。

図１　法曼荼羅

（出典：栂尾祥雲『曼荼羅の研究』密教文化研究所）

語曼荼羅と種子

語曼荼羅とは、法曼荼羅のことである。仏・菩薩・天神たちをインドの悉曇《しったん》文字で一文字ずつ表された文字の集合図である（図１）。これは、法身毘盧遮那如来が法界から説法する法を文字として表したもので、空海は『教王経開題』[12]に、「法（曼荼羅）とは、諸尊の種子及び三摩地等の法門なり」と記す。

また、この一文字を一粒の種になぞらえて種子（字）ということから、種子曼荼羅とも呼ぶ。この法身の説法を言葉の種子で画いた法曼荼羅は、三曼荼羅の中で最も根本となるものである。

法曼荼羅の種子は、どのように作成するのであろうか。大悲胎蔵生曼荼羅の法曼荼羅を例にとると、中台毘盧遮那如来の種子𑖁𑖾《アーク》は、『理趣経』(13)第二段の毘盧遮那如来の種子である。他の曼荼羅では、中台毘盧遮那如来の種子を𑖁𑖽𑖾《アーンク》とするものもあるが、これは曼荼羅中台の四方仏の四転阿字を中台毘盧遮那如来の一字に集合させたものである。この四転阿字には、順に𑖀《ア》は発心、𑖁《アー》は修行、𑖀𑖽《アン》は菩提、𑖀𑖾《アク》は涅槃、中台毘盧遮那如来の𑖁𑖽𑖾《アーンク》は衆生救済のための方便を表すとされる。それを要約すると次のようになる。

東・宝幢の𑖀《ア》――発心
南・開敷華王の𑖁《アー》――修行
西・阿弥陀の𑖀𑖽《アン》――菩提
北・天鼓雷音の𑖀𑖾《アク》――涅槃
中台毘盧遮那如来の𑖁𑖽𑖾《アーンク》――方便

また、東側(上)の遍知印の𑖀𑖽《アン》字は、毘盧遮那如来の智が百光遍照王となって輝く種子である。

『大日経疏』(14)巻十では、種子について初中後の字を取って作る三パターンの種子があるとする。初字をとったものでは、月天の種子はチャンドラ(candra)の最初の𑖓《チャ》字のことであるし、文殊院の文殊の種子はマンジュシュリー(Mañjuśrī)の𑖦𑖽《マン》から来ているなどである。

中字を取ったものでは、般若菩薩の種子はプラジュニャーパーラミター(prajñā-pāramitā)の中からとった𑖕𑖿𑖗《ジュニャ》であり、不空羂索観音の種子は、名前のアモーガパーシャ(Amoghapāśa)の𑖦𑖺《モー》からできたものである。

後字を取ったものとは、釈迦院の釈迦の種子は「ノウマクサーマンダーボダナンバク」の真言の最後の𑖪𑖾《バク》である。

また、中台八葉院の弥勒菩薩の種子𑖧𑖲《ユ》は、弘法大師空海の種子と同じである。それは、空海が弥勒の兜率天往生を願い、高野山奥の院の御廟で弥勒菩薩の下生を待ちながら定に入っているという信仰から、空海は弥勒菩薩と同じだと考えられている後世の考えからである。

このように、真言や種子の初中後から仏・菩薩・天神たちの種子が作られているのが、法曼荼羅の種子である。

心曼荼羅と三昧耶形

心曼荼羅とは、三昧耶曼荼羅のことである。仏・菩薩・天神たちの姿を標示や印契《いんげい》（ムドラー）、持ち物で画いた三昧耶形の集合図である。毘盧遮那如来の三昧耶形は、法界塔婆である地・水・火・風・空の五輪塔婆や宝塔[15]で表現する。

空海は、『即身成仏義』[16]に、三昧耶曼荼羅について「所持の幖幟・刀剣・輪宝・金剛・蓮華等の類である」として、諸尊が持つ標示で表すとしている。

第二節　『大日経』と『金剛頂経』の四種曼荼羅

四種曼荼羅とは、大曼荼羅・三昧耶曼荼羅・法曼荼羅・羯磨曼荼羅の四種である。空海は『即身成仏義』に、『大日経』[17]に説く一切如来には字・印・形像の三種の秘密身があり、字は法曼荼羅、印は三昧耶曼荼羅、形像は大曼荼羅に相当するとする[18]。

さらに、この前三曼荼羅の諸尊の身には、各々威儀と事業を具す羯磨曼荼羅があるとして、この羯磨曼荼羅を独立させて第四として四種曼荼羅と説くのである。

【三種の秘密身】

①大曼荼羅 ―― 形像
②三昧耶曼荼羅 ―― 印
③法曼荼羅 ―― 字
④羯磨曼荼羅 ―― 大・三昧耶・法の各々の威儀と事業を具す

これに対し、『金剛頂経』も四種曼荼羅を大曼荼羅・三昧耶曼荼羅・法曼荼羅・羯磨曼荼羅の四種であるとするが、羯磨曼荼羅を『大日経』のような解釈では捉えていない。

すなわち、空海の『教王経開題』では、

①大曼荼羅身 ―― 六大所成の大であり大日如来をはじめとする三十七尊のこと
②三昧耶曼荼羅身 ―― 金剛手が右手に五股金剛杵を抽擲《ちゅうちゃく》する姿であり、文殊が自ら剣をもって一切如米を揮《きし》斫《やく》するなどの標幟《ひょうじ》を示す姿
③法曼荼羅身 ―― 十八会の各々に三十七尊の四種曼荼羅があって、この一々の尊にある真言や種子、三摩地の法
④羯磨曼荼羅身 ―― 大日如来が智拳印を結んで住し、阿閦如来が触地印を結び、金剛手が金剛慢印を結び、降三世明王が降伏の姿勢に立つ姿

とするように、金剛界の羯磨曼荼羅は諸尊の威儀活動を尊容化した第四の羯磨曼荼羅である。(19)

以上のように、『大日経』の思想は、大悲胎蔵生曼荼羅によって悟りを得る教法を説いたものであることが知られる。ゆえに、密教とは、曼荼羅教であるといわれるのである。

註

（1）『雑阿含経』巻第四十五［(経典番号) 一二一二］（大正二、№九九、三三〇頁a）。

（2）*Daśabhūmīśvarī nāma mahāyānasūtra revised and edited by Ryūko Kondo*, p. 2-5, Vaidya, No. 7 p. 1-14.

（3）大正二〇、№一一二五、五三五頁c。拙稿「『五秘密儀軌』の法の定型句」（小野塚幾澄古稀記念論文集『空海の思想と文化（上）』ノンブル社、二〇〇四年、四〇七～四二五頁）。

（4）初期仏教の師資相承句とは、「わたしは世尊の真子であり、口より生じたものであり、法より生じたものであり、法より化現したものであり、法の相続者である」（Aggañña-suttanta, DN., vol. III. xxvii. 9. p. 84）の句を命名したものである（拙著『法身思想の展開と密教儀礼』法藏館、二〇〇九年、はしがき、一三～一〇頁参照）。

（5）『定本弘全』第三巻、二七頁、『弘全』第一輯、五五頁参照。

（6）「世尊一切支分。皆悉出現如来之身」（漢訳『大日経』「具縁品」、大正一八、№八四八、四頁a）、「時世尊身諸支分。皆悉出現是字」（「転字輪漫荼羅行品」、一三一頁c）、「復於一一毛孔。法界増身出現」（「秘密漫荼羅品」、三一頁a）。

（7）チベット訳、東北№四四、ga帙、fol. 302b^{5}。『八十巻華厳』「入法界品」大正一〇、№二七九、二三七頁bなど。

（8）また、『大日経広釈』の遍知印の中央に五股金剛杵を安置し、これから諸尊を生み出すとするのも、『大日経』の思想にはない。

（9）三密瑜伽以外に一密瑜伽も後には唱えられるが、『大日経』の立場は、あくまでも三密瑜伽である。

（10）「大（曼荼羅）とは、大日と、及び四仏と、乃至外金剛部の諸尊の相好の身となり」という（『法華経開題』、『定本弘全』第四巻、一五五頁、『弘全』第一輯、七五六頁）。「大とは説聴二能の人なり」ともいう（『教王経開題』、『定本弘全』第四巻、九八頁、『弘全』第一輯、七一六頁）。

（11）「（この大は）六大所成の故に」（『教王経開題』、『定本弘全』第四巻、一〇〇頁、『弘全』第一輯、七一八頁）。

（12）『教王経開題』（『定本弘全』第四巻、九八頁、『弘全』第一輯、七一六頁）。「法とは、真言と及び一切の声明句等となり」(『法華経開題』、『定本弘全』第四巻、一五五頁、『弘全』第一輯、七五六頁)。

(13)『理趣釈経』巻上では、aḥ 字を四字(a ā aṃ aḥ)に分解する説を説く(大正一九、No.一〇〇三、六一〇頁c)。

(14)「凡諸真言中。随取初中後字用為種子皆得也」(『大日経疏』大正三九、No.一七九六、六八七頁b)。

(15)南天の鉄塔と関連するか。

(16)『即身成仏義』(『定本弘全』第三巻、二四頁、『弘全』第一輯、五一二~五一三頁)。「三とは、所持の標幟なり」(『法華経開題』、『定本弘全』第四巻、一五五頁、『弘全』第一輯、七五六頁)。

(17)ここでは次のように、各二種の字印形を説く。「仏語秘密主、諸尊有三種身。所謂字印形象、彼字有二種。謂声乃菩提心。印有二種。所謂有形無形。本尊之身亦有二種。所謂清浄非清浄」(『大日経』「説本尊三昧品」、大正一八、No.八四八、四四頁a)。

(18)『即身成仏義』(『定本弘全』第三巻、二四頁、『弘全』第一輯、五一二頁)。

(19)「今四種曼荼羅を挙げてこれを釈す。三段の釈は今用いざる所なり」(『教王経開題』、『定本弘全』第四巻、一〇二頁、『弘全』第一輯、七一九頁)。

第十二章　金剛頂経系思想

第一節　金剛頂経の成立年代と成立地

金剛頂経は、『大日経』と共に日本密教の重要な所依の経典の一つである。経典の成立は、八世紀に活躍したシャーキャミトラをはじめとするインドの瑜伽タントラに巧みな三人の学匠が(1)『真実摂経』(『金剛頂経』)に注釈を書いており、『貞元新定釈教目録』(2)(以下『貞元目録』)にある金剛智が七〇一年から七年間、南インドで龍智に会って金剛頂経を学んだという記述などから、『大日経』より少し遅れた七世紀の後半頃に南インドで成立していたと推測されている。(3)

金剛頂経系のグループ名

この金剛頂経という名前は、特定の経典を指すものではなく、金剛頂経系の経典や儀軌の題名に付くグループ名である。その点を、空海は『金剛頂経開題』(4)に、この経題の最初の「金剛頂瑜伽」の五字は一般に金剛頂経系題名に付く名前であるとして、自身の著作でも、「金剛頂経に云く(説かく)」として種々の金剛頂系経軌を引用する。(5)その上で、本書では、不空訳『金剛頂一切如来真実摂大乗現証大教王経』を『初会金剛頂経』とか、『真実摂経』

とか、あるいは『金剛頂経』ともいう。その場合、特別な場合を除いては『金剛頂経』と呼ぶ。

『十八会指帰』の伝承

不空の『都部陀羅尼目』(6)には、『金剛頂経』について、「瑜伽の本経すべてに十万偈十八会あり。初会経を一切如来真実摂と名づく」として広本と略本には言及しないが、十万偈十八会の本と、一切如来真実摂経という十八会の初会経の存在を認めている。

それに対し、この十万偈十八会の広本と略本に言及するのは、不空の『金剛頂経大瑜伽秘密心地法門義訣』(以下『金剛頂経義訣』)だけである。(7)ここでは、龍猛が南天の鉄塔に入って金剛薩埵から付法された金剛頂経に広本と略本の二種類の経があり、この十万頌の広本は金剛智が龍智より密教を学んで来唐するとき、暴風雨に遭って海中に投棄され、略本だけが中国に請来されたとする。(8)

たとえこの『金剛頂経義訣』が不空の真作でないとしても、金剛頂経に広本としての十万偈十八会の経と、略本としての一切如来真実摂という初会経が存在したことは、どの資料も認めるところである。したがって、広本と略本という記述は無くとも、それぞれが指し示す十万偈十八会の経と、『初会金剛頂経』の四千頌の経が存在したことは事実であり、その十八会のそれぞれの内容を不空が『金剛頂経瑜伽十八会指帰』(9)(以下『十八会指帰』)に示しているわけであるから、一概に広本の存在を否定し去ることは出来ないであろう。

空海の三種類の金剛頂経の伝承

これについて空海は、『理趣経開題　弟子帰命』(10)で大日経と同様に、金剛頂経にも法爾常恒本と広本と略本の存

在を認めて、

①法仏の恒説　――　法曼荼羅（法爾常恒本・広本1）

②分流の本　――　龍猛所伝の十万頌の経（広本2）

③（略本）　――　十八会（の初会経）

の三種類の金剛頂経が存在するとする。その根拠となる記述は、次のものである。

金剛頂瑜伽経に二本あり。一には広本、即ち法仏の恒説の法曼荼羅これなり。つぎ（の第二）に分流の本、即ち龍猛所伝の十万頌の経これなり。この本について十八会の経あり。この（理趣）経は則ち十八会の中の第六会なり。

ここでの第一の広本の金剛頂経に「法仏の恒説、法曼荼羅これなり」とするのは、『大日経開題　法界浄心』[11]で大日経の法爾常恒本を「法爾常恒の本、諸仏の法曼荼羅これなり」とされるのと同様で、この金剛頂経にも法身仏が常恒に説く法爾常恒本が存在したとする説を大日経に合わせて空海は取り入れているのである。[12]

第二の「分流の本、即ち龍猛所伝の十万頌の経」であるとは、『大日経開題　法界浄心』の「二には分流の広本、龍猛の誦伝する所の十万頌の経これなり」とする南天の鉄塔説の記述と同じである。

したがって、南天の鉄塔で龍猛に伝授される前の法界で、法身毘盧遮那如来の説く金剛頂経が法爾常恒本（広本1）であり、南天の鉄塔で伝授されたときの金剛頂経が分流の十万頌の広本（広本2）である。この広本の十八会の根本経典である略本の『初会金剛頂経』[13]がここに示されないのは、これが『理趣経開題』であり、略本を十八会の第六会の理趣経としてあげるからである。

よって、大日経と同様に金剛頂経にも共通して法爾常恒本と、分流の十八会の十万頌広本と、略本の『初会金剛頂経』の三種類が存在したことになる。この南天の鉄塔で相承された金剛頂経が十万頌十八会の本であったことは、空海のもう一つの『理趣経開題　生死之河[14]』にも、「十万頌十八会あり」と明記されていることからも知られる。

このように、金剛頂経にも法爾常恒本・広本・略本の三本が存在するとした空海の伝承は、不空の『都部陀羅尼目』や『十八会指帰』『金剛頂経義決』による中国密教の伝承を受けたものである[15]。

十八会の経典と儀軌

不空の『十八会指帰[16]』には、南天の鉄塔で相承された十八の説法会で説かれた十万頌の経典名と説処が示されている。

表1においては、不空の『十八会指帰』に、それを引く空海の『金剛頂経開題[17]』と『教王経開題[18]』を対比させながら、その若干の異なりを示した。

表1　十八会の経典と説処

	『十八会指帰』		『金剛頂経開題』		『教王経開題』	
会処	経典名	説処	経典名	説処	経典名	説処
初会	一切如来真実摂教王		一切如来真実摂大乗現証大教王	（阿迦尼吒天）	同	阿迦尼吒天宮
二会	一切如来秘密王瑜伽	色究竟天	同	同	同	同
三会	一切教集瑜伽	法界宮殿	同	同	同	同

四　会	降三世金剛瑜伽	須弥盧頂	同	同	同	須弥楼頂
五　会	世間出世間金剛瑜伽	波羅奈国空界中	同	同	同	同
六　会	大安楽不空三昧耶真実瑜伽	他化自在天宮	同	同	大安楽不空三昧真実瑜伽	同
七　会	普賢瑜伽	普賢菩薩宮殿中	同	同	同	同
八　会	勝初瑜伽	普賢宮殿	同	同	同	同
九　会	一切仏集会拏吉尼戒網瑜伽	真言宮殿	同	同	同	同
十　会	大三昧耶瑜伽	法界宮殿	同	同	同	同
十一会	大乗現証瑜伽	阿迦尼吒天	同	同	同	同
十二会	三昧耶最勝瑜伽	空界菩提場	同	虚空界菩提場	同	同
十三会	大三昧耶真実瑜伽	金剛界曼荼羅道場	同	同	同	同
十四会	如来三昧耶真実瑜伽	／	同	／	同	／
十五会	秘密集会瑜伽	秘密処	同	同	同	同
十六会	無二平等瑜伽	法界宮	同	同	同	同
十七会	如虚空瑜伽	実際宮殿	同	同	同	同
十八会	金剛宝冠瑜伽	第四静慮天	同	同	同	同

（斜線は記述のないことを示す。同とは、『十八会指帰』の記述と同じという意味）

また、この略本である初会の『金剛頂経』以外に伝統的によく知られている十八会の経典は、第六会の『七巻・

理趣経』（不空訳『仏説最上根本大楽金剛不空三昧大教王経』七巻、大正八、№二四四）と、第十五会の『秘密集会瑜伽（秘密集会タントラ）』（施護訳『仏説一切如来金剛三業最上秘密大教王経』七巻、大正一八、№八八五）がある。[19] これ以外の十八会に該当する経軌も証定が進んでいるが確定したものではない。しかし、この『十八会指帰』の内容は、十万頌広本とされる金剛頂経の全体像を知るためには有益となる。[20]

第二節　初会の金剛頂経

初会の金剛頂経（『金剛頂経』という）とは、『十八会指帰』の初会（第一会）で説かれた略本の経典で、金剛頂系経軌の根本経典とされるものである。[21]

略本には、

①金剛智訳『金剛頂瑜伽中略出念誦経』（四巻）
②不空訳『金剛頂一切如来真実摂大乗現証大教王経』（三巻）
③施護訳『一切如来真実摂大乗現証三昧大教王経』（三十巻）
④サンスクリット本『真実摂経』（Tattvasaṃgraha）
⑤チベット訳本『一切如来真実摂経』（Sarvatathāgata-tattva-saṃgraha nāma mahāyānasūtra）

とがあり、空海が重要視するのは、この不空訳三巻本である。この三巻本の内容は、施護訳三十巻本の「金剛界品（第一～第八）」の中の「金剛界大曼拏羅広大儀軌分（第一～第六）」に相当する。[22]

施護訳の三十巻本は、空海帰朝後の宋代・太平興国五年（九八〇）に入宋した天息災と共に施護が大中祥符五～

八年（一〇一二〜一〇一五）にかけて翻訳したもので、その奥書によれば四千頌のサンスクリット本からの漢訳であるとされる。この施護訳本は、サンスクリット本の『真実摂経』[23]と、チベット訳の『一切如来真実摂経』[24]とよく合う。

この施護訳の三十巻本の内容は、「金剛界品」・「降三世品」・「遍調伏品」・「一切義成就品」の四大品と、「広大教理分」（随応方便・秘密法用・最上秘密・勝上）の五部に分かれている。[25]

毘盧遮那如来と大毘盧遮那如来

毘盧遮那如来と大毘盧遮那如来の関係は、『大日経』では明確にされないが、『金剛頂経』になると大毘盧遮那如来の大に二種類の意味を持たせる。

一つは、大毘盧遮那如来は、金剛手をはじめとする九億九千万の菩薩たちと、ガンジス河の砂に等しい数の如来たちと共に色究竟天の大摩尼殿に住しておられたが、この仏・菩薩たちの中で功徳が最も優れているために「大」というとする。[26]

第二は、法身毘盧遮那如来の理智が五股金剛杵を持つ大菩提心の月輪となって、一切如来の心に住す。これは、理の月輪と月輪の中央に住する智の五股金剛杵を法身大毘盧遮那如来と呼ぶときの**大**の用例である。[27]

空海は、『秘蔵宝鑰』巻下に不空訳『金剛頂一切如来真実摂大乗現証大教王経』[28]の経文を引用して、次のようにいう。

婆伽梵《ばがぼん》・大菩提心・普賢大菩薩は、一切如来の心《むね》に住したまう。

この経文の普賢大菩薩とは普賢菩薩の菩薩名ではなく、世尊毘盧遮那如来の心にある五股金剛杵が住する月輪のことであり、この月輪が毘盧遮那・阿閦・宝生・弥陀・不空成就の一切如来の心に同様に住するとする。この月輪を法身大毘盧遮那如来と呼び、月輪が心に住する如来を一切如来と呼ぶ[29]。

一切如来という呼び名は、毘盧遮那如来自身を呼ぶ場合と、『初会金剛頂経』のように四如来を指し示す場合と、『大楽金剛不空真実三昧耶経般若波羅蜜多理趣釈』[30]（以下『理趣釈経』）と、空海のように毘盧遮那如来と四如来を合わせた五如来を指す場合もある。

上記の用例によって、金剛頂系思想による大毘盧遮那如来と毘盧遮那如来の違いを示した。

この法身が一切如来の心に住するとする先駆思想は、『八千頌般若経』に「諸の如来たちは、諸の法身である dharma-kāyās tathāgatāḥ」[31]という記述に見られる複数の如来たちにそれぞれ法身が住するとする思想を受けたものである[32]。

註

（1）ブッダグフヤ『タントラールターヴァターラ *Tantrārthāvatāra*』（東北№二五〇一）、シャーキャミトラ『略タイトル・コーサラーランカーラ *Kosalālaṃkāra tattvasaṃgrahaṭīkā*』（東北№二五〇三）、アーナンダガルバ『略タイトル・タントラタットヴァーローカカリー *Sarvatathāgatatattvasaṃgrahamahāyānābhisamaya nāma Tantratattvālokakarī nāma vyākyā*』（東北№二五一〇）。

（2）唐の円照が八〇〇年（貞元十六）に撰した経典翻訳目録の『貞元新定釈教目録』巻第十四（大正五五、№二一五七、八七五頁b）。

（3）松長有慶『密教経典成立史論』（法藏館、一九八〇年）一九四～一九六頁。

（4）「この経に都て十万偈十八会あり、通じて金剛頂瑜伽と号す」（『金剛頂経開題』、『定本弘全』第四巻、六八頁、

（5）『弘全』第一輯、六九一頁）。

（6）『十巻章』の中では、六回、経典が「金剛頂経に云く（説かく）」として引用されている（福田亮成編『真言宗十巻章引用諸経論校勘』〈『東洋学研究』第十号、一九七六年〉頁上段の通番号、1、10、44、67、145、153参照）。

（7）『都部陀羅尼目』（大正一八、№九〇三、八九八頁c）。

（8）『金剛頂経大瑜伽秘密心地法門義訣』（大正三九、№一七九八、八〇八頁a～b）。

（9）『金剛頂経義訣』（大正三九、№一七九八、八〇八頁b）。

（10）大正一八、№八六九、二八四頁c～二八七頁c。

（11）『理趣経開題　弟子帰命』（『定本弘全』第四巻、一一〇頁、『弘全』第一輯、七二三頁）。

（12）「この経に惣じて三本あり。一には法爾常恒の本、諸仏の法曼荼羅これなり。二には分流の広本、龍猛の誦伝する所の十万頌の経これなり。三には略本、三千余頌あり」（『大日経開題　法界浄心』、『定本弘全』第四巻、四頁、『弘全』第一輯、六三四頁）。

（13）梅尾祥雲は、金剛頂経の法爾常恒本の存在の出典を明記しないが『大日経』と共に法爾常恒本が存在するとする（『真言宗読本　教義編』一九四八年、一八〇～一八七頁）参照。

（14）チベットの大学者プトンの四部タントラの分類では、本経がヨーガ・タントラの根本であるとされる。拙稿「Buddhaguhya の Tantra 分類法」（『印度学仏教学研究』二一巻二号、一九七三年、一〇〇八～一〇〇四頁〈横組五五～五九頁〉）参照。

（15）『理趣経開題　生死之河』（『定本弘全』第四巻、一一六頁、『弘全』第一輯、七二八頁）。

（16）したがって、真言宗の宗学者たちは、師空海が唱えた金胎両部の広本の存在を批判することなく容認し証明に努めてきたのである。というのも、師の教えは絶対的なものであるため、宗学には師の説を批判したり修正したりすることが許されなかったからである（肯定説は小野玄妙〈『小野玄妙仏教芸術著作集』第二巻、開明書院、一九七七年、四九五頁〉。これに対し、近代の文献学では、空海が根本資料とした不空の『金剛頂経義訣』を不空の真作ではないと疑問視し、『十八会指帰』の記述に広本を立証するだけの内容が記されていないとして、金剛頂経の十万頌広本の存在そのものを疑ってきた否定説には、大村西崖〈『密教発達志』国書刊行会復刻版、一九七二年、四八六頁〉、鈴木宗忠〈『秘密仏教』東陽堂書店、一九七八年、一〇九～一一六頁〉、松長有慶〈前掲註3松長『密教経典成立史論』一八七～一九六頁〉がある)。

今後、この開題類の、大日経と金剛頂経に法爾常恒本と広本と略本の三種を認めてきた空海のバランス感覚を、どのように解釈すべきであろうか。これらの点を考えるとき、つまるところ、客観的な文献学を踏まえながら、宗学の解釈学の良さをどのように生かせるかという点が、今後の文献学と宗学の間に問われる大きな問題点となるであろう。

(16)『金剛頂経瑜伽十八会指帰』(大正一八、№八六九、二八四頁c～二八七頁c)。『教王経開題』(『定本弘全』第四巻、一〇〇頁、『弘全』第一輯、七一八頁)。

(17)『金剛頂経開題』(『定本弘全』第四巻、六八頁、『弘全』第一輯、六九一頁)などである。「十万頌三百巻十八会」(『教王経開題』、『定本弘全』第四巻、一〇〇頁、『弘全』第一輯、七一八頁)。

(18)『教王経開題』(『定本弘全』第四巻、一〇〇～一〇二頁、『弘全』第一輯、七一八～七一九頁)。

(19)前掲註(3)松長『密教経典成立史論』一八七～一九六頁。

(20)『十八会指帰』の一々の経軌については、奥山直司の紹介がある(「十八会指帰 開題」、『新国訳大蔵経 金剛頂経・理趣経他』密教部四、二〇〇四年、一三八頁)。

(21)プトンの四部タントラの分類では、本経がヨーガ・タントラの根本とされる。前掲註(13)拙稿「Buddhaguhya の Tantra 分類法」。

(22)大正一八、№八八二、目次(四～五頁)参照。

(23)施護訳のコロホン(大正一八、№八八二、四四五頁b)参照。

(24)『梵初会金剛頂経』(堀内本)。同名の *Tattvasaṃgraha* に寂護(Śāntarakṣita、七二五～七八八頃)の『摂真実論』

(*Tattvasaṃgraha*) もあるから要注意。

(25) 東北No.四七九、ña 帙。

(26) 拙稿「法身説法について――Vairocana と Mahāvairocana――」(『密教学研究』第一七号、一九八五年、二五～三九頁)。

(27) 不空訳『金剛頂一切如来真実摂大乗現証大教王経』(大正一八、No.八六五、二〇七頁c)。

(28) 『秘蔵宝鑰』(『定本弘全』第三巻、一六四頁、『弘全』第一輯、四六二頁)。

(29) この関係を「マハーヴァイローチャナの智が善逝の御心に住して」とも記される(前掲註26拙稿「法身説法について――Vairocana と Mahāvairocana――」三二頁)。

(30) 『理趣釈経』(大正一九、No.一〇〇三、六〇七頁a、b、六〇九頁b)。

(31) 拙著『法身思想の展開と密教儀礼』(法藏館、二〇〇九年)五九頁。

(32) 前掲註(31)拙著『法身思想の展開と密教儀礼』七二頁、『大智度論』巻第九(大正二五、No.一五〇九、一二一頁c～一二二頁a)。

第十三章　『金剛頂経』の曼荼羅

『金剛頂経』の「金剛界品」・「降三世品」・「遍調伏品」・「一切義成就品」の四品には、不空の『金剛頂経瑜伽十八会指帰』[1]（以下『十八会指帰』）によれば二十八種類の金剛頂経系曼荼羅が、次頁の表1のように説かれるとする。

この二十八種類の曼荼羅は、

①大曼荼羅
②三昧耶曼荼羅
③法曼荼羅
④羯磨曼荼羅
⑤四印曼荼羅
⑥一印曼荼羅

の六種曼荼羅が基本となっている。このように『初会金剛頂経』は、六種類の曼荼羅を基本としながら、二十八種類の曼荼羅から成り立っているのである。

表1　四品の二十八種曼荼羅

総数	品名・曼荼羅名	説所
	金剛界品の曼荼羅（六種類）	（色究竟天）
1	①金剛界大曼荼羅（三十七尊）	
2	②陀羅尼曼荼羅（三十七尊）	
3	③微細金剛曼荼羅（三十七尊）	
4	④一切如来広大供養羯磨曼荼羅（三十七尊）	
5	⑤四印曼荼羅法	
6	⑥一印曼荼羅	
	降三世大品の曼荼羅（十種類）	須弥山頂
7	①大曼荼羅（三十七尊）	
8	②秘密曼荼羅（三十七尊）	
9	③法曼荼羅（三十七尊）	
10	④羯磨曼荼羅（三十七尊）	
11	⑤四印曼荼羅（二十一尊）	
12	⑥一印曼荼羅（十七尊）	
13	⑦教勅大曼荼羅（三十七尊）	
14	⑧教勅三昧耶曼荼羅（三十七尊）	
15	⑨教勅法曼荼羅（三十七尊）	
16	⑩教勅羯磨曼荼羅（三十七尊）	
	遍調伏大品の曼荼羅（六種類）	
17	①大曼荼羅（三十七尊）	

18	②三昧耶曼荼羅（三十七尊）	
19	③法曼荼羅（三十七尊）	
20	④羯磨曼荼羅（三十七尊）	
21	⑤蓮華部四印曼荼羅（二十一尊）	
22	⑥蓮華部中一印曼荼羅（十三尊）	
	一切義成就大品の曼荼羅（六種類）	
23	①大曼荼羅（三十七尊）	
24	②秘密三昧耶曼荼羅（三十七尊）	
25	③法曼荼羅（三十七尊）	
26	④羯磨曼荼羅（三十七尊）	
27	⑤四印曼荼羅（二十一尊）	
28	⑥一印曼荼羅（十三尊）	

第一節　金剛界九会曼荼羅と四種曼荼羅

金剛界九会《くえ》曼荼羅は、空海の『御請来目録』(2)に「金剛界九会曼荼羅一鋪　七幅一丈六尺」とあることから、中国の青龍寺で使用されていた同形のものと知ることができる。

この金剛界九会曼荼羅は、『金剛頂経』の「金剛界品」からの六種と、「降三世品」からの二種と、第六会の『大《たい》楽金剛不空真実三昧耶経《らくこんごうふくうしんじつさんまやきょう》　般若波羅蜜多理趣品』（以下『理趣経』）からの一種の曼荼羅を抽出した九種類の曼荼羅を一枚の画布の上に画いたものである。

表1の「金剛界品」の①〜⑥と、「降三世（大）品」の①と②の八種類曼荼羅を配当すれば、表2のようになる。

したがって、この九会曼荼羅は、一つひとつが独立した曼荼羅であり、基本となるものは中央の金剛界大曼荼羅の成身会である。これら九種類の曼荼羅は、すべて下側が東であり、『大日経』[3]の大悲胎蔵生曼荼羅が上側を東とする説と反対である。

表2　金剛界九会曼荼羅

	①大曼荼羅（降三世品）	②秘密曼荼羅（降三世品）
⑥一印曼荼羅（金剛界品）	①金剛界大曼荼羅（金剛界品）	②陀羅尼曼荼羅（金剛界品）
⑤四印曼荼羅法（金剛界品）	④一切如来広大供養羯磨曼荼羅（金剛界品）	③微細金剛曼荼羅（金剛界品）

九会曼荼羅の解釈

空海の『金剛界黄紙《きがみ》次第』[4]の四会の順序は、『秘蔵記』[5]の「異本第三章文」[6]所説と同じであるが、『秘蔵記』[7]では、四会の詳しい解説（意趣）を示した後に、解説や『金剛界黄紙次第』とは異なる順序の九会曼荼羅図を示している。

まずその「金剛界四会曼荼羅」の解説（意趣）を示すと、

①成身会とは、毘盧遮那如来が吽字を誦じれば、五股金剛杵が空に現れて阿閦仏と成る。これを成身会という。

②羯磨会とは、三十七尊の種子真言と印契《いんげい》を説く。これを羯磨会という。

③三昧耶会とは、三昧耶の真言と印契とを説く。これを三昧耶会という。

④供養会とは、供養の儀式を説く。これを供養会という。

表3　『秘蔵記』異本第三章

○五智会 亦四印会	○一印会	○普賢会 亦理趣会
○供養会	○根本会 亦成身会	○降三世会
○微細会	○三昧耶会	○羯磨会

表4　現在流布の九会曼荼羅図(8)

⑤四印会	⑥一印会	⑦理趣会
④供養会	①成身会	⑧降三世会
③微細会	②三昧耶会	⑨降三世三昧耶会

とする成身会・羯磨会・三昧耶会・供養会の四種曼荼羅が説かれる。この成身会の意味は、中尊の毘盧遮那如来が吽字と、タラク字と、キリク字と、アク字を誦ずるとき、その各種子が阿閦・宝生・弥陀・不空成就の身と成り、以下他の曼荼羅諸尊の種子を誦じると、その各々の種子がまた諸尊の身と成る（成身）。その意味で成身会という名前が付けられたとするのである。また、これにより、この成身会の諸尊の出生段が、後に説く毘盧遮那如来一尊より三十六尊を生み出す『聖位経』系であることが知られる。

したがって、ここではこの四種曼荼羅の各会の順序に沿って内容と名称を説明しているだけであり、この説明の後に説かれる九会曼荼羅の成身会・三昧耶会・微細会・供養会の順序とは無関係である（表3）。

それゆえに、この中の成身会から一印会までを見たとき、すでに見た『十八会指帰』の四品二十八種類の中の「金剛界品」と、「遍調伏大品」の六種曼荼羅が、そのままの順序で掲載されているのである。

この『秘蔵記』異本第三章の九会曼荼羅が、現在流布している宗叡《しゅうえい》伝の九会曼荼羅図である（表4）。

九会曼荼羅の四会と四種曼荼羅との関係

さて、この九会曼荼羅図の中の成身会・三昧耶会・微細会・供養会の四会が、大・三昧耶・法・羯磨の四種曼荼羅に相当するという説が、古来から存する。

しかしながら、すでに見た『秘蔵記』の四会曼荼羅の内容が、次に見る空海の『即身成仏義』(9)に示す一般的な四種曼荼羅の解釈と異なることから、この両者を同一視する点には疑問がある。

空海の四種曼荼羅解釈

そこで、空海の『即身成仏義』(10)に示される『金剛頂経』の大・三昧耶・法・羯磨の四種曼荼羅の説明を、次に見てみよう。

①大曼荼羅、いわく一一の仏菩薩の（三十二）相と（八十種）好の身なり。またその形像を彩画するを大曼荼羅と名づく。また五相（成身観）を以て本尊の瑜伽を成ずるを、また大智印と名づく。

②三昧耶曼荼羅というは、すなわち所持の幖幟《ひょうじ》・刀剣・輪宝・金剛・蓮華等の類これなり。もし、その像を画するをもまたこれなり。また二手を以て和合して金剛を縛して成印を発生ずる、これまた三昧耶智印と名づく。

③法曼荼羅は、本尊の種子真言なり。もしその種子字、各々本位に書するこれなり。また法身三摩地と及び一切契経の文義等をもみなこれなり。また法智印と名づく。

④羯磨曼荼羅というは、すなわち諸仏菩薩等の種種の威儀事業等なり。もしは鋳もしは捏等をもまたこれなり。また羯磨智印と名づく。

この解釈によって見るに、九会曼荼羅の微細会と『即身成仏義』の種子によって画かれたとする法曼荼羅とは大きく異なる曼荼羅である。また、供養会も『即身成仏義』の鋳・捏等によって諸仏菩薩の種種の威儀事業を表すとする羯磨曼荼羅とは大きく異なっている。

したがって、『金剛頂経』の大・三昧耶・法・羯磨の四種曼荼羅を、九会中の四会の成身会・三昧耶会・微細会・供養会に合わせて同一と解釈するのは、間違いであるとしなければならない。

九会曼荼羅の上転と下転観

古来より、九会曼荼羅の観想次第に、上転と下転の二種類があるとする。しかし、空海の密教思想には、この観想法は示されていない。この上転と下転の二観を検討すれば、なにゆえに空海の密教にこの観想法が示されていないかが知られる。

上転とは、因位の修行として九会曼荼羅図の表4に示す⑨降三世三昧耶会から、順次時計回りとは逆に中央の果位の①成身会へ向かう従因向果の観想である。

下転とは、中央の果位の悟りの①成身会から下におりて、順次時計回りに因位の⑨降三世三昧耶会へ向かう従果向因で、悟りの智をもって因位の衆生界に釈迦の八相成道を示して衆生教化を行うまでを観想の範疇に収める。

この上転および下転の二観では、九会の曼荼羅諸尊と一座の行法で順次入我我入を行うこととなり、一座の行法で一曼荼羅を観想するとする点からしても、この二観は行法の理に適わない。したがって、この観想は、空海請来のものではなく、空海以後の日本密教の所産と見るべきであろう。

第二節　金剛界曼荼羅の二種の出生段

『金剛頂経』の「金剛界品」では、一切義成就菩薩は色究竟天で五相成身観を修して悟りを得た後に毘盧遮那如来となって須弥山に降り、初会の説法で三十七尊の金剛界曼荼羅を説いた(11)。

この金剛界曼荼羅の三十七尊出生段には、金剛頂経系と聖位経系との二種がある(12)。

金剛頂経系の三十七尊出生段

『金剛頂経』「金剛界品」所説の金剛界曼荼羅の出生段では、五相成身観で金剛界曼荼羅の諸尊と入我我入した後に、毘盧遮那如来と四如来が色究竟天から別々に須弥山頂に降下する。

最初に毘盧遮那如来が色究竟天から須弥山に降りて四面毘盧遮那如来となって坐すと、色究竟天に残っていた阿閦・宝生・阿弥陀・不空成就の四如来も須弥山に降りて毘盧遮那如来の四方に住する。このようにして須弥山に住する毘盧遮那如来と四如来との五如来は、別々に須弥山に降りて、三十二尊を互いに生み出して供養し合うのである。

まず最初に毘盧遮那如来は、四如来の一尊一尊に十六大菩薩を四尊ずつ四親近《しんごん》として生み出す。

すると次に四如来が、その返礼として毘盧遮那如来の四方に四波羅蜜菩薩を一菩薩ずつ生み出す。

するとまた毘盧遮那如来は、その返礼として内の四供養を生み出して、四如来の輪（曼荼羅）の外側の四隅に住させる。

するとまた四如来は、その返礼として外の四供養を生み出して、大輪の外側の方形の四隅に住させる。最後に、毘盧遮那如来が、その返礼として四門護の菩薩を生み出して、方形の四方の門に住させる。これによって、金剛界曼荼羅の三十七尊の出生段が終わる。この金剛界の五如来は、共に同格の尊として三十二尊を生み出すが、空海は『大日経』の五仏のように心王とは捉えていない(13)。

聖位経系の三十七尊出生段

『聖位経』の三十七尊出生段は、『金剛頂経』と異なって、毘盧遮那一尊から、三十六尊すべてを生み出すものである。この出生段は、金剛界法の観想で使用するものでもある。

空海が重要視する不空の『聖位経』では、『入楞伽経』を引用して、法界身の毘盧遮那如来から三十六尊を生み出し、自性身と受用身と変化身と等流身の仏徳三十六を表すとする(14)。この一尊から三十六尊を生み出す出生段では、心王は毘盧遮那如来一尊となる。このように、『金剛頂経』の五仏による出生と、『聖位経』の毘盧遮那如来一尊による出生との異なりが両経には存在するのである。

第三節　金剛界曼荼羅の諸尊

成身会曼荼羅

成身会の金剛界曼荼羅の三十七尊を五部に配し、四神を含めて図示すると、図1のようになる。

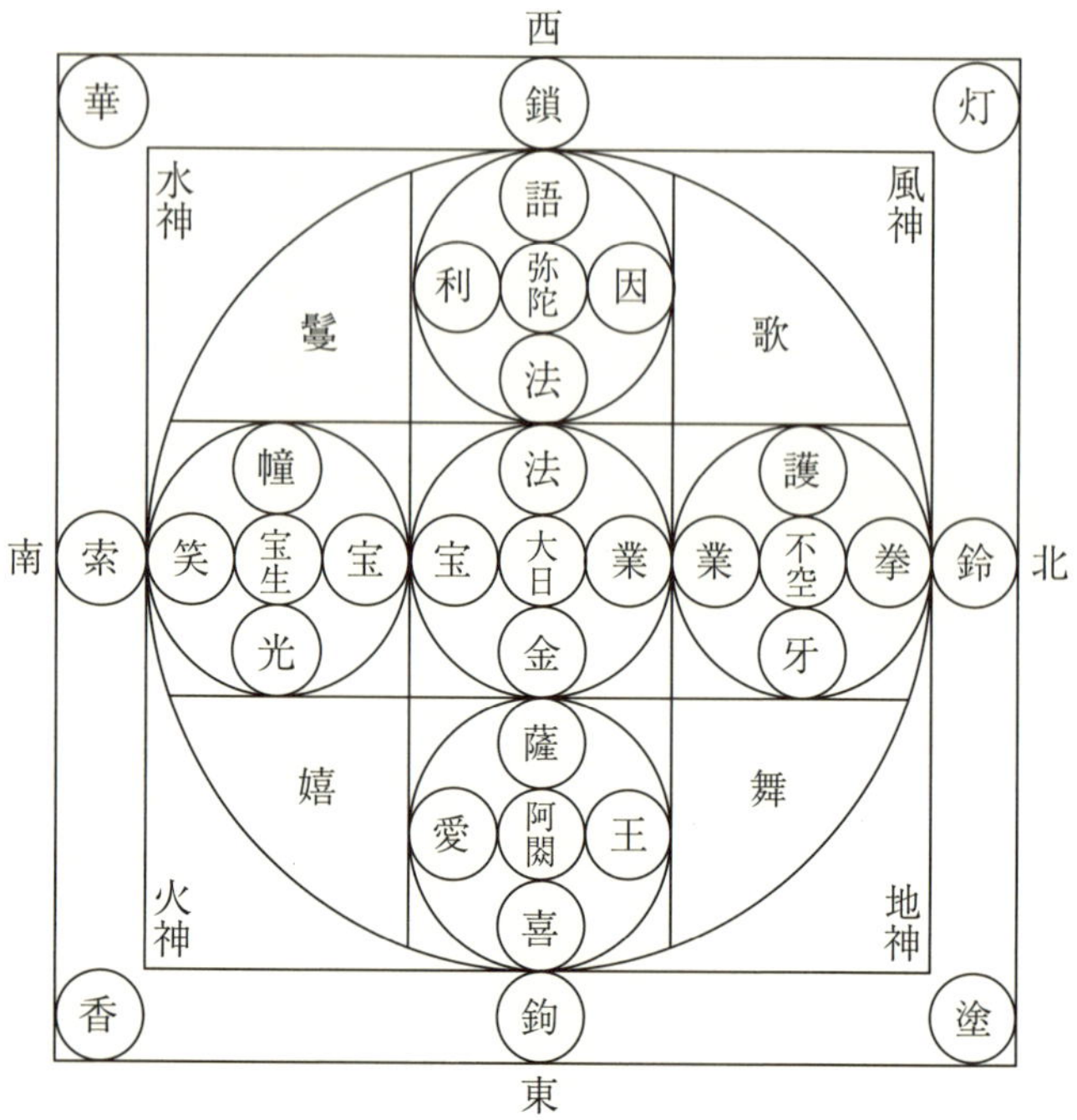
西
華
鎖
灯
水神
語
風神
利
弥陀
因
鬘
歌
法
法
幢
護
南
索
笑
宝生
宝
宝
大日
業
業
不空
拳
鈴
北
光
金
牙
薩
嬉
舞
愛
阿閦
王
火神
喜
地神
香
鉤
塗
東

図1　成身会曼荼羅

三十七尊の出生段

これら三十七尊の出生段を示すと、図1のようになる（尊名のゴシックは、記憶するための語句）。

《毘盧遮那如来と四如来》

五　如　来――毘盧遮那（**大日**）如来。**阿閦**如来・**宝生**如来・阿**弥陀**（無量寿）如来・**不空成就**如来。

《毘盧遮那如来から四如来に出生》

十六大菩薩――金剛**薩**埵菩薩・金剛**王**菩薩・金剛**愛**菩薩・金剛**喜**菩薩。金剛**宝**菩薩・金剛**光**菩薩・金剛**幢**菩薩・金剛**笑**菩薩。金剛**法**菩薩・金剛**利**菩薩・金剛**因**菩薩・金剛**語**菩薩。金剛**業**（羯磨）菩薩・金剛**護**菩薩・金剛**牙**菩薩・金剛**拳**菩薩。

《四如来から毘盧遮那如来の四方に出生》

四波羅蜜菩薩――**金**剛波羅蜜菩薩・**宝**波羅蜜菩薩・**法**波羅蜜菩薩・業（**羯**磨）波羅蜜菩薩。

《毘盧遮那如来から四如来に出生》

内の四供養――金剛**嬉**菩薩・金剛**鬘**菩薩・金剛**歌**菩薩・金剛**舞**菩薩。

《四如来から毘盧遮那如来に出生》

外の四供養――金剛**香**菩薩・金剛**華**菩薩・金剛**灯**菩薩・金剛**塗**菩薩。

《毘盧遮那如来から四如来に出生》

四門護（四摂）菩薩――金剛**鉤**菩薩・金剛**索**菩薩・金剛**鎖**菩薩・金剛**鈴**菩薩。

この三十七尊が、成身会曼荼羅の基本となるものである。

これに加え、この成身会の曼荼羅には、内輪の四隅に四神が次のように配され、内輪を守護する。

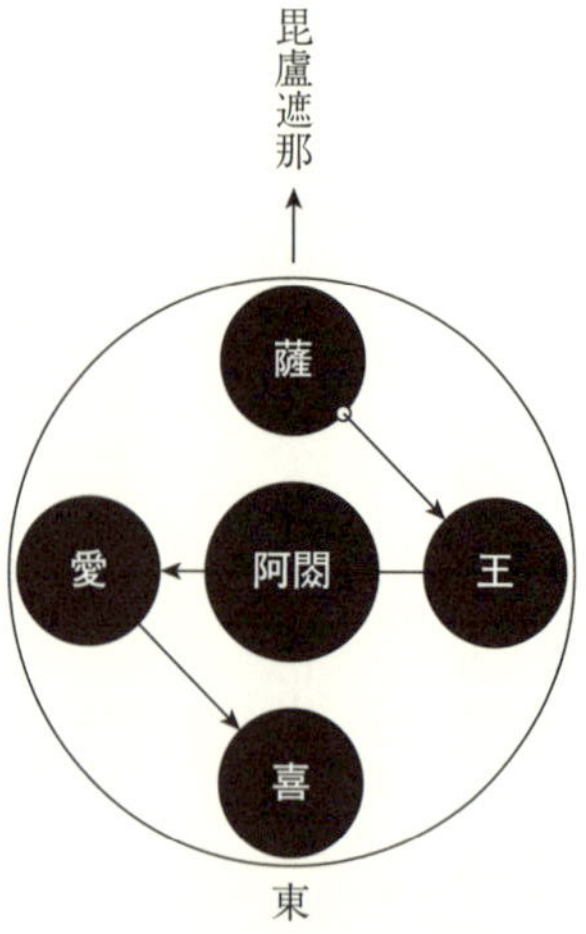

図2　四仏の四親近の配置

四神——　**地神**（東北）・**水神**（南西）・**火神**（東南）・**風神**（西北）

さらに、四門護と外の四供養妃の間に**賢劫千仏**と、外金剛部院に**二十天**が画かれ、これらを合わせると、成身会の諸尊は、計一〇六一尊となる(15)。

金剛界曼荼羅の五部と三十七尊

金剛界曼荼羅の五部は、時計回りに見れば、仏部（中央）・金剛部（東）・宝部（南）・法（蓮華）部（西）・羯磨（業）部（北）の五部であるが、すでに触れたように『大日経』の仏部・蓮華部・金剛部の三部に従って五部を見れば、**仏**部・**法**（**蓮華**）部・**金剛**部・**宝**部・**羯**磨（業）部となる(16)。

五部に三十七尊を対応させて示せば、次の通りである。

①**仏**部——　**毘盧遮那如来**（大日・中央）……**金**剛波羅蜜菩薩・**宝**波羅蜜菩薩・**法**波羅蜜菩薩・業（**羯**磨）

②法（蓮華）部――阿弥陀如来（西）……金剛法菩薩・金剛利菩薩・金剛因菩薩・金剛語菩薩。金剛歌菩薩。金剛鎖菩薩。
波羅蜜菩薩。金剛香菩薩・金剛華菩薩・金剛灯菩薩・金剛塗菩薩。

③金剛部――阿閦如来（東）……金剛薩埵菩薩・金剛王菩薩・金剛愛菩薩・金剛喜菩薩。金剛嬉菩薩。金剛鉤菩薩。

④宝部――宝生如来（南）……金剛宝菩薩・金剛光菩薩・金剛幢菩薩・金剛笑菩薩。金剛鬘菩薩。金剛索菩薩

⑤羯磨部――不空成就如来（北）……金剛業（羯磨）菩薩・金剛護菩薩・金剛牙菩薩・金剛拳菩薩。金剛舞菩薩。金剛鈴菩薩

四仏の四親近の配置

四親近の配置は、時計回りではなく、中央輪の毘盧遮那如来に向かって、阿閦如来の四方には金剛薩埵菩薩を正面前に、金剛王菩薩を右側に、金剛愛菩薩を左側に、金剛喜菩薩を後ろ側に配する（図2）。

これと同様に、宝生如来、阿弥陀如来、不空成就如来の四方にも各四親近が配される。(17)

第四節　四智と四種法身

空海は、『十住心論』巻第十で、[18]『聖位経』などの「金剛界遍照如来は、五智所成の四種法身を以て、……各々五智光明峯杵《ほうしょう》（五股金剛杵）より五億倶胝《くてい》の微細金剛を出現して虚空法界に遍満す」とする五智所成の四種法身を示しながら、この説明を二行割りで注記して、

五智とは、大円鏡智・平等性智・妙観察智・成所作智・法界体性智なり。これは五方の仏なり。次の如く東南西北中に配してこれを知れ。四種法身とは、自性身・受用身・変化身・等流身[19]なり。（意趣）

と記す。この自性身・受用身・変化身・等流身とする四種身は、不空訳の『聖位経』の説と同じであるが、金剛智訳の『金剛峰楼閣一切瑜伽瑜祇経』（以下『瑜伽瑜祇経』）では、これを自性法身・受用法身・変化法身・等流法身の四種法身として示す。したがって、『聖位経』の四種身は『瑜伽瑜祇経』所説の四種法身と同じと見る説が、一般的である。

上記の説に従って、この四種法身に四智を配当したものが、次のものである。

四種法身		**四智**	
①自性法身	——	大円鏡智	法界体性智（法身毘盧遮那如来）
②受用法身	——	平等性智	
③変化法身	——	妙観察智	
④等流法身	——	成所作智	

この四種身と四智の関係は、『聖位経』の毘盧遮那如来から三十六尊を生み出す立場のものであり、毘盧遮那如来が持つ法界体性智の一智から四智を生み出す思想によっている。

五身と五智と五仏

金剛頂経系密教の五智の先駆思想は、『仏説仏地《ぶつじ》経[20]』（以下『仏地経』）の五法と三身対比の思想の中に見られる。しかしながら、『仏地経』の清浄法界（法界体性）・如鏡智（大円鏡智）・平等性智・妙観察智・成所作智の五法に見られるように、清浄法界（法界体性）にはまだ智が付けられていない。それは、次の五法と三身の対比によって知られる[21]。

三身	五法
法身	清浄法界
	如鏡智
受用身	平等性智
	妙観察智
変化身	成所作智

この『仏地経』の五法の思想は、理法身の清浄法界の高台に智の如鏡智を据え、この如鏡智から平等性智・妙観察智・成所作智の三智を生み出すとすることから、法界体性の理の法身には、働きの智がなく、その理法身は如鏡智を法界の高台に据えて智法身とし、智法身の如鏡智より三智を生み出すとするのである。

それに対し、密教の五智は、理の法身を働きの智を具えた法界体性智とし、この法界体性智から四智を生み出すとするのである。

『秘蔵記』[22]には、毘盧遮那如来の三密の功徳を、法界体性智・大円鏡智・平等性智・妙観察智・成所作智の五智として釈し、次のようにいう。

①法界体性智とは、三密差別して、数ず刹塵に過ぎたり。これを法界と名づく。諸法の所依なるが故に、体というなり。法然不壊の故に名づけて性とす。決断分明なれば以て智とすることを得。

②大円鏡智とは、いわく自他の三密辺際あること無し。これを大と名づくなり。具足して欠けざるを円という。実智高く懸げて万像影現するは鏡の喩えなり。

③平等性智とは、清浄の智水、情非情を簡《きら》はざるが故に、彼此同如なるが故に、常住不変なるが故に、名づけて平等性智という。

④妙観察智とは、五眼高く臨んで邪正謬らざれば、由《ちな》んで以て名とす。

⑤成所作智とは、二利応作の故に、所作という。妙業必ず遂ぐるは成の称なり。

この五智は、毘盧遮那如来の法界体性智の功徳が、四智となり、それが四仏となって現れることを示すものである。

この金剛界の法身毘盧遮那如来を加えた『金剛頂経金剛界大道場毘盧遮那如来自受用身内証智眷属法事異名仏最上乗秘密三摩地礼懺《らいさん》文』（以下『三十七尊礼懺文』[23]）の五身と五仏に、『秘蔵記』[24]の五智を加えて示したものが、次のものである。

五　身		五　仏		（五　智）
①法　身	——	毘盧遮那如来（Vairocana）	——	（法界体性智）

②自　性　身　――　阿閦如来（Akṣobhya）――（大円鏡智）
③自受用身　――　宝生如来（Ratnasambhava）――（平等性智）
④他受用身　――　阿弥陀如来（Amitābha）――（妙観察智）
⑤変　化　身　――　不空成就如来（Amoghasiddhi）――（成所作智）

これは、『聖位経』の法身毘盧遮那如来から四仏を生み出す仏身説を示したものである。この中の自性身は、法身毘盧遮那如来の自性を有する阿閦如来の大円鏡智を持つ。この智は、唯識説で法界の高台に懸げた大円鏡智と同じであり、四魔を降伏した阿閦如来を自性身としたものである。

自受用身と他受用身

また、自受用身と他受用身は、唯識思想の受用身を二種に開いた仏格で、十地の菩薩たちに法を説く仏格でもあった。空海も自らの著作の中でこの他受用身を応身として示しながら、唯識説を依用している。

『聖位経』では、唯識の受用身を自受用身と他受用身の二種に開き、その異なりを説明する。その『聖位経』(25)の説が、次のものである。

受用身に二種あり。一には自受用（身）、二つには他受用（身）なり。毘盧遮那仏は内心において自ら受用すべき四智を証得す。大円鏡智と平等性智と妙観察智と成所作智なり。外の十地満足の菩薩をして他に受用せしめんが故に、四智の中から四仏を流出す。各々本方に坐して本座に住す。

この自受用（身）とは、受用身の毘盧遮那如来が自らが得た悟りの楽しみを享受しながら住している仏格であり、それは金剛界曼荼羅の中央に悟りを得て法身として顕現している自利の身である。この法身の法界体性智には、自利だけではなく、利他の智である大円鏡智と平等性智と妙観察智と成所作智の四智を受用している。

他受用（身）とは、自らの悟りの楽しみを他の十地の菩薩たちにも享受させる利他の身である。

『聖位経』でいうと、具体的には、金剛界曼荼羅の中央輪に住する受用身の毘盧遮那如来が自受用身の仏格であり、その毘盧遮那如来の四智（利他の智）から阿閦・宝生・阿弥陀・不空成就の四如来を生み出し十地の階梯で修行する菩薩たちに悟りの楽しみを享受させる受用身が他受用身の仏格である。

したがって、それを要約すると、次のようになる。

①自受用身……自ら悟りの楽しみを享受している自利の智を持つ身（毘盧遮那如来）
②他受用身……悟りの楽しみを他の菩薩にも享受させる利他の身（四如来）

変化身と等流身

唯識思想の変化身は、『聖位経』では二種に開いて変化身と等流身とする。この変化身は、初地以前の菩薩・声聞・縁覚・凡夫たちに法を説き、八相成道を示す釈迦をはじめとする変化身である。

この変化身については、『略付法伝』[26]に『聖位経』を引いて、

金剛頂瑜伽経に説く。如来の変化身、閻浮提の摩掲陀国の菩提道場において等正覚を成じて、地前の菩薩・声聞・縁覚・凡夫のために三乗の教法を説きたまう。

と記す。具体的には、奈良・東大寺の大仏の盧遮那仏や、鎌倉の大仏の阿弥陀仏などが変化身である。

等流身については、『楞伽経』に説かれる等流仏（nisyanda-buddha）と同じ仏格である[27]。したがって、その等流

（niṣyanda）とは、因と等しきもの、即ち因となる仏格から同じ仏格しか流出できないとする唯識思想の原則によって、受用身から法身や変化身を生み出したり、変化身から法身や受用身の異類身を生み出すことができない。その場合の流出仏を等流仏という。

空海は、『大日経開題　法界浄心』(28)の経題の「加持」の釈で、等流身を釈して、

加持とは等流身、すなわちこれ三界六道随類の身なり。

と、毘盧遮那如来の加持によって三界六道の衆生たちに説法し、救済するために生み出された変化身のもう一方が等流身であるとする。これによって、古来より特に地獄のものたちを救済する仏格が、この等流身であるとされる。

薩埵金剛と金剛薩埵

『金剛頂経』では、一切義成就菩薩が色究竟天で五相成身観を修行する場合に、薩埵金剛と金剛薩埵という二つを使い分ける。

五相成身観の観想に登場する薩埵金剛（sattva-vajra）とは、修行者の心《むね》の月輪に現れた五股金剛杵を指し、その修行者（金剛薩埵）の心にある金剛を指して「金剛薩埵の金剛」という意味で使われる言葉である。

これに対し、金剛薩埵（vajra-sattva）とは、五智と五仏を標示する五股金剛杵を心《むね》の月輪に持つ修行者を指して「金剛をもつ薩埵（人）」と呼ぶ場合の言葉である。

また、『大日経』の大悲胎蔵生曼荼羅に説かれる金剛薩埵は、金剛手とも呼ばれ、手に仏・蓮・金の三部を表す三股金剛杵を持つ。これに対し、『金剛頂経』の金剛界曼荼羅に説かれる金剛薩埵は、右手に五股金剛杵と左手に五股鈴を持ち、心《むね》の月輪中に五部を表す五股金剛杵を持つ。この点で、この両者は区別して扱わなければならない。

図3　密教のヴァジュラ（個人蔵）
（右から時計回りに，三股金剛杵，五股金剛杵，独股金剛杵）

図4　三股金剛杵
（出典：『ベルリンの至宝展――よみがえる美の聖域』東京国立博物館・朝日新聞社）

図5　五股杵を持つゼウス
（出典：『世界の神話伝説図鑑』原書房）

ギリシャ神話の雷霆と密教の金剛杵

密教の法具である金剛杵（図3）の起源は、紀元前一二〇〇年頃からインドのヴェーダ時代のインドラ神が持つ雷霆《らいてい》として始まる。さらにそれを前後して紀元前一〇〇〇年以上も前に槌や斧や三股の雷霆が存在していた。

その後のギリシャ神話では、ヘーパイストスがゼウスのために雷霆という武器を作り、ヒンドゥー教では天界の鍛冶トヴァシュトリがインドラ神の武器としてヴァジュラ（金剛杵・雷霆）を作った。インドラ神は、それを手に雷霆を投げつけて敵を攻撃する。

このように見てくると、ギリシャ神話の大神ゼウスとヴェーダのインドラ神の持つ雷霆と密教の法具のヴァジュラ（金剛杵）とは、よく似ている。[29] それに加えさらに興味深いことは、ヴェーダ時代のインドラ神の持つ雷霆の形が知られていない今、紀元前五〇〇から六〇〇年頃のギリシャ神話に示されるゼウスの三股（図４）や五股（図５）の雷霆が、インドラ神の持つ雷霆を彷彿とさせることである。

このように金剛杵（雷霆）の起源を尋ねることによって、本来の武器としての金剛杵の機能を実際に知ることが出来るのである。

註

（１）大正一八、№八六九、二八四頁ｃ～二八六頁ａ。

（２）『定本弘全』第一巻、三〇頁、『弘全』第一輯、九四頁。

（３）現時点ではまだ、なにゆえに大悲胎蔵生曼荼羅が上方を東とし、金剛界曼荼羅が下方を東とするかの理由は不明である。

（４）この次第は、空海の真作か否かが問われ、『定本弘全』は空海の偽作として取らない。「成身会――因より果に至る。羯磨会――成仏以後に仏の事業を行ず。三昧耶会――自他の三平等の理、相い融ず。供養会――自他平等に供養す」とある（『金剛界黄紙次第』、『定本弘全』欠、『弘全』第二輯、一九九頁、五相成身観は二〇八～二〇九頁、「已上成身会畢」二一八頁、「已上羯磨会畢」二二〇頁、「已上三昧耶会畢」二二二頁、「次大供養契　供養諸如来等」二二二頁～）。

（５）『秘蔵記』の著者と成立年代は本書の奥書に詳細に記されている（『秘蔵記』の「異本第三章文如左」以降は『定本弘全』には欠、『弘全』第二輯、七一～七三頁にはあり）。さらに、『秘蔵記』の作者、成立の年代などについての最近の研究については甲田宥吽の秘蔵記の解説に詳しい（『定本弘全』第五巻、三七三～三八〇頁）。

(6)『秘蔵記』異本第三章(『定本弘全』欠、『弘全』第二輯、五一頁)。
(7)『定本弘全』第五巻、一一七〜一一八頁。『弘全』第二輯、二頁。
(8)現在の九会曼荼羅図は、宗叡伝とされる。
(9)『即身成仏義』(『定本弘全』第三巻、二四〜二五頁、『弘全』第一輯、五一二〜五一三頁)。
(10)前掲註(9)『即身成仏義』と同じ。
(11)須弥山に降りて、その初会の説法で二十八種類の三十七尊の金剛界曼荼羅を説いた後、閻浮提に降りて変化身となって八相成道を示すとも説く(『十八会指帰』大正一八、№八六九、二八六頁a)。
(12)拙稿「『聖位経』所説の仏身論——報身と受用身を中心として——」(成田山仏教研究所紀要 第十五号特別号『仏教文化史論集I』一九九二年、一二六頁)。
(13)『十住心論』(『定本弘全』第二巻、三一〇頁、『弘全』第一輯、四〇〇頁)。
(14)『聖位経』(大正一八、№八七〇、二九一頁a)。拙稿「密教の法身思想」(『日本仏教学会年報』第五三号、一九八八年)参照。
(15)金剛界曼荼羅の四神(四大神)と、賢劫千仏、および外金剛部二十天については新出要素の典拠が、頼富本宏「現図金剛界曼荼羅の成立要因」に発表されている(『佛教文化学会十周年北條賢三博士古稀記念論集 インド学諸思想とその周延』山喜房佛書林、二〇〇四年)参照。
(16)『秘蔵記』(『定本弘全』第五巻、一五三頁、『弘全』第二輯、四〇頁)。
(17)この配置と同様に、『聖位経』では四波羅蜜菩薩もこの順序で配する。不空の三巻本などでは時計回りである。
(18)『十住心論』巻第十(『定本弘全』第二巻、三一六〜三一七頁、『弘全』第一輯、四〇六頁)。『聖位経』では「諸の天魔と一切の煩悩及び諸の罪障を離れて念々に消融して、仏の四種身を証す。いわく自性身と受用身と変化身と等流身なり。五智三十七等の不共仏法を満足す」(前掲註14拙稿「密教の法身思想」九六頁)。
(19)四種法身の説明下で、自性身・受用身・変化身・等流身の四種身を示すが、これらは自性法身・受用法身・変化法身・等流法身のことであるので、ここではこの四種法身に置き換えて示した。
(20)『仏説仏地経』大正一六、№六八〇。唯識の八識を転じて四智を得るとする転識得智の思想がこの先駆にある。
(21) 拙稿「Buddhaguhya の仏身論——胎蔵生曼荼羅の構成よりみた四身・五智・五色の関係——」(『密教文化』第一二二号、一九七八年、四五頁)、前掲註(14)拙稿「密教の法身思想」一〇五〜一〇六頁。
(22)『秘蔵記』(『定本弘全』第五巻、一二四〜一二五頁、『弘全』第二輯、八頁)参照。
(23)『三十七尊礼懺文』(大正一八、№八七八、三三六頁 a)、『金剛頂瑜伽三十七尊礼』(大正一八、№八七九、三三七頁 a〜b)。
(24) 前掲註(22)『秘蔵記』参照。
(25)『聖位経』(大正一八、№八七〇、二八八頁 b)。
(26)『略付法伝』(『定本弘全』第一巻、一二〇頁、『弘全』第一輯、五一頁)。
(27) 拙稿「『楞伽経』の Dharmatā-buddha と Niṣyanda-buddha」(『密教文化』第一五〇号、一九八五年)。
(28)『大日経開題　法界浄心』(『定本弘全』第四巻、一一頁、『弘全』第一輯、六四〇〜六四一頁)。
(29) 磯部武男「金剛杵の起原」(『考古学論研』第一〇号、二〇〇四年)。

第十四章　空海の教学を支える思想

第一節　密教との遭遇

求聞持法の体験と『三教指帰』

空海が中国へ留学を志したのは、求聞持法《ぐもんじほう》の体験と大和久米寺《くめでら》での『大日経』との出合いであった。求聞持法との出合いは、ある沙門から記憶力の増進が得られるとして授けられたもので、空海はこの法を修して阿波の大滝《たいりよう》岳《のたけ》に登っては霊験を体得し、土佐の室戸岬においては虚空蔵菩薩の化身である明けの明星（金星）が口に飛来したという摩訶不思議な体験をしたという。(1)

また、夢により大和の久米寺の東塔で『大日経』を見て、(2)『大日経』の思想と実践を学ぶために中国長安への留学を決意する。

大学時代に儒教・道教・仏教という中国文化の新風を学んだ空海は、三教の中で仏教が最も優れているとして、延暦十六年（七九七）二十四歳のときに書いた出家の宣言書が『三教指帰《さんごうしいき》』(3)である。唐の長安への留学（八〇四〜八〇六年）が実現したのは、延暦二十三年（八〇四）三十一歳のときで、『三教指帰』を執筆してから七年後のことであった。

新仏教文化との接触

空海が、中国長安で学んだ密教思想は、インドから中国仏教界に伝わった中唐の新仏教であった。この新仏教の新しい顕密思想は、菩薩の機根に対する教主の法の説き方によって異なるとされる。

すなわち、顕教は応身（他受用身）と変化身の釈迦が教主となって三乗の機根を持つ一般の菩薩に顕示する教えとし、密教は法身大毘盧遮那如来が教主となって機根の勝れた大乗の菩薩に説く五部と三密の曼荼羅教であるとする。

空海は、帰国後、日本密教の開祖として密教の主要な思想を著述し、その法身説法の先駆思想が大乗仏教の中にあることを積極的に証明した。これは、空海の密教が、大乗仏教の一思潮であるということを証明するためのものでもあった。その上で、法身の毘盧遮那如来が説く密教は、応身や変化身の釈迦が説く顕教より優れているという中国密教の影響を受けた顕密教判思想を主張したのである(4)。

この新しい密教思想は、多くの経律論や、曼荼羅、法具類などとともに、空海によって我が国に延暦二十五年（八〇六）に請来された。

第二節　空海の『十住心論』の顕密思想

淳和天皇（生没年七八六～八四〇）の詔勅を承けて、天長年間（八二四～八三四）に真言宗の宗義を天下に明かしたものが、天長の六本宗書の一つとされる空海の『秘密漫荼羅十住心論』(5)（以下『十住心論』）十巻である。この『十住心論』が大部の書であったため、後に提出し直したものが『秘蔵宝鑰』(6)三巻である。

十住心の浅略と深秘思想

この『十住心論』では、第一住心の雄羊のような食と性欲に支配された愚かな無明の闇から脱け出して、明るい悟りの智を求めて向上する十段階の心のあり方を論じ、最後の秘密荘厳住心第十では、自心の源底を悟ったときに顕れる心の顕現を、(7)

秘密荘厳住心といっぱ、すなわちこれ究竟じて自心の源底を覚知し、実の如く自身の数量を証悟するなり。いわゆる胎蔵海会の曼荼羅、金剛界会の曼荼羅、金剛頂十八会の曼荼羅これなり。

と示し、この自心の源底にある曼荼羅には、無量の心識と無量の身等を蔵し、この身語心の三密の数量が曼荼羅海会の諸尊であると知る境地が、秘密荘厳住心であるとされている。(8)

第十住心の真言の字門等では、毘盧遮那如来の諸説を密教と名づけ、釈迦の諸説を顕教と名づけて区別し、顕教の字門の解釈では字相のみを知るもいまだ字義（実義）を知らないとして、顕密の優劣を論じている。

『十住心論』の構造

『十住心論』では、その構造を十種の住心と顕密の関係から次頁のように示す。

この十住心の構造には竪横《しゆおう》の二面があり、竪には十重の深浅を表して教相判釈を示し、横には身語心の無量の三密の数量を塵数《じんじゆ》広多の諸心（両部曼荼羅の諸尊）として示している。(9) このことにより、第一から第九住心までが顕教に当たり、第十住心が密教に当たるとする空海の解釈が、後の九顕一密の解釈につながった。(10) (11) また横の解釈からは、生み出すものと生み出されたものとは平等であり差別がないとする曼荼羅思想から、第一から第十住心そのものには差別がなく平等ということになる。

住心	乗・宗				
異生羝羊住心第一	人乗以下		世間	顕教	
愚童持斎住心第二	人　乗		世間	顕教	
嬰童無畏住心第三	天　乗		世間	顕教	真言の密意（字相・字義）
唯蘊無我住心第四	声聞乗	小乗	出世間	顕教	真言の密意（字相・字義）
抜業因種住心第五	縁覚乗	小乗	出世間	顕教	真言の密意（字相・字義）
他縁大乗住心第六	法相宗（弥勒菩薩）	大乗	出世間	顕教	真言の密意（字相・字義）
覚心不生住心第七	三論宗（文殊菩薩）	大乗	出世間	顕教	真言の密意（字相・字義）
一道無為住心第八	天台宗（観音菩薩）	大乗	出世間	顕教	真言の密意（字相・字義）
極無自性住心第九	華厳宗（普賢菩薩）	大乗	出世間	顕教	真言の密意（字相・字義）
秘密荘厳住心第十	真言宗（法身毘盧遮那如来）	大乗	出世間	密教	真言の密意（字相・字義）

そこで、次に空海の主要な三部書を取り上げて、空海の即身成仏論と、「六塵に悉く文字（法曼荼羅）あり」という密教の言語観を見てみよう。

第三節　空海の主要な三部書

空海の著作の中に、即・声・吽の三部書といわれるものがある。三部書とは、『即身成仏義』[12]と『声字実相義』[13]と『吽字義』[14]である。この三部書は、『即身成仏義』が身密、『声字実相義』が語密、『吽字義』が心密というように、三密の順序で著されているとされる。

また、この『即身成仏義』と『声字実相義』は姉妹編ともされ、『声字実相義』には、『即身成仏義』を二度引用[15]している。

本書が著作された時代背景[16]には、南都六宗に法相宗の遠劫作仏《おんごうさぶつ》思想があり、即身成仏をそのまま認める仏教界の風潮になかった。そのために、空海は法相宗の主張を念頭に置きながら、南都六宗の仏教界に即身成仏を唱えたのが本書である[17]。

第四節　『即身成仏義』の思想

空海の『即身成仏義』は、顕教の三劫成仏に対し、密教の即身成仏を説く。本書では、『大日経』と金剛頂経と『金剛頂瑜伽中発阿耨多羅三藐三菩提心論《ほつあのくたらさんみやくさんぼだい》』（以下『菩提心論』）の二経一論から八ヵ所の証文[18]を引いて即身成仏を論証している。

その論証の仕方は、本書の内容を二頌八句の偈頌《げじゅ》にまとめ、それに体・相・用・無礙諸仏・法仏成仏・無数・輪円・申す所のこの四句は成仏の二字を明かす。の語（『定本弘全』）を配して著者である空海自らが解説している。

それを即身の偈と成仏の偈の二頌八句に区分したものが、次のものである。

六大無礙にして常に瑜伽なり体
四種曼荼各々離れず相
三密加持して速疾に顕わる用
重重帝網のごとくなるを即身と名づく無礙諸仏

法然に薩般若を具足して法仏成仏
心数心王刹塵に過たり無数
各々五智無際智を具して輪円
円鏡力の故に実覚智なり申す所のこの四句は成仏の二字を明す。

【第一句】六大無礙にして常に瑜伽なり

最初のこの句では、空海は『大日経』[19]の「悉地出現品第六」を引用して、「この身を捨てずして神境通を逮得し大空位に遊歩して身秘密を成ず」と即身成仏の典拠を述べ、その具体的な観想法に『大日経』「秘密漫荼羅品」[20]の五字厳身観を引いて証明する。

まず、『大日経』「具縁品」[21]所説の五大の句「我覚本不生　出過語言道　諸過得解脱　遠離於因縁　知空等虚空」を引き、次に六大の真言の𑖀《ア》（a）・𑖪𑖰《ヴィ》（vi）・𑖨《ラ》（ra）・𑖮𑖳𑖽《ウン》（hūṃ）・𑖏𑖽《ケン》（khaṃ）・𑖮𑖳𑖽《ウン》（hūṃ）を釈して、『即身成仏』[22]は次のように記す。

阿《あ》字諸法本不生の義とは、即ちこれ地大。
縛《ば》字離言説、これを水大という。
清浄無垢塵とはこれ則ち囉《ら》字火大なり。
因業不可得とは訶《か》字門風大なり。

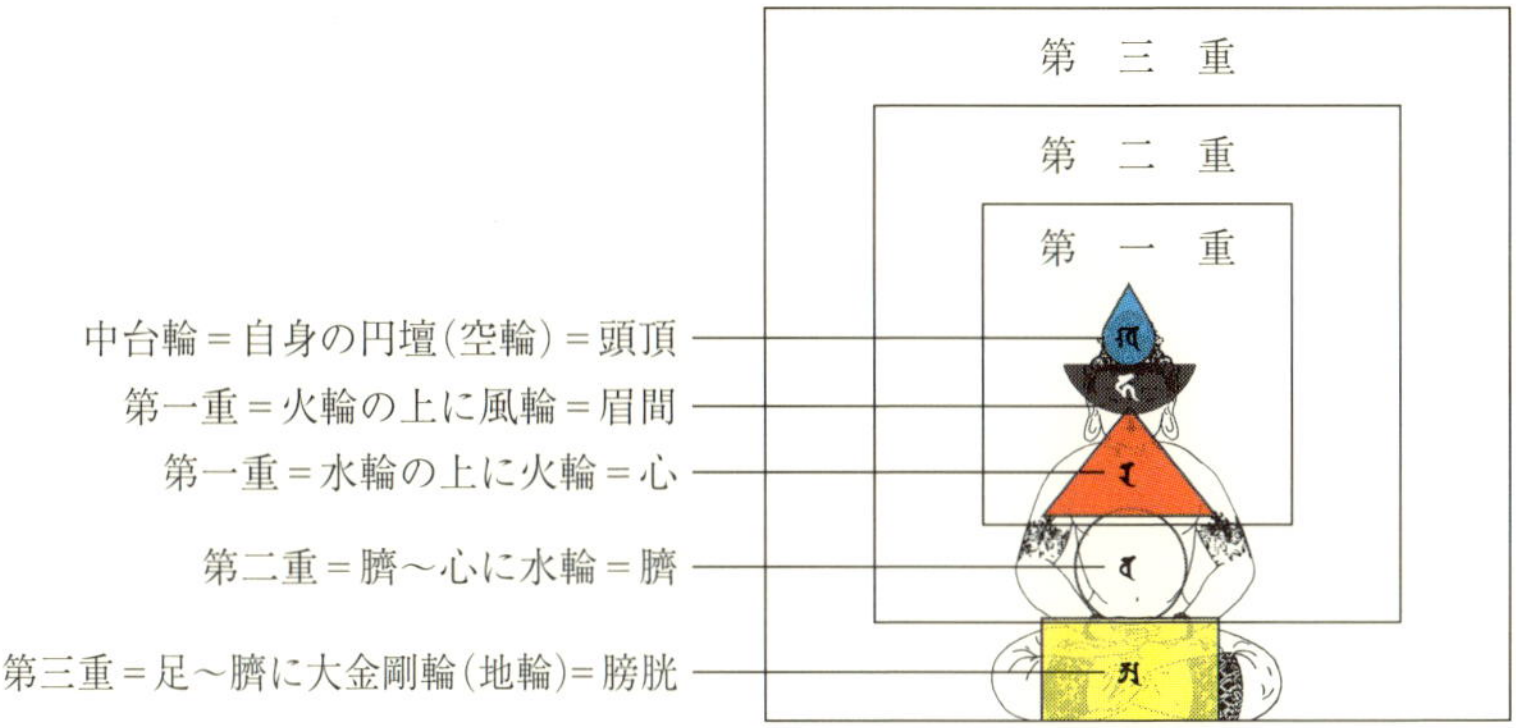

図1　三重曼荼羅と五字厳身観

等虚空とは欠字《けむ》なり。字相即ち空大なり。
我覚《がかく》とは識大なり。因位を識と名づけ果位を智という。智即ち覚なるが故に。

この我覚の我は、識大(23)の毘盧遮那如来のことであるから、地・水・火・風・空・識の六大から成り立っている身が毘盧遮那如来である。したがって、この六大の毘盧遮那如来が能生となって、大・三昧耶・法・羯磨の四種曼荼羅と衆生世間・器世間・智正覚世間の三種世間を生み出すのである。この両者の関係を、六大を能生（生み出すもの）といい、四種曼荼羅・三種世間を所生（生み出されたもの）という。

次に、『大日経』の五字厳身観を引いて、行者の膀胱・臍・心《むね》・額・頭頂の五ヵ所に、𑖀《ア》（a）・𑖪《ヴァ》（va）・𑖨《ラ》（ra）・𑖮《カ》（ha《ハ》）・𑖏《キャ》（クハ kha）の五字から転じた方・円・三角・半月・宝珠形の五輪を布置する観想法を説く。その観想が『大日経』「秘密漫荼羅品」(24)に次のように説かれる。

真言者は円壇（中台輪）を　先ず自体（の頭頂）に置け
足より臍に至っては　大金剛輪（地輪）を成ず
これより心《むね》に至っては　まさに水輪を思惟すべし
水輪の上に火輪あり　火輪の上に風輪あり

この経文を『大日経疏』(25)の解釈に沿って自身に布置すると、図1のように三重の大悲胎蔵生曼荼羅の観想が現れる。

まず、空海は、この地・水・火・風の四大について、顕密の解釈の相違を述べる。すなわち、顕教は四大を非情とするが、密教は四大を大毘盧遮那如来から生み出された三昧耶身とする。その上で、行者は頭頂にキャ字から転じた空輪を布置し、曼荼羅中台の円壇に毘盧遮那如来の頭頂が住する三昧耶身となる。

以下、順次下から、行者は膀胱にア字から転じた地輪を布置し第三重の三昧耶身となり、臍にヴァ字から転じた水輪を布置し第二重の三昧耶身となり、心にラ字から転じた火輪と眉間にカ字から転じた風輪を布置して第一重の三昧耶身となるのである。

この五字厳身観によって悟りを得た行者の心大は識大となって六大が完成する。

この地・水・火・風・空・識の六大は、『大般若経』[26]や『瓔珞経』[27]に存在すると空海は指摘しながら、六大の相互の関係を、互いにさまたげ合うことなく常に結び合って離れることはないとする。この相互の関係を「無礙にして常に瑜伽なり」というのである。

【第二句】四種曼荼各々離れず

この第二句では、この六大から生み出されるものが、四種曼荼羅や、三種世間であると説くことはすでに触れた。

四種曼荼羅では、『大日経』「説本尊三昧品」の字・印・形像の三種秘密身を引いて、それに大・三昧耶・法・羯磨の四種曼荼羅を当てて、表1のように説く。

表1　三種秘密身と曼荼羅

三種秘密身	三密曼荼羅	四種曼荼羅
字	語曼荼羅	法曼荼羅
印	心曼荼羅	三昧耶曼荼羅
形像	身曼荼羅	大曼荼羅
		羯磨曼荼羅

この大・三昧耶・法の三種曼荼羅の各々に威儀事業を具せば第四の羯磨曼荼羅となる。したがって、この羯磨曼荼羅は『金剛頂経』の本来独立している不空成就輪を羯磨曼荼羅とする場合とは異なっている。

この六大から生み出された『大日経』と『金剛頂経』の四種曼荼羅が、虚空（宇宙）の法界で各々が不離の関係を保ちながら遍満しているとするのが「四種曼荼各不離」である。

【第三句】三密加持して速疾に顕わる

この第三句では、まず金剛頂経系の『金剛頂経一字頂輪王瑜伽一切時処念誦成仏儀軌』(28)の心・額・口・頂の四処加持を説く。これによって、阿閦・宝生・阿弥陀・不空成就の如来の四智を自身の四所に加持し、最後に法界体性智を自身に加持して毘盧遮那如来である虚空法界身となるのである。

次に灌頂儀式については、金剛頂経系『金剛頂瑜伽金剛薩埵五秘密修行念誦儀軌』（以下『五秘密儀軌』）の師資相承句(29)を引き、弟子は師の阿闍梨から三密の菩提心を法財として相承し、毘盧遮那如来の法身・受用身・変化身の三身の果徳を得るとする。この後に、すでに説明したように、『即身成仏義』にしか説かない密教の具体的な加持を述べ、行者の清浄な心に毘盧遮那如来の三密の姿を写し取って溶け合う三密瑜伽を説く。

この加持感応の観想が用大としての三密加持となり、この三密の加持感応によって行者は毘盧遮那如来の法界身となって顕れることを「三密加持すれば速疾に顕わる」とするのである。

【第四句】重重帝網のごとくなるを即身と名づく

この第四句では、虚空法界に遍満する諸尊の三密がどれほどあろうとも、互いに溶け合い邪魔し合うことがない。

その様は、たとえば帝釈天宮に幾重にも張り巡らされた珠網の珠に映し出された光景が、互いに邪魔し合うことのないのと同じである。

それは、四種曼荼羅の諸尊が、我身・仏身・衆生身や、法身・応身（受用身）・化身・等流身の四種身、字・印・形像の三種秘密身などの身として存在するが、たとえば四方に据えた鏡が互いを映し合ってさまたげないように、または複数の灯明を灯すとき互いの光は他の輝きと渉入し合ってさまたげないように、それぞれの身はその身そのままにさまたげ合うことなく存在する。

その身と身のあり方を、彼身即此身（彼の身はそのままに此の身であり）、此身即彼身（此の身はこのままに彼の身である）というように、それぞれの身に即してそのままに互いが存在し合っているのである。このそのままにある身を「即身」という。

それを証明するために、次のように三等無礙の真言をあげて解説する。

アサメー　トゥリサメー　サマイェー　スヴァーハー asame tri-same samaye svāhā（無等なるものよ　三平等なるものよ　三昧耶よ　スヴァーハー）

この真言に示される三平等の三法は、仏・法・僧であり、身・語・心であり、心・仏・衆生であるが、これは常に平等であって、一であり、かつ無量であり、いつまで経っても雑乱することがない。その有り様を「重重帝網のごとくなるを即身と名づく」と示したのである。

【第五句】法然に薩般若を具足して

この第五句の「法然具足」とは、自然のままにを意味し、諸法は自然のままに阿字本不生の理を顕しており、この理を悟った智を「薩般若《さはんにゃ》」という。

この智を空海は、一切智智と示しているから、この「薩羅婆枳孃嚢《さらばぎじやのう》」は一切智智（sarva-jña-jñāna）を意味するサンスクリット語の音写と見ていたようである。この一切智智には、金剛界曼荼羅の一切諸仏に具わる五智・三十七智と乃至刹塵の智を含むとする。

この自然のままに一切智智を有している様を「法然に薩般若を具足して」と示したのである。


【第六・七句】心数心王刹塵に過たり　各々五智無際智を具して

この第六句の心王と心数の関係では、心王が曼荼羅の五仏（五如来）となり、心数がその心王から生み出された諸尊となる。この関係を空海は『十住心論』(30)巻第十で、「五仏は即ち心王、余尊は即ち心数なり。心王心数その数無量なり」として、胎蔵生曼荼羅の毘盧遮那・宝幢・開敷華王・阿弥陀・天鼓雷音の五仏が心王となり、それから生み出された心数の諸尊がまた心王となって無数の心数を生み出す。これを繰り返しながら虚空法界に遍満する。

したがって、この「心数心王」の句は、心王の五仏から生み出された心数の諸尊に心王の五仏が住し、さらに他の諸尊を生み出すことによって、胎蔵生曼荼羅の無量の諸尊が法界に遍満する。その様を「心数心王刹塵に過ぎたり」と示したのである。

次の第七句では、『大日経疏』(31)の「一切智智というのは、即ちこれ智中の智なり。ただ一切種（智）を以て遍く一切法を知るには非ず」という顕密の一切智智観をあげ、顕教の人々は一切智智を釈迦の単数の一智とし、密教の人々は一切智智を虚空法界に遍満する複数の曼荼羅諸尊の智とする。

したがって、この句は、五仏の五智から生み出された無数の心王と心数の智を、法界に遍満する曼荼羅諸尊が各々具している。その様を「各々五智無際智を具して」と示したのである。

【第八句】円鏡力の故に実覚智なり

この第八句は、実際に成仏したものが、覚智を得た者と呼ばれる理由を述べる句である。「円鏡」とは、如来の心の鏡である如鏡智（大円鏡智）を法界の高台に懸けて寂然として一切を照らすものであり、その境地は、顚倒することもなく、謬《あやま》ることもない。

このような円明な智鏡の力を持たない覚者はいないから、円鏡の力を持つことを実際に智を覚ったものといわれる。これが「円鏡力の故に実覚智なり」という意味である。

このように、『即身成仏義』では、この身このままで成仏できるとする即身成仏が論じられたのである。そこでは、五字厳身観で阿字本不生などの五字を行者の身体に布置して真実の義である五大の字義を観想し（字）、五大から毘盧遮那如来の三昧耶身である法界塔婆に転じ（印）、法界塔婆から法身毘盧遮那如来となって成仏する（形像）と、その五大に識大が加わって能生（生み出す）の六大となり、これから生み出される四種曼荼羅や三種世間の法が所生（生み出される）の法となる観想が説かれたのである。

第五節　『声字実相義』の思想

『声字実相義』(32) の成立は、『即身成仏義』を二回引用(33)しているから、『即身成仏義』の執筆以後である。本書では、文字の起こりは、響きがあって声となり、声は物の名を表す字となり、字は真実の義を示す字義（実義）と実相となると説く。この実相こそ、まさに法身毘盧遮那如来であると説くのである。

本書の構成

本書の構成は、大意を述べる叙意と、声字の題名を釈し実相の義を述べる釈名体義と、問答とに分かれている。(34)

大意を述べる叙意

最初の大意では、法身毘盧遮那如来の説法は悉《ことごと》く文字による。その文字は、色声香味触法の六塵が本となっているから、六塵に悉く文字ありという。

この六塵の文字は、法身毘盧遮那如来の三密の働きとして、法界に遍満して常恒に加持の力で衆生界に働きかける。このように加持された毘盧遮那如来の法界体性智・大円鏡智・平等性智・妙観察智・成所作智の五智と自性法身・受用法身・変化法身・等流法身の四種法身が、十界(35)に遍満して衆生の教化に当たるが、それは悉く法身毘盧遮那如来の声字にほかならない。この声字から法身が実相として現れて説法すると説くのが、声字実相義の内容である。

釈名体義

第二の釈名体義では、『声字実相義』の題名を釈し、実相の義を述べる。この釈名体義は、「釈名」と「(出)体義」の二つにさらに分けられる。

i　釈名：声字の解釈

釈名とは、声字を釈して、呼吸をすれば響きが起こり、その響きを声という。その声は字となって必ずものの名を表す。響きの根本は声であり、文字の根本は六塵である。

声字は、必ずものの真実の姿を表す。これを実相という。この実相について、サンスクリット語文法の六離合釈をあげて、次のようにいう。

六離合釈(36)では、持業釈と隣近釈の二種が深秘釈であり、持業釈では声の外に字はなく、字は則ち声である。また隣近釈では、さらにこの関係を声と字と実相とは互に接近し、不離であるとする。これが、声と字の声字の解釈である。

ii　（釈）体義：字相と実相（字義）の解釈

この釈体義に二種(37)があり、引証とその解釈である。まず『大日経』「具縁品」の等正覚の真言に関する偈を引証として、

等正覚の真言の　言と名と成立の相(38)は
因陀羅宗の如くにして　諸義利を成就せり
増加の法句と　本名と行と相応する有り

を引き、真言の相に、言（pada）と名（nāma）と成立（vyañjana-kāya 文）の三種あることを示す。これについての解釈を空海は、『金剛頂経開題』(39)に、「一字の真言は言であり、二字の真言は名であり、多字の真言は成立（文）である」と説明している。

「因陀羅宗の如くにして　諸義利を成就せり」の因陀羅宗の解釈にも、顕密の異なりを示している。すなわち、顕教ではこれを帝釈（インドラ）の異名であるとするのに対し、密教ではこれを諸仏菩薩が無量の身雲を起こして三世に常住して説く声字実相の一々の言と名と成立の字義（実相）であるとするのである。

また、空海は一頌四句にまとめた声字実相の義を次のように、

五大にみな響き有り　　十界に言語を具す
六塵に悉く文字あり　　法身は是れ実相なり

と示して、自らが解説する。

この一頌四句の第一句は声の体をきわめ、第二句は真妄の文字をきわめ、第三句は内外の文字をつくし、第四句は実相をきわめるとする。

この第四句の「法身は是れ実相なり」の解説は、本書に欠落している。この詳細な理由は審《つまび》らかでないが、なんらかの意図があって省略された可能性が高い。

以下、この三句に沿って、声・字・実相の義をもって解説している。

五大にみな響き有り

この句の五大とは、地大・水大・火大・風大・空大である。空海は『即身成仏義』で、この中の四大を、顕教の人々は非情（構成要素）とし、密教の人々は三昧耶身とすることは、すでに触れた(40)。この立場に立って、密教の五大とは、阿《ア》 a・縛《ヴァ》 va・囉《ラ》 ra・訶《カ》 ha・佉《キャ》 kha であり、毘盧遮那から生み出された両部海会の曼荼羅諸尊であるとする。

この句の意味は、内外の文字である五大(41)は、悉く声と響きを具す。一切の音響は、五大を離れない。それは、五

大が声の本体であるから、したがって「五大にみな響き有り」とするのである。

十界に言語を具す

この句の十界とは、一切の仏界・一切の菩薩界・一切の縁覚界・一切の声聞界・一切の天界・一切の人界・一切の阿修羅界・一切の傍生《ぼうしょう》(畜生)界・一切の餓鬼界・一切の落迦(地獄)界であるとし、十界の一々に一切をつけて三千大千世界の十界の微塵の数に等しい一切に、悉く言語が具されていると強調する。

華厳経と金剛頂経と『大楽金剛不空真実三昧耶経般若波羅蜜多理趣釈』(以下『理趣釈経』)にいう十界のあらゆる言語は、声によって起こる。声より名字が起こり、名字は文字となる。文字に真妄の二種があり、九界の文字は妄語、第十界(仏界)の文字は真実である。真言者・真語者・如語者・不誑語者・不異語者の五種の語は、すべてマントラ(真言)のことであるとし、これを龍樹は秘密語といったともする。[43]この真言は、諸法の実相であり、『瑜伽金剛頂経釈字母品』の五十字門[44]や、『大日経』の「具縁品」[45]の三十四字門では真言を字母の阿字とし、阿字法身は如来の一々の密号であるとする。それは、『般若経』の四十二字門が阿字一字にすべての四十二字を含む[46]とする思想を受けて、阿字法身に一切の如来の名号を含むとされているのである。

この十界に諸法の字相となる妄語と真実語の真言が種々に遍満していることを、「十界に言語を具す」とするのである。

六塵に悉く文字あり

六塵とは、色・声・香・味・触・法の六つであって、この六塵の各々に文字の相があるとする。この中の色塵の字義の差別については、空海は『大日経』や『理趣釈経』や大乗の諸経論を引用しながら、内の感覚器官の声字と、外の感覚の対象である字義の差別を示す偈を、

顕形表等の色あり　内外の依正に具す
法然と随縁と有り　能く迷いまた能く悟る

と述べ、次にこれらを順に解説してゆく。

顕形表等の色あり

この句については、さらに顕色・形色・表色の順に解説している。

i　顕色

顕色とは、『大日経』(47)でいうところの黄白等の五大の五つの色である。本経の五大の色は、地大は黄、水大は白、火大は赤、風大は黒、空大は青である。しかし同経の「住心品」(48)では、心は青でもなく、黄でもなく、赤でもなく、白でもない。心はこれらの顕色として捉えられるものではないと遮し、この顕色の五色に執着心を起こしてはならないと戒めている。この点は、以下の形色と表色においても同様である。

ii　形色

形色には、長・短・麁・細・正・不正・高・下の八つの形があり、『大日経』でいうところの四大の方・円・三角・半月などの形でもある。(49)「住心品」(50)では、心は長でもなく、短でもなく、円でもなく、方でもない。ゆえに、

心は形色にあらずと遮すべしとも記される。

iii　表色

表色とは、ものを取ったり、捨てたり、屈伸したり、行住坐臥などの表に現れた動作のことである。『大日経』[51]では、心は男の所作でもなく、女の所作でもないゆえに、心は表色にあらずと遮せという。

内外の依正に具す

次の句の内外の依正（依報と正報）とは、衆生（有情）と器世界（仏国土）のことである。すなわち、衆生の身が依報であり、衆生の身のよりどころである物質世界が正報であるとするのである。

これに三つがある。一つには内色に顕・形・表の三色を具すことを明かし、二つには外色にもまた三色を具すことを明かし、三つには内外の三色が決定しているのではなく、互いに依報とも正報ともなり得ることを明かす立場である。内色とは有情（衆生）、外色とは器界の仏国土を指す。したがって、内外とはこの両者のことである。

ここに引用する『八十巻華厳経』[52]の文は、毘盧遮那如来が衆生のために神変を起こす記述である。すなわち、（毘盧遮那如来の）一一の毛孔の内に、微塵の数に等しい仏国土がある。その一一の仏国土の説法会では、世尊毘盧遮那如来が妙法を説いている。その一一の塵の中には、大小の仏国土があり、一切の仏国土の一一の塵中に毘盧遮那如来がみな入り、普く衆生の為に神変を起こしている。（偈頌の要約）

この仏と衆生と仏国土の三種の世界[53]には、大小の身土があって、互いに内外となり、互いに依正となっている。この内外の依正の中にも、必ず顕色と形色と表色があるというのが、この「内外の依正に具す」の内容である。

法然と随縁と有り

法然とは、法爾ともいい、法の自然のままの有り様（自性）をいう。随縁とは、法の自然のままの有り様が縁に随って現れ出ることをいう。

この法然と随縁については、『大日経』[54]を引き、この経文の明かす意味に二つあるとし、一つには法仏法爾の身土を明かし、二つには随縁の顕現を明かすとする。

i　法仏法爾の身土を明かす

最初の法仏法爾の身土を明かすとは、法身大毘盧遮那仏（如来）の依正とは、報身と応身と変化身と等流身の四種身である。その仏が住する仏国土が正報である。これを法仏法爾の身土という。したがって、法身大毘盧遮那仏は、法界性の身として法界宮殿に住され、諸々の諸尊を生み出している。この法身の依正が、法爾の所成であるから、法仏の身土は法然として自然のままに存在するという。

ii　随縁の顕現を明かす

次の随縁の顕現を明かすとは、この法界宮殿に住する法身大毘盧遮那仏から、報身（自受用身）と応身（他受用身）[55]と変化身と等流身の身土を生み出し、その仏国土に顕現する仏の名を毘盧遮那といい、釈迦ともいう。この依正の国土の報身と応身と変化身と等流身の四種身は、竪の縦軸に見れば大小や麁細があるが、横の横軸に見ればみな平等で同じである。

このように、身と土、法然と随縁の二義あることを「法然と随縁と有り」というが、これらの諸色（身土）にはみな悉く顕色・形色・表色の三種を具して、互いに依正となっているとするのである。

衆生の立場による法然と随縁

上記の仏の立場を衆生の立場に置き換えてみると、衆生にも法然としての本覚の法身があり、仏と平等である。この衆生の身土が、法然としての存在である。三界六道の身土は、自らの行いの業の縁によってもたらされるから、衆生の随縁といわれる。

能く迷いまた能く悟る

以上のような内外の諸色は、愚者にとっては毒となり、智者にとっては薬となる。すなわち、愚者はこれに能く迷い、智者はこれを能く悟るがゆえに、「能く迷いまた能く悟る」という。

法身は是れ実相なり

この句は、本書には欠けて見えないが、これを補う記述が『秘蔵記』に見えている。

それは、実相を観想する月輪観においてである。この観想では、心の上に月輪を安じ、その上に阿《あ》卑《び》羅《ら》吽《うん》欠《けん》の五字厳身観の真言を逆順に布置して誦じ、観想する。この字輪観によって心が清浄な菩提心となる。

このときに唱え観想する五字を声・字・実相に当てはめると、「声」とは口に字を誦ずることであり、「字」とは五字の字体（字義）を観ずることであり、「実相」とは五字の字義を観じて清浄な月輪に転ずることであるとする。

本書と『吽字義』の実相観によって、法身が毘盧遮那如来の実相となることを、当然この句には意図されているとみるべきである。

その『秘蔵記』[56]の文章が、次の、

浄菩提心観では、念誦の分限了わって、ただちに定印を結んで定に入って五字を観ぜよ。これ月輪観なり。また実相観なり。いわく阿卑羅吽欠なり。まず月輪を心の上に安ぜよ。輪の上に五字を布して、声と字と実相とを逆順に往返して観想せよ。声というは口に字を誦ずる声なり。字とは字体を観ず。実相とは字義を観ずるなり。

とするものである。

以上によって、すでに色塵の文の釈は終わったとして、六塵の中の声・香・味・触・法の他の五塵の解釈を省く。それとともに、最後の最も肝心な「法身は是れ実相なり」の句の解説と、第三の問答の段も欠けている。

この点は、従来から、なにゆえにこの部分が欠落しているのかが問題となった。しかし、いまだに真実は闇の中に眠っている。

しかし、従来の解釈では、他の声・香・味・触・法の五塵の解釈も、色塵の解釈に準じて知られるから、煩雑さを避けて略されたのであろうとされる。したがって、真言宗では、これをもって本書を欠けた所のない完全本と見るのである。

まとめ

『声字実相義』では、密教の法身説法の根源である種子・真言を、声・字・実相の順に見ながら、「声」としては五大にみな響きがあり、「字」としては十界に遍満する六塵に悉く文字があり、その字を観想した「実相」が法身（法《おしえ》の集合体）であるとされた。したがって三世にわたって常に説法する法身説法は、すべてが五大の響きであり、六塵の文字である。この文字の種子・真言を観想し誦ずれば、三千大千世界に遍満する諸尊も実相となって顕れる。これが、『声字実相義』の内容である。

註

（1）『三教指帰』（『定本弘全』第七巻、四一頁、『弘全』第三輯、三二四頁）。『御遺告』（『定本弘全』第七巻、三五一頁、『弘全』第二輯、七八二頁）、『遺告諸弟子等』（『定本弘全』第七巻、三八三頁、『弘全』第二輯、八二一頁）。

（2）『御遺告』（『定本弘全』第七巻、三五二頁、『弘全』第二輯、七八三頁）。また、この久米寺所蔵の『大日経』は玄昉請来以後の写本系統のものであった。この点については、武内孝善「奈良時代における『大日経』の受容」（『佛教文化学会十周年北條賢三博士古稀記念論集　インド学諸思想とその周延』山喜房佛書林、二〇〇四年）参照。

（3）『三教指帰』（『定本弘全』第七巻、四一頁、『弘全』第三輯、三二四頁）には、『聾瞽指帰』（『定本弘全』第七巻、三頁、『弘全』第三輯、二八七頁）というオリジナル版があり、序文と巻末の十韻詩が『三教指帰』と異なる。『聾瞽指帰』と『三教指帰』の詳しい解説は、『定本弘全』第七巻の和多秀乘・山陰加春夫の解説を参照のこと（『定本弘全』第七巻、四三九～四五九頁）。

（4）この空海が長安で学んだ新仏教思想については、本書の「第二章　唐代の新しい顕密思想」と「第三章　空海が学んだ唐代の新しい顕密思想」参照。

（5）『定本弘全』第二巻、一頁～、『弘全』第一輯、一二五頁。

（6）『定本弘全』第三巻、一一一頁～、『弘全』第一輯、四一七頁～。

（7）「秘密荘厳住心第十」（『定本弘全』第二巻、三〇七頁、『弘全』第一輯、三九七頁）。第一住心は雄羊のような食と性欲に支配された心境の段階、第二・第三住心の人天乗は、衆生の世間的な住心であり、第四から第十住心までは声聞・縁覚・菩薩の三乗の出世間住心である。そのうちの第四と第五住心では小乗の声聞・縁覚乗を、第六から第九住心では法相（弥勒菩薩）、三論（文殊菩薩）、天台（観音菩薩）、華厳（普賢菩薩）の各宗義の綱要を示しながら大乗の思想を示すとともに、第三住心から第十住心の各住心では、真言の字相・字義を観想して悟る真言の秘儀を示している。

第十住心の秘密荘厳住心では、自心の源底を悟ったときに現れる心の顕現を、曼荼羅海会として示している。

（8）出典は『大日経』巻六を指す（「秘密荘厳住心第十」、『定本弘全』第二巻、三〇八頁、『弘全』第一輯、三九八頁）。

（9）『十住心論』巻第十「秘密荘厳住心第十」（『定本弘全』第二巻、三〇七頁、『弘全』第一輯、三九七頁）。

（10）『十住心論』巻第十の「秘密荘厳住心」は、最後が欠落しているが、その原因は不明のままである（『定本弘全』第二巻、三二六頁、『弘全』第一輯、四一四頁）。

（11）「九顕一密」思想は、後の道範の『宝鑰問談鈔』や宥快の『十住心義林』などに論じられている。

（12）『定本弘全』第三巻、一五頁、『弘全』第一輯、五〇六頁。

（13）『定本弘全』第三巻、三三頁、『弘全』第一輯、五二一頁。

（14）『定本弘全』第三巻、五二頁、『弘全』第一輯、五三五頁。

（15）『声字実相義』に引用する『即身成仏義』は、『定本弘全』第三巻、三八頁、三九頁、『弘全』第一輯、五二四頁、五二五頁の二度である。

（16）栂尾祥雲によれば、本書の制作年代は弘仁七〜八年（八一六〜八一七）頃とする（『現代語の十巻章と解説』高野山出版社、二〇〇一年、訂正縮刷版、一八一頁参照）。

（17）前掲註(16)栂尾『現代語の十巻章と解説』一七七頁参照。

（18）二経一論八ヵ所の証文については、福田亮成編『真言宗十巻章引用諸経論校勘』（『東洋学研究』第一〇号、一九七六年）一五七〜一六四頁参照。

(19)『大日経』（大正一八、№八四八、二二頁a）。

(20)『大日経』（大正一八、№八四八、三一頁a、東北№四九四、tha 帙、fol. 204b）。

(21)『大日経』（大正一八、№八四八、九頁b）。

(22) この vi は vī と長音にするのが正しい。vīra は勤勇とか英雄の意味で、毘盧遮那菩薩を指す。この五大の意味については、『即身成仏義』は、真言の次に記す（『定本弘全』第三巻、一九〜二〇頁、『弘全』第一輯、五〇八頁）。

(23)「我覚とは識大なり。因位には識と名付け、果位には智という」（『即身成仏義』、『定本弘全』第三巻、二〇頁、『弘全』第一輯、五〇八頁）。

(24) 大正一八、№八四八、三一頁a。空海は『即身成仏義』で、円壇とは空輪（宝珠形）であるとする（『定本弘全』第三巻、二三頁、『弘全』第一輯、五一一頁）。酒井眞典『大日経の成立に関する研究』（高野山出版社、一九六二年）五一頁。

(25)『大日経疏』「秘密漫荼羅品」（大正三九、№一七九六、七二七頁a）。

(26)『大般若経』（大正六、№二二〇、三八一頁c、大正七、№二二〇、九二六頁a）。

(27)『菩薩瓔珞本業経』（大正一六、№六五六、一九頁c）。

(28) 不空訳『金剛頂経一字頂輪王瑜伽一切時処念誦成仏儀軌』（大正一九、№九五七、三二二頁c）。この五種身は、『三十七尊礼懺文』（大正一八、№八七八、三三六頁a）、『金剛頂瑜伽三十七尊礼』（大正一八、№八七九、三三七頁a〜b）にもあり。

(29)「その人、一切如来の心より生じ、仏口より生じ、仏法より生じ、法化より生じ（法より化生し）、仏の法財を得。（法財とはいわく三密の菩提心の教法なり）」（大正二〇、№一一二五、五三五頁b〜c）。拙著『法身思想の展開と密教儀礼』（法蔵館、二〇〇九年）二七九頁参照。

(30) ここでの五仏五智は、胎蔵生曼荼羅のものである（『十住心論』巻第十、『定本弘全』第二巻、三一〇頁、『弘全』第一輯、四〇〇頁）。

(31) 『大日経疏』（大正三九、№一七九六、五八五頁a）。

(32) 『定本弘全』第三巻、三五頁、『弘全』第一輯、五二一頁。

(33) 前掲註(15)参照。

(34) 『声字実相義』（『定本弘全』第三巻、三五頁、『弘全』第一輯、五二一頁）。

(35) 十界とは、地獄・餓鬼・畜生・阿修羅・人・天・声聞・縁覚・菩薩・仏の界である。

(36) 『定本弘全』第三巻、三六頁、『弘全』第一輯、五二二頁。

(37) 『定本弘全』第三巻、三七頁、『弘全』第一輯、五〇三頁。

(38) 「言と名と成立の相」とは『金剛頂経開題』に「梵の言名成立とは一字を言といい、二字を名という。多字は成立または句と名づくなり」（『定本弘全』第四巻、七五頁、『弘全』第一輯、六九六～六九七頁、『大日経』「具縁品」、大正一八、№八四八、九頁c、『大日経疏』「具縁品」、大正三九、№一七九六、六四九頁c。東北№四九四、tha帙、fol. 170a,「tshig daṅ miṅ daṅ brda yis mtshan〈言と名と文の相〉」拙稿「新校訂チベット文『大日経』（続）――第2章「入曼荼羅具縁真言品」――」『高野山大学論叢』第三二巻、一九九七年、五九頁）。弥勒の『宝性論』では、「名と句と文の集まり nāma pada vyañjana-kāya-saṃgṛhītaḥ」とする（*The Ratnagotravibhāga Mahāyānottaratantraśāstra*, ed. by E.H.Johnston and D.Litt Reserch Society, 1950, p. 18[15]）。前掲註(29)拙著『法身思想の展開と密教儀礼』八二頁参照。

(39) 『金剛頂経開題』（『定本弘全』第四巻、七五頁、『弘全』第一輯、六九七頁）。

(40) 本章第十四章の第四節『即身成仏義』の思想、二〇二頁を参照。

(41) 「内外の五大」以下の解釈は、『定本弘全』第三巻、三九頁、『弘全』第一輯、五二四頁。

(42) 前掲註(41)に同じ。

(43) 前掲註(41)『定本弘全』四〇頁、『弘全』五二五頁。

(44) 大正一八、No.八八〇、三三八頁b～三三九頁a。
(45) 大正一八、No.八四八、一〇頁a、『大日経疏』大正三九、No.一七九六、六五一頁a～六五六頁c。
(46) 前掲註(29)拙著『法身思想の展開と密教儀礼』三七～四六頁参照。
(47) 『声字実相義』(『定本弘全』第三巻、四一～四二頁、『弘全』第一輯、五二七頁)。『大日経』「具縁品」(大正一八、No.八四八、九頁a)。
(48) 『大日経』「住心品」(大正一八、No.八四八、一頁c)。
(49) 五大の空大の形は、この空大が虚空との接点を表すものであるから、その形は無い。ゆえに、四大のみに形があるのである。しかし、この虚空との接点は、宝珠の形で示されている。前掲註(47)『声字実相義』(『定本弘全』四二頁、『弘全』五二七頁)。
(50) 前掲註(48)と同じ。
(51) 前掲註(48)と同じ。
(52) 『八十巻華厳経』七巻(大正一〇、No.二七九、三六頁b)。
(53) 華厳経が説く、衆生世間・器世間・智正覚世間の三種世間のこと。
(54) 『大日経』「入秘密漫荼羅位品」(大正一八、No.八四八、三六頁b)。
(55) 報身と応身と呼ぶ場合は、報身は自受用身、応身は他受用身を指す。
(56) 『秘蔵記』(『定本弘全』第五巻、一二九頁、『弘全』第二輯、一三頁)。

第十五章　『吽字義』の思想

『吽字義』の言語論と成仏

『吽字義《うんじぎ》』の吽字とは、六大能生の識大の種子(1)であり、四魔降伏の種子(2)であり、金剛界の阿閦如来の種子(3)であり、金剛薩埵の種子・真言(4)でもある。また『秘蔵記(5)』では、吽字を金剛頂経の毘盧遮那如来の種子ともする。

本書は、この吽字の種子を取りあげ、字相と字義の深秘的言語面から密教の成仏論を説く。

字相と字義と実相

『吽字義(6)』では、まず最初に、吽字一字を二つに分けて、字相と字義とする(7)。空海の『梵網経開題(8)』には、字相と字義の解釈を、次のように、

字相は則ち顕、字義は則ち秘なり。

として、顕教の字相の解釈は浅略であり、秘密（密教）の字義の解釈は深秘であるとする。

また『吽字義(9)』では、阿字の字相と字義（実義）について、字相とは、一般的な世間の言葉の解釈で、阿（a-）

は、「無・非・不」を意味し、字義とは、四十二字門の最初の阿字を「一切諸法本不生」とする高度な仏教的解釈をとるものとする。

また、すでに見たように、『秘蔵記』[10]では、実相について、

実相とは、字義を観ずるなり。

と定義している。

さらに、空海は、『吽字義』[11]で吽字の字相の賀《か》・阿《あ》・汙《う》・麼《ま》（伝統的な宗学の発音）の四字を説明した最後に、

一切世間は、但しかくの如くの字相を知って、未だかつて字義をば解せず。この故に生死の人とす。如来は実の如く実義を知りたもう。ゆえに大覚と号す。

と字相と字義（実義）と実相を説明する。すなわち、字相は世間の文字、字義（実義）は出世間の文字の真実の義を知ることであり、実相とは字義を観想することである。したがって、空海の字相と字義と実相の解釈は、この線に沿ってなされている。

空海は、字相の解釈で、吽（𑖮𑖳𑖽 hūṃ）字を四字に開く。すなわち、賀（h）と、阿（a）と、汙（ū）と、麼（ṃ）に開くのであるが、サンスクリット語の字母（子音に母音の a のついたもの）には最初からア（a）が含まれているので、賀（𑖮 ha）と、阿（𑖀 a）と、汙（𑖄 ū）と、麼（𑖦 ma）の四字になるとされる。

この吽字の開き方を空海は『大楽金剛不空真実三昧耶経般若波羅蜜多理趣釈』（以下『理趣釈経』）に求めるが、『理趣釈経』はその四字の字義の開き方を『瑜伽金剛頂経釈字母《しゃくじも》品《ぼん》』（以下『釈字母品』）の五十字門（四十二字門系）に求めている。

吽字の開き方

この『理趣釈経』(12)では、吽字を次のように四字に開く。要約すると、この四字の義を具す吽（𑖮𑖳𑖽 hūṃ）字について、賀（𑖮 ha）字は吽（𑖮𑖳𑖽 hūṃ）字の上のン点（◌𑖽 ṃ）と下のウー点（◌𑖳 ū）とを取り除いた賀（𑖮 ha）字をもって本体とする。したがってこの賀𑖮字は阿（𑖀 a）字を有している。(13)そこでこの賀（𑖮 ha）を、さらに賀（𑖮 ha）と阿（𑖀 a）に分けるのである。阿（𑖀 a）字の字義は、一切法本不生である。賀（𑖮 ha）字の字義は、一切諸法因不可得《いんふかとく》である。その字の中に汙（𑖄 ū）の声あり。下のウー点（◌𑖳 ū）の字義は、一切法損減《そんげん》不可得である。その字の頭上に円点の半月点（◌𑖽 ṃ）がある。それを麼（𑖦 ma）字と見て、その麼（𑖦 ma）字の字義は、一切法我義《がぎ》不可得である、と示している。

したがって、この『理趣釈経』のもとの資料である『釈字母品』(14)の解釈では、四字に開いた吽字の字相と字義は、表1のようになる。

表1　『釈字母品』の四字

字相	字義・実義
𑖮 ha 賀字門とは、	一切法因不可得の故に
𑖀 a 阿上字門とは、(15)	一切法本不生の故に
𑖄 ū 汚引字門とは、(16)	一切法損減不可得の故に
𑖦 ma 摩字門とは、	一切法吾我不可得の故に

空海はこの『釈字母品』と『理趣釈経』の両書に沿って、吽字の字相と字義・実義と実相の解説を行っている。(17)この場合の字相とは、四字の一般世間の解釈と、その本となる梵字と、その意味である。

字義とは、真実の義(18)を意味する実義であるから字義＝実義として『釈字母品』の字義を示す。空海はほとんどの箇所で字義よりも実義の語を用いている。

実相とは、字義・実義を観想して悟る法身・報身（自受用身）・応身（他受用身）・化身(19)の尊形である。

これらの解説について、空海は吽の四字と、合釈の吽の一字をあげ、この合釈をさらに別相と通相に区分する。

吽字の観想

この合釈の吽字一字の解釈によると、世間の怒り声のフーンを、行者は金剛界毘盧遮那如来の種子として唱え、この声から生まれた吽字の文字を心《むね》の月輪に安置し、この字義を観想して四魔を降伏し、実相としての法身毘盧遮那如来となる。

このように、吽字の字（種子 hūṃ）・印《しるし》（四魔降伏の印契）・形像（法身毘盧遮那如来）の三種秘密身を観想して成仏するのが、この吽字観である。

吽字の字相と字義

まず、吽字の訶《か》・阿・汙・麽の四字の世間の字相と出世間の字義の面から見ると、次のようになる。

i　賀字門一切法因不可得の故に

訶（賀）（ha）字では、一切諸法は因縁より生ぜざるものなしという世間的な因縁（hetutva）の義を字相としてまずあげ、『釈字母品』[20]の「一切法は因不可得の故に」とする出世間の字義でそれを破す。

その出世間の因の義を示すものとして『大日経』の三句の第一句「菩提心を因とす」を引き、この字義を観想して実相を報身の仏格とする。これが、訶字の字相と、字義・実相である。

ii　𑖀　阿上字門一切法本不生の故に

阿（𑖀 a）字では、阿（a-）を字の先頭に付けると無・非・不の付いた否定の意味の文字になる字相[21]と、世間的な不生（an-utpāda）[22]の義とを字相としてまずあげ、『釈字母品』の「一切法本不生の故に[23]」とする出世間の字義でそれを破す。

その出世間の阿字の字義として、不生の義・空の義・有の義の三義をあげ、阿字の本来不生なるを不生の義と示し、空の義を本来不生なるがゆえに空の義であると示す。また有の義は、果位の阿字本不生より一切諸法を生ずる義であるとし、阿字を種子とする法身毘盧遮那如来が曼荼羅諸尊を生み出す義であるとする。

さらに、字義では、『大日経疏』[24]の「阿字門一切諸法本不生」を引き、本不生際《ざい》を見る者はこれ実の如く自心を知る（如実知自心）とし、ゆえに胎蔵法の毘盧遮那如来は、この阿字一字をもって種子・真言とすると示す。

『守護国界主陀羅尼経』[25]（以下『守護経』）では、さらにこの阿字に、菩提心の義・諸の法門の義・無二の義・諸法の果の義・諸の法性の義・自在の義・法身の義があるとし、これらの字義を観想した実相を、法身の仏格として示している。これが、阿字の字相と、字義・実相である。

iii　𑖄　汚引字門一切法損減不可得の故に

汙（𑖄 ū）字では、世間的な損減（ūna）の義と一切諸法は無常・苦・空・無我などであるとする義を字相としてまずあげ、『釈字母品』の「一切法損減不可得の故に」とする出世間の字義でそれを破す。

たとえば、汙字の不損不減の字義でいうと、無明（無知）の存在には際限がなく、慢心の心にも須弥山の頂上が見えないほどに際限がないとしても、一心の虚空法界は、本来、常住であって不損不減である。

このようにいかなる場合にも、三密が遍満する虚空法界には、本来、法身の三密が満ち溢れていて不損不減であるとする。

iv 『守護経』(26)の唵（𑖌𑖼 oṃ）字

『守護経』では、唵（𑖌𑖼 oṃ）字を次のように三字に開く。

ア（𑖀 a）字は法身の義

ウ（𑖄 u）字は報身（受用身）の義

マ（𑖦 ma）字は変化身の義

この中の短音のウ（𑖄 u）字から生じた報身の報は、過去になされた行為の報いではなく、理と智の相応であり、理法身と智法身の相応無二を意味する報（こたえあい）であるとする。

これが、汙《ウー》字とウ字の字相と、字義・実相である。

v 𑖦摩字門一切法吾我不可得の故に

麼（𑖦 ma）字では、一切諸法に我と人と衆生らが増加（増益）することと、世間的な人我と法我の我《アートマン》（ātman）の義を字相としてまずあげ、『釈字母品』(27)の「一切法吾我不可得の故に」とする出世間の字義で破す。

その出世間の麼字を人法二無我として、果位の人（我）は四種法身であり、果位の法（我）は一切諸法であり、また一法界・一真如・一菩提より乃至八万四千不可説不可説微塵数の法であるとする。

したがって、ここでは『涅槃経』(28)の果位の不顛倒である常楽我浄の義をあげ、我《アートマン》を仏形として認め、人我は四種法身であり、法我は一切諸法であるとするのである。その上で、表徳の実義として、麼字を大日の種子とし、さらに化身が無量の身雲の神変を化作する様を妙用難思の実義であるとし、これらの実義を観想して実相を得るとするのである。

この『涅槃経』の因の顚倒と果の不顚倒では、因位の常は果位では法身である。因位の楽は果位では涅槃である。因位の我は果位では仏である。因位の浄は果位では正法であるとする。

したがって、今問題の我《アートマン》にとっては、因位で我は無我と破されるが、果位では我は仏としての仏形として肯定されているのである。

それを表に纏めると、表2のようになる。

表2　因位と果位の顚倒と不顚倒

因位の顚倒	果位の不顚倒
常 nitya → 無常	常 → 法身
楽 sukha → 苦	楽 → 涅槃
我 ātman → 無我	我 → 仏
浄 śubha → 不浄	浄 → 正法

この『涅槃経』の果位の不顚倒によって、悟りの果位や三密の観想の世界、および仏や法身などが積極的に表現されることになり、従来の果分不可説（悟りの境界を言葉でもって説明できない）が果分可説となり、密教の果分可説の思想の発端となった。

合釈の吽字

合釈の吽字とは、上記の開いた四字を吽字の一字に合して示すものである。合釈の吽字に含む四字の実義は、

阿字は法身の義

訶字は報身（自受用身）の義

汙字は応身（他受用身）の義

麼字は化身の義

である。

このように、吽一字に、法身と報身（自受用身）・応身（他受用身）・変化身を具している。この吽字の義について、『大日経』と『金剛頂経』の両部の教説では、「三句を束ねてもって一の吽字となす」（註〈17〉表の合釈を参照）とする。それとともに、五字厳身観のオン ア ヴィラ ウン ケン（oṃ a vīra hūṃ khaṃ）の真言に見られる「四魔降伏の声」の吽（hūṃ）字は、四魔を降伏して悟りが得られる種子であるから、一切如来の偽りのない真実語（誠実語 satya-vacana[29]）であるとされる。

したがって、一切諸法は無因であり、無果であり、本来清浄な円寂の義である。このゆえに、わずかに菩提心を発せば、菩提道場に坐して正法輪を転ずることとなる。それゆえに、蘊魔と煩悩魔と死魔と天子魔の四魔が、観想上で行者に現れれば、大慈三摩地に入って吽字によって四魔を降伏して悟りを得るのである。これが、合釈による吽字の観想である。

i 別相の吽字

しばらく別相の吽字で解釈すると、四字に開いた阿（a）字をもって、一切の真如・法界・法性・実際などの理のすべてを摂するに、摂し切れないものはなく、同様に、訶（ha）字をもって、一切の内外・大小・権実・顕密などの教えを摂するに、摂し切れないものはないとする。

同様に、汙（ū）字をもって、一切の修行や、三乗と五乗の修行を摂するに、摂し切れないものはなく、また同様に、麼（ma）字をもって、一切の悟りの法を摂するに、摂し切れないものはないとする。

このように、吽字は、法身から生み出されたすべてのものに宿る月輪の理《こころ》と理を無礙にことごとく持し、生み出された諸仏の一つひとつの事《かたち》と事を無礙にことごとく摂している。ゆえに吽字を総持（総てを摂するもの・真言・陀羅尼）と名づけるのである。

ii　通相の吽字

また通相の吽字で解釈すると、阿字を三句によって得た法身毘盧遮那如来の一切智智とし、『大日経』『金剛頂経』の三乗の人の因・行・果として、訶・汙・麼の三字を明かす。特に、菩薩の人の因（訶）・行（汙）・果（麼）には、菩提心を因とし、大悲を根とし、方便を究竟とする三句を一句ずつ配当して、一切の法門は、この三句に過ぎずとするのである。

さらに、ここでは吽 𑖮𑖳𑖽 hūṃ字を開くに、上記とは別の方法をとる。すなわち、空点《くうてん》（ṃ）を「空《くう》khaṃ」の義と解釈して佉（キャ 𑖏 kha）字とし、この佉（𑖏 kha）をさらにカ（ka）とハ（𑖮 ha）に開き、この字義に擁護の義、大空の義、般若仏母《ぶつも》明妃《みょうひ》の義、因の義、大護の義などを持つとする（註〈17〉表のiiを参照）。

空海は、このように一字の開示において『般若心経秘鍵』[30]に記す「真言は不思議なり……一字に千里を含み」として真言を無数に開く実際を、ここに如実に示しているのである。

このように、吽字の実義を観想し、金剛界の法身毘盧遮那如来の仏格として示すこれが、合釈の吽字の字相と字義・実義と実相である。

まとめ

『吽字義』では、吽字を字相と字義に分けて開き、字相を四字に開く面から具体的に観想する。

吽字は、『秘蔵記』でいう金剛界法の毘盧遮那如来の種子に始まり、吽字の字相と字義の面から、字（種子 𑖮𑖳𑖼

表3【四字に開く】（『吽字義』の「字相」と「字義・実義」と「実相」）

開いた吽𑖮𑖳𑖼字	世間の字相	出世間の字義・実義	実相
訶（𑖮 ha）字	一切諸法は因縁より生ざることなしと知る。	一切諸法因不可得の故に。	報身
阿（𑖀 a）字	諸法の（不生と）空無を知る。	一切諸法本不生（の故に）。	法身
汙（𑖄 ū）字	一切諸法損減の義。	一切諸法損減不可得の故に。	応身
麼（𑖦 ma）字	一切諸法に我・人・衆生などありと知る。	一切諸法吾我不可得の故に。	化身

表4【別相】（『吽字義』の「字相」と「字義・実義」と「実相」）

開いた吽𑖮𑖳𑖼字	字相	字義・実義	実相
阿（𑖀 a）字	不生	一切の真如・法界・法性・実際などの理を摂するに摂せざるところなし。	法身
訶（𑖮 ha）字	因	訶字門をもって一切の内外・大小・権実・顕密などの教えを摂するに摂せざるところなし。	報身
汙（𑖄 ū）字	行	一切の行、三乗・五乗などの行を摂するに摂せざるところなし。	応身
麼（𑖦 ma）字	果	一切の果法を摂するに摂せざるところなし。理理尽《ことごと》く持し、事事尽く摂す。故に総持と名づく。	化身

hūṃ）・印（四魔降伏の印契）・形像（法身毘盧遮那如来）の三種秘密身を観想して成仏する密教の吽字観である。

それによって、吽字を訶（ह ha）・阿（अ a）・汙（उ ū）・麼（म ma）の四字に開き、表3のごとく示す。

そして、これらの世間の字相を出世間の字義で破し、その真実義である字義・実義を観想して実相を悟る。その実相は、法身・報身（自受用身）・応身（他受用身）・化身の種々様々な尊形である。

さらに、この四字を吽हूं一字に合し、これをさらに別相と通相に分ける。別相の四字の順序は阿（अ a）・訶（ह ha）・汙（उ ū）・麼（म ma）として、表4のように示す。

そして同様に、これらの世間の字相を出世間の字義で破し、その真実義である字義を観想して実相を悟る。そのときに、阿字法身毘盧遮那如来を、因・行・果の順に、訶ह字は「菩提心を因」とし、汙（उ）字は「大悲を根」とし、麼（म）字は「方便を究竟」とする。

したがって、『吽字義』の目指すものは、種子一字が持つ多面的な幽玄の世界を釣り出して、三種秘密身の字・印・形像の観想によって、声・字・実相の世界を具現化する瞑想であった。

註

（1）『即身成仏義』の a vīra hūṃ khaṃ hūṃ の真言と種子のこと（『定本弘全』第三巻、一九～二〇頁、『弘全』第一輯、五〇八頁）。
（2）『吽字義』（『定本弘全』第三巻、七二頁、『弘全』第一輯、五五二～五五三頁）。五相成身観の四魔降伏の種子フーン（hūṃ）。
（3）金剛界種子曼荼羅の阿閦如来の種子 hūṃ。
（4）oṃ vajra-sattva hūṃ の真言と種子。種子 hūṃ（『秘蔵記』、『定本弘全』第五巻、一五九頁、『弘全』第二輯、四六頁)。

(5)「毘盧遮那経には阿字を毘盧遮那の種子とし、吽字を金剛薩埵の種子とす。金剛頂経には、吽字を毘盧遮那の種子とし、阿字を金剛薩埵の種子とす」(『秘蔵記』、『定本弘全』第五巻、一五九頁、『弘全』第二輯、四六～四七頁)。

(6)『吽字義』(『定本弘全』第三巻、五三頁、『弘全』第一輯、五三五頁)。

(7)註(17)の表参照。

(8)『梵網経開題』(『定本弘全』第四巻、二二二頁、『弘全』第一輯、八一二頁)。

(9)『吽字義』(『定本弘全』第三巻、五三～五七頁、『弘全』第一輯、五三五～五三八頁)。註(17)の表の阿字の字相参照。

(10)『秘蔵記』(『定本弘全』第五巻、一二九頁、『弘全』第二輯、一三頁)。

(11)『吽字義』(『定本弘全』第三巻、五四頁、『弘全』第一輯、五三六頁)。

(12)『理趣釈経』(大正一九、№一〇〇三、六〇九頁c)。

(13)『吽字義』に阿字の義とは、「訶字の中に阿の声あり。即ちこれ一切字の母なり。一切声の体、一切実相の源なり」(『定本弘全』第三巻、五三頁、『弘全』第一輯、五三五頁)。

(14)『釈字母品』(大正一八、№八八〇、三三八頁b～三三九頁a)。

(15)「阿上」の上とあるのは、四声の「上声にして短呼なり」の上を示す。

(16)「汚引字門」の引とあるのは、長音であることを示す。

(17)次の表は、『吽字義』の吽の四字を纏めたものである。

吽の四字	字相	梵字	意味	字義・実義	実相
賀(𑖮 ha)字	因の義	hetutva	因縁	一切諸法因不可得の故に。(『釈字母品』大正一八、№八八〇、三三九頁aの字義参照)	報身

阿（ a）字	一切諸法は因縁より生ぜざることなしと知る （無・非・不） 一切字の母、一切声の体、一切実相の源、衆声の母 諸法の（不生と）空無を知る	an-utpāda	不生	菩提心を因とす。（『大日経』参照） 一切諸法本不生（の故に）。（『釈字母品』、大正一八、№八八〇、三三八頁ｂの字義参照） 不生の義・空の義・有の義。 本不生より一切の法を生ず。 もし阿字門一切諸法本不生。（『大日経疏』、大正三九、№一七九六、六五一頁ｃ参照） もし本不生際を見る者は、これ実の如く自心を知るなり。……故に毘盧遮那は唯しこの一字をもって真言となしたまう。（『大日経疏』、大正三九、№一七九六、六五一頁ｃ参照） これ菩提心の義、これ諸法門の義、また無二の義、また諸法果の義、またこれ諸法性の義、これ自在の義、また法身の義なり。（『守護経』、大正一九、№九九七、五六五頁ｃ参照）	法身
汙（ ū）（□）	一切諸法損減の義 一切諸法の無	ūna	損減	一切諸法損減不可得の故に。（『釈字母品』、大正一八、№八八〇、三三八頁ｂの字義参照） 一心の虚空は本よりこのかた無常にして不損不減なり。	応身

	麼（𑖦 ma）（□）字		
常・苦・空・無我等を知る	人我、法我	一切諸法に我・人・衆生などありと知る	増益
	ātman		
	我		
三密の虚空は本よりこのかた湛然として損なく滅なし。 大乗空観の猛火は、人法執着の塵垢を焼いて遺余あることなけれども、三密の不損はなおし火布の垢尽きて衣浄きが如し。 遍計の蜃楼を破し、依他の幻城を壊すれども、三密の本法にあに毀傷あらんや。 汙字は報身の義なり。（『守護経』大正一九、№九九七、五六五頁c参照）……理智相応の故に報といい、……法身・智身相応無二の故に報と名づく。……この故に、常楽我浄は、汙字の実義なり。損滅なきが故に。 仏眼をもって観ずる汙字の実義、旋陀羅尼門では、汙字門の三十二の実義をあげる。 偈頌においては、八種の汙字の実義をあげる。	一切諸法吾我不可得の故に。（『釈字母品』大正一八、№八八〇、三三九頁ａの字義参照）		人（我）はいわく四種法身なり。法（我）はいわく一切諸法なり。一法界・一真如・一菩提より、ないし八万四千不可説不可説微塵
	化身		

				数の法これなり……遮情の実義・（密教以前のレベルへの）絶言の実義・麼字とは大日の種子なり、という表徳の実義・化身の無量の身雲の神変を化作する妙用難思の実義・三昧耶自在の義、無所不遍の義の平等の実義・円徳の実義・損己益物の実義・円融の実義である。	
（合釈）					
吽（hūṃ）		hūṃ	因	阿は法身の義、訶は報身の義、汙は応身の義、麼は化身の義なり。	法身・
				三句を束ねてもって一の吽字となす。	報身・
				四魔降伏の声。	応身・
				吽字は一切如来誠実の語なり。いわゆる一切諸法・無因・無果・本来清浄・円寂の義なり。この故にわずかに菩提心を発せば、すなわち菩提道場に坐し正法輪を転ず。	化身
【i　別相】					
阿（a）字				一切の真如・法界・法性・実際などの理を摂するに摂せざるところなし。	
賀（ha）字				訶字門をもって一切の内外・大小・権実・顕密などへの教えを摂するに摂せざるところなし。	
汙（ū）字				一切の行、三乗・五乗などの行を摂するに摂せざるところなし。	
麼（ma）字				一切の果法を摂するに摂せざるところなし。理理ことごとく持し、事事ことごとく摂す。故に総持と名づく。	

【ii 通相】 吽（hūṃ）			因	吽字等の密号・密義を知らば、すなわち正遍知者と名づく。いわゆる、初発心時にすなわち正覚を成じ、大法輪を転ずる等は、まことにこの究竟の実義を知るに由りてなり。 声聞の人の因は訶字・行は汙字・果は麼字。縁覚の人の因は訶字・行は汙字・果は麼字。菩薩の人の因は訶字にして菩提心を因とし・汙字は行にして大悲を根とし・果は麼字にして（方便を）究竟とすの大菩提・涅槃なり。（「三句の法門」『大日経』、大正一八、No.八四八、一頁b～c、『金剛頂経』） 吽字一字：『大日経』『金剛頂経』に明かすところ、皆この菩提心を因とし、大悲を根とし、方便を究竟とすとなす三句に過ぎず。
空点の佉字（kha）				擁護の義・大空の義・般若仏母明妃の義。
空点の中の訶字（ha）				因の義・大護の義。
空点の佉（kha）とその中の訶（ha）				自在能破の義・能満願の義・大力の義。
吽（hūṃ）				四魔等を恐怖し降伏する恐怖の義。 等観歓喜の義・等観の義。

(18)『大日経疏』では、阿字の字義を「阿字門真実義」と理解している(大正三九、№一七九六、六五一頁c)。
(19)法身・報身・応身・化身の場合は、報身は自受用身、応身は他受用身、化身は変化身を指す。
(20)『釈字母品』(大正一八、№八八〇、三三九頁a)。
(21)常(nitya)に無を意味する阿(a-)を先頭に付けると、無常(a-nitya)となる。今は、文法的な阿(a-)字の義を無・非・不と示したのがこの字相である。『吽字義』(『定本弘全』第三巻、六八頁、『弘全』第一輯、五四九頁)にも非・不・無の阿字の用例が示されている。
(22)無・非・不を示す阿(a-)字は、サンスクリット語文法では、ア(a-)の次に母音が来るとアン(an-)となって、不生はan-utpādaとなる。
(23)『釈字母品』「阿字門一切法本不生故」(大正一八、№八八〇、三三八b)、『大日経』(大正一八、№八四八、一〇頁a)。
(24)「阿字門一切諸法本不生」(『大日経疏』、大正三九、№一七九六、六五一頁c)。
(25)『守護経』(大正一九、№九九七、五六五頁c)。
(26)前掲註(25)と同じ。
(27)『釈字母品』(大正一八、№八八〇、三三九頁a)。
(28)『涅槃経』(大正一二、№三七四、三七七頁c)。拙著『法身思想の展開と密教儀礼』(法藏館、二〇〇九年)一九七頁参照。
(29)「真実語」については、前掲註(28)拙著『法身思想の展開と密教儀礼』三三~三四頁参照。
(30)『般若心経秘鍵』(『定本弘全』第三巻、一一頁、『弘全』第一輯、五六一頁)。

【実践篇】

第十六章　密教の菩提心思想

菩提心と月輪

菩提心とは、菩提（悟り）を求める心のことで、その菩提は心の外にあると捉えるのが小乗仏教の菩提心であり、菩提は心の中に在り、菩提はすなわち心であると捉えるのが大乗仏教の菩提心である。

密教の『大日経』(1)の菩提心は、般若経の心清浄《しんしょうじょう》説の立場に立って、心は生まれながらにして清浄であり、菩提は我が心の中に在るから、実の如く自心を知ること（如実知自心）が菩提であり心の実際であるとする。それゆえに、心と虚空の相とこの菩提の自性は無二であって二とされるべきではないとされる。(2)

空海もこの立場に立って、『般若心経秘鍵』(3)で、悟りは心中にあり、信修すれば忽《たちま》ちに証すとして、即身成仏ができると主張している。

菩提心即月輪の先駆思想

菩提心と月輪の関係は、密教の瞑想法にとって極めて重要な位置を占める。この先駆思想は、華厳経「入法界品」と『大般涅槃経』に説かれている。

『八十巻華厳経』「入法界品」(4)では、「菩提心は、猶し盛月の如し、諸《もろもろ》の白浄《びゃくじょう》の法（身）を悉く円満するが故に」とされ、行者の心は、菩提（悟りの智恵）と清浄な法身と十五夜の満月輪と同じであるとする。

『四十巻華厳経』は、空海の師である般若三蔵の翻訳で、空海の請来である。したがって、空海が華厳経を語るときは、この『四十巻華厳経』によるところが多く、高野山万灯会の願文(5)もこの経典がソースとなっている。

また、『大般涅槃経』「如来性品第四之六」(6)では、如来の自性を月に喩え、月の清浄さと功徳を法身に喩え、この月輪を法身の方便身としている。

菩薩の清浄法身と如来の清浄法身

空海が請来した『四十巻華厳経』には、菩薩の清浄法身と如来の清浄法身が説かれている。元来、法身には清浄とか不浄の差別があるわけではないが、仏性や一切衆生悉有仏性、如来蔵の思想などを受けて、衆生が煩悩に覆われている心（法身）の煩悩を取り除けば、清浄な法身が顕れ出るとする。その法身を、清浄法身と表現するのである。

また、この煩悩を取り除くという表現を、煩悩を価値転化して菩提に変えるとする思想は、五世紀の『大乗荘厳経論』などにある「煩悩即菩提」(7)の思想を根拠としている。

月と菩提心

この『四十巻華厳経』「入不思議《にゅうふしぎ》解脱《げだつ》境界《きょうがい》普賢《ふげん》行願品《ぎょうがんぼん》」(8)では、菩提心を月と摩尼珠《まにしゅ》の喩えで説明する。

月輪を清浄法身に喩えるとき、菩薩の清浄法身と如来の清浄法身には、本質的に異なりはない。しかし、その功徳である輝きでは菩薩の清浄法身は朔日から十四日までの月の輝きであり、如来の清浄法身は十五夜の満月の輝きである。その功徳の点では両者は同じではない。それは、菩薩の十四日の月輪には煩悩の垢がまだ残っているからであるとする。

また、摩尼珠の喩えでは、菩薩と如来の持っている摩尼珠は本質的には同じであるが、まだ完全に磨かれていない珠が菩薩の摩尼珠であり、完全に磨き上げられた珠が如来の摩尼珠である。ゆえに、その摩尼珠の功徳である輝きには、異なりがあるとされるのである。

この月輪の喩えは、阿字本不生から清浄な月輪を生み出す密教の月輪観へと展開したものである。

胎蔵法の月輪観

密教の月輪観では、阿字や五大の五字真言を使って月輪を生み出し、心を清浄にする月輪観が説かれる。

空海の『胎蔵普礼五三次第《ふらいごさん》(9)』では、阿字から月輪を生み出す観想が説かれている。この胎蔵法の観想では、キリク字から生み出した蓮華座の上に、第一の阿字を観想して月輪を生じ、その月輪の中に第二の大日如来の種子である阿字を観想して大日如来を顕現させる。この胎蔵法の蓮華座の上に月輪を観想する点は、胎蔵法の月輪観の特色である。

金剛界法の月輪観

これに対し、空海の『金剛界黄紙《きがみ》次第(10)』でも、同様に阿字から月輪を生み出すが、胎蔵法の月輪観と異なるところがある。それは、キリク字から生み出された蓮華座が月輪の中に観想されることである。その蓮華座の上に金剛界大日如来の種字である吽字を観想して五股金剛杵に転じ、さらにそれを金剛界大日如来に転ずるのである。

このように、金剛界の阿字観の特色は、月輪の中に蓮華座を観想するところにあり、胎蔵法の蓮華の上に月輪を置く観想と異なっている。これが金剛界の月輪観である。

このように、空海は、月輪が蓮華の上にあるか、蓮華が月輪の中にあるかによって、その異なりを両次第に明示しながら、阿字からの月輪観を示している。

『秘蔵記』の月輪観

『秘蔵記』[11]にも、月輪を生み出す字輪観が説かれている。その字輪観とは、次のような月輪の形に阿卑羅吽欠《あびらうんけん》を観想するものである。

> （阿卑羅吽欠の）念誦の分限了《おわ》って、即ち定印を結んで定に入って五字（ア・ヴァ・ラ・カ（ハ）・キャ（クハ））を観ぜよ。これ月輪観なり。また実相観なり。いわく、阿卑羅吽欠（ア・ヴィ・ラ・ウン・ケン）なり。まず月輪を心の上に安ぜよ。輪の上に五字を布して、声と字と実相（ア・ヴァ・ラ・カ・キャと、キャ・カ・ラ・ヴァ・ア）とを逆順に往返《おうばん》して観想せよ。声というは口に字を誦ずる声なり。字とは字体を観ず。実相とは字義を観ずるなり。了《おわ》んなば、唯だし一向に月輪の周辺を観ぜよ。やや久しくして以後に月輪を法界に周辺す。にわかに須らく身と月輪とを忘れて専ら無分別智に住せよ。然して後、衆生を利せんがために大悲門に住して（法界に）出観せよ。月輪を巻縮《かんしゅく》して自心に収斂《おさめつづ》めよ。

ここでは、自身の心《むね》に月のような輪を置き、その輪の上に阿卑羅吽欠の真言を誦じながら五字の字体と字相のア・ヴァ・ラ・カ・キャ、キャ・カ・ラ・ヴァ・アを逆順に布置して、アは本来不生であり、ヴァは言語道を出過し、ラは諸過を解脱し、カは因縁を遠離し、キャは虚空に等しと観想する。そのことによって、ア・ヴァ・ラ・カ・キャの五字の字義が清浄な心を表す月輪の形（実相）となって心《むね》に現れるのである。

この字相と字義の観想が終わると、月輪を法界に周辺させ、身の月輪から離れて無分別智に住し、しばらくしてから衆生を利益しようとの大悲の心をもって法界に周辺し、最後に法界に周辺させた月輪を自心に収斂して観想を終えるのである。

この観想は、空海の『声字実相義』や『吽字義』の観想と関連するものである。

註

（1）「自心尋求菩提及一切智。何以故本性清浄故」（『大日経』、大正一八、№八四八、一頁c）。拙稿「新校訂チベット文『大日経』」（『高野山大学論叢』第二七巻、一九九二年、三七〜三八頁）。

（2）『諸仏境界摂真実経』巻中にも「心は是れ菩提なり」とあり（大正一八、№八六八、二七三頁b〜c）。

（3）『般若心経秘鍵』（『定本弘全』第三巻、三頁、『弘全』第一輯、五五四頁）。拙著『密教瞑想から読む般若心経　空海　般若心経秘鍵』（大法輪閣、二〇〇五年第二刷）四九頁参照。

（4）『八十巻華厳経』「入法界品」（大正一〇、№二七九、四二九頁c）、拙著『法身思想の展開と密教儀礼』（法藏館、二〇〇九年）二〇一頁参照。

（5）天長九年（八三二）八月二十二日『高野山万灯会の願文』（『定本弘全』第八巻、一五八〜一五九頁、『弘全』第三輯、五一五〜五一六頁）。

（6）『大般涅槃経』「如来性品」（大正一二、№二七四、四一六頁b〜c）。

（7）「煩悩即菩提」（『摂大乗論釈論』巻第十、大正三一、№一五九六、三一六頁a、六二二頁b）。「如煩悩性即菩提性」（『大方等大集経』巻第三十、大正一三、№三九七、二〇八頁b）。「了煩悩性即菩提性」（『大乗集菩薩学論』巻

第十七、大正三二、№一六三六、一一三頁b)。『妙法蓮華経玄義』などにも頻出する。

(8)『四十巻華厳経』巻第三十二「入不思議解脱境界普賢行願品」(大正一〇、№二九三、八〇八頁a~c)。

(9)『胎蔵普礼五三次第』(『定本弘全』欠、『弘全』第二輯、三四七頁)、『秘蔵記』(『定本弘全』第五巻、一五一頁、『弘全』第二輯、三二八頁)。

(10)『金剛界黄紙次第』は空海の真作と認めない場合もある。同次第の奥書を参照(『定本弘全』欠、『弘全』第二輯、月輪観は一九九頁、奥書は二三八~二四三頁)。また『金剛界念誦法次第』でも同様である(『定本弘全』第五巻、一八二頁、『弘全』第二輯、二〇〇頁)。

(11)『秘蔵記』(『定本弘全』第五巻、一二九頁、『弘全』第二輯、一三頁)。

第十七章　五字厳身観と五相成身観

第一節　五字厳身観

五字《ごじ》厳身観《ごんしんがん》は、『大日経』の代表的な観想である。この五字厳身観の厳身とは、行者の体の五ヵ所にア・ヴァ・ラ・カ・キャの五字を布置し、その五字を地・水・火・風・空の五大に転じ、さらにそれを四角・円・三角・半月・宝珠形の五輪に転じて、その五輪を虚空に聳える大日如来の三昧《さんま》耶形《やぎょう》としての法界塔婆と見て、我《が》即大日《そくだいにち》と観じて一体となる瞑想法である。

五字と五大と五色

この五字厳身観の五字と五大と五色については、次のようにされる。

①阿《あ》（𑖀 a）字 —— 地大 —— 金（黄）色
②婆《ば》（𑖪 va）字 —— 水大 —— 白色
③羅《ら》（𑖨 ra）字 —— 火大 —— 赤色
④訶《か》（𑖮 ha）字 —— 風大 —— 深青色

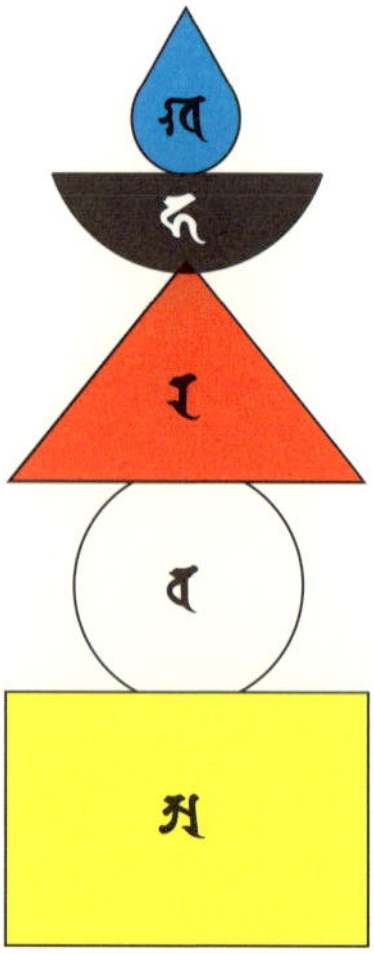

図1　法界塔婆の五輪と五字と五大

⑤佉《きや》（𑖏 kha）字　――　空大　――　虚空色（緑色）

これは、

①地大の黄色は、須弥（スメール）山の地輪が金色の黄色であったことからはじまり、四魔降伏のとき釈迦の手が地に触れた（降魔印）ときに、黄色の地の女神が半身をのぞかせたことなどとも関連して、須弥山の地輪は成立当初から金色（黄色）とされたことによる。

②水大の白色は、須弥山の水輪が乳白色であることによる。

③火大の赤色は、須弥山の火輪が火を表す赤色とされたことによる。

④風大の深青色は、須弥山の風輪が黒雲色や青色にされたことによる。

⑤空大の虚空色は、須弥山の空輪が虚空に一切の色が集まった黒色とか緑色とされたことによる。

からである（図1参照）。

この五大の観想法によって悉地（悟り）を得て阿闍梨と成ることを、「阿闍梨真実智品」[1]は次のように記す。

阿字は第一命なり　　縛字を名づけて水となす
囉字を名づけて火となす　　吽字を忿怒と名づく
佉字は虚空に同なり　　いわゆる極（上の）空点なり
この最（高の）真実を知るものを　　説いて阿闍梨と名づく。

空海も『即身成仏義』[2]に、『大日経』の「具縁品」と「秘密漫荼羅品」「悉地出現品」「説本尊三昧品」などを引いて、五字厳身観による一切智智を得る即身成仏を説いている。

この詳しい説明は、善無畏の『大日経疏』とブッダグフヤの『大日経広釈』の「悉地出現品」にも説明されている。

この四魔を降伏して一切智智を得る「ア・ヴィ・ラ・ウン・ケン　a vī ra hūṃ khaṃ」の五字厳身観の真言を、『大日経供養法』「持誦法則品第四」[3]では、

「ナマッハ　サマンタ　ブッダーナーン　ア（namaḥ samanta-buddhānām a）」。
「ナマッハ　サマンタ　ブッダーナーン　ヴァ（namaḥ samanta-buddhānāṃ va）」。
「ナマッハ　サマンタ　ブッダーナーン　ラ（namaḥ samanta-buddhānāṃ ra）」。
「ナマッハ　サマンタ　ブッダーナーン　カ（ハ）（namaḥ samanta-buddhānām ha）」。
「ナマッハ　サマンタ　ブッダーナーン　キャン（クハン）（namaḥ samanta-buddhānāṃ khaṃ）」。

と真言を分解して、一々の真言として唱える。

したがって、身体の五ヵ所にア・ヴァ・ラ・カ・キャ a va ra ha kha の五字を布置する場合には、真言の種子を取った『大日経供養法』のこの真言を唱えて観想し、真言をまとめて唱える場合には「ナマッハ　サマンタ　ブッ

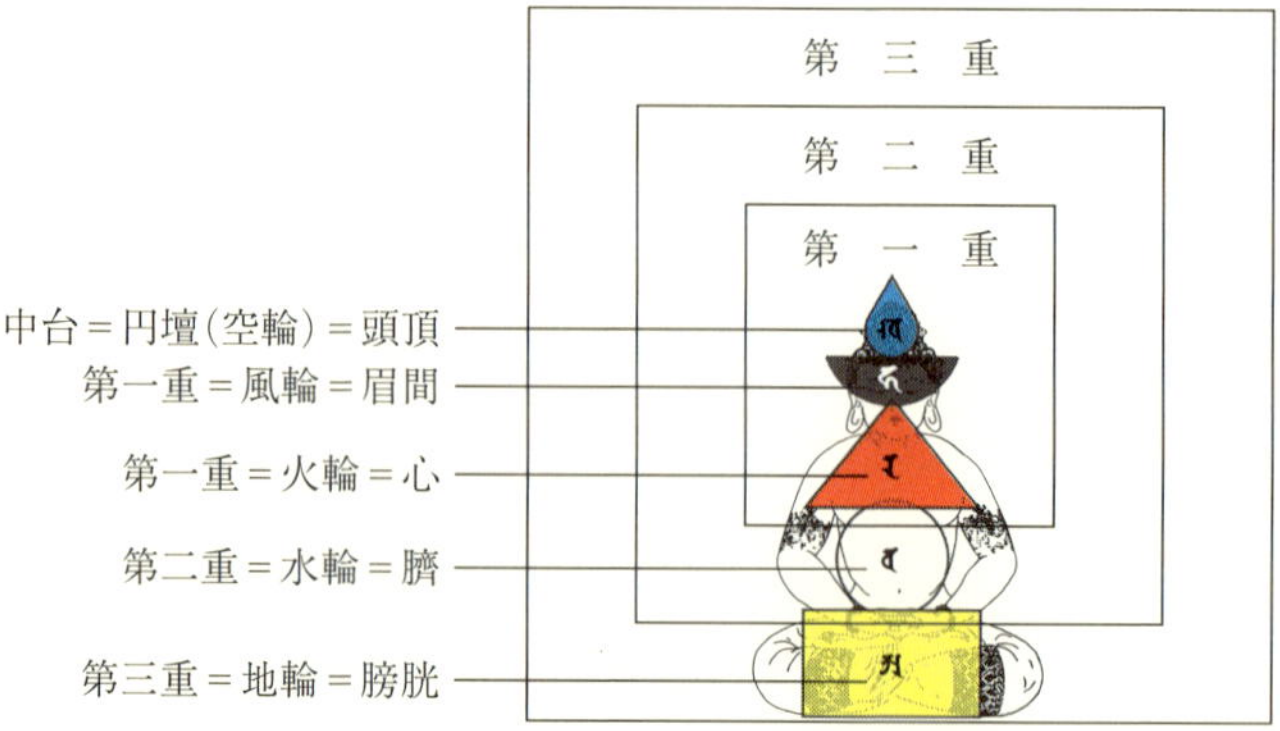

図2　三重曼荼羅と五字厳身観

ダーナーン　ア・ヴィー・ラ・フーン・クハン」と唱えるべきことが説かれているのである。

この五字厳身観は、チベット訳の『底哩《ていり》三昧耶荘厳王タントラ[4]』から『金剛手灌頂大タントラ[5]』を経て『大日経』に導入された[6]ことが知られている。

第二節　五字厳身観の実践

これらの記述から、五字厳身観の実践を組み立てれば、すでに見たような胎蔵生曼荼羅の観想が現れる（図2参照）。

ナマッハ　サマンタ　ブッダーナーン　キャン（クハン）と唱えて、自身の頭頂に大悲胎蔵生曼荼羅の中台を置くと観想し、頭頂にキャン字を布置して、キャン字から転じた緑色の宝珠形の円壇（空輪）を頭頂に置く。

次に、ナマッハ　サマンタ　ブッダーナーン　アと唱えて、自身の臍以下に大悲胎蔵生曼荼羅の第三重を置くと観想して、膀胱にア字を布置してア字から転じた黄色の地輪の方形を置く。

次に、ナマッハ　サマンタ　ブッダーナーン　ヴァと唱えて、自身の臍以上に大悲胎蔵生曼荼羅の第二重を置くと観想して、臍にヴァ字を布置してヴァ字から転じた白色の水輪の円形を置く。

次に、ナマッハ　サマンタ　ブッダーナーン　ラと唱えて、自身の心以上に大悲胎蔵生曼荼羅の第一重を置くと観想して、心にラ字を布置してラ字から転じた赤色の火輪の三角形を置く。

次に、ナマッハ　サマンタ　ブッダーナーン　カ（ハ）と唱えて、自身の眉間に大悲胎蔵生曼荼羅の第一重（八葉）を置くと観想して、眉間にカ字を布置してカ字から転じた黒色（深青）の風輪の半月形を置く。

最後に、ナマッハ　サマンタ　ブッダーナーン　ア・ヴィーラ・ウン・ケンと唱えて、膀胱に金色のア字から転じた方形を観想し、臍に白色のヴァ字から転じた円檀を観想し、心《むね》に赤色のラ字から転じた三角を観想し、眉間に黒色のカ字から転じた半月輪を観想し、頭頂に緑色（一切色）のキャ字から転じた宝珠形を観想して、自身の五ヵ所に布置した五輪を堅固にし、最後に真言行者は五輪の塔婆から毘盧遮那如来となって一切智智を悟る。

これが、五字厳身観による一切智智を得る瞑想法である。(7)

第三節　『金剛頂経』の五相成身観

五相成身観は、『金剛頂経』の代表的な観想である。(8)この五相成身観の五段階の名前は、『金剛頂経瑜伽十八会指帰』(9)（以下『十八会指帰』）によれば、通達本心・修菩提心・成金剛心・証金剛身・仏身円満であって、前三段階で心の浄化を行い、後の二段階で身の浄化を行って即身成仏できると説くものである。

この五相成身観の資料には、『金剛頂経』とその釈タントラである『金剛頂タントラ』(10)があるが、この『金剛頂タントラ』の五相成身観の部分が、偈頌形式で漢訳資料[11]にも示されている。

これを空海は『金剛頂経開題[12]』と『秘蔵宝鑰[13]』に引き、次の順序で観想を行う。

①通達本心……オーン　チッタ　プラティヴェーダン　カローミ（oṃ citta-prativedhaṃ karomi オーン、わたしは心の観察をします。）／

②修菩提心……オーン　ボーディ　チッタン　ウトゥパーダヤーミ（oṃ bodhi-cittaṃ utpādayāmi オーン、わたしは菩提心を発します。）／

③成金剛心……オーン　ティシュタ　ヴァジュラ（oṃ tiṣṭha vajra オーン、金剛よ、安立したまえ。）／

④証金剛身……オーン　ヴァジュラートマコー　ハン（oṃ vajrātmako 'haṃ オーン、わたしは金剛そのものです。）／

⑤仏身円満……オーン　ヤター　サルヴァ　タターガタース　タター　ハン（oṃ yathā sarva-tathāgatās tathā 'haṃ オーン、一切如来たちがあるようにそのようにわたしもある。）／

この観想は、金剛界曼荼羅の一切如来が受用身となって色究竟天の菩提道場へ行き、一切義成就菩薩[14]がアースパーナカ三摩地（āsphānaka-samādhi）に入って六年間の苦行がまさに終わらんとするとき、この菩薩の頭上に現れて、一切如来の真実を悟る五相成身観を教示する[15]。

この一切義成就菩薩が、今この色究竟天にいることについてはすでに詳しく触れたように、インド密教の仏伝は、六年間の苦行がまさに終わらんとするとき、尼蓮禅河《にれんぜんが》の岸辺に残した肉身（異熟身《いじゅくしん》）から智身となった一切義成就菩薩が色究竟天にやって来て、菩提道場で五相成身観を修すために坐しているとする[16]。

そして、そのときの色究竟天の菩提道場では、釈迦の菩薩の頃の一切義成就が菩薩の姿で菩提道場に坐して苦行をしている。それを見た仏界の法身毘盧遮那如来は受用身の金剛界曼荼羅の諸尊と共に一切義成就菩薩の頭上に現れる。そして、菩薩に「そのような苦行では一切如来の真実を悟ることはできない」と驚覚する。そこで、最初の観想のテーマとして自らの心とは何かという心の観察が一切義成就菩薩に科せられる。

菩薩は、この心の観察を続けたが、どうしても心が見つからない。そこで、観想をやめて頭上の金剛界曼荼羅の諸如来を礼拝して、心が見つからないが、もし心に姿形があるならば、どのようなものであろうかと質問する。すると、曼荼羅の一切の如来たちが阿闍梨となって異口同音《いくどうおん》に自らの心の浄化から肉身の浄化までの五段階の観想（五相成身観）を一切義成就菩薩に教授する。その最初の段階が次の第一の通達本心である。

第一　通達本心

第一の通達本心では、一切義成就菩薩は一切如来たちに驚覚されるやいなや、そのアースパーナカ三摩地から立ち上がって一切如来たちを礼拝して、本性成就の真言、

オーン　チッタ　プラティヴェーダン　カローミ（オーン、わたしは心の観察をします。）

という真言を授かって自身の心がどのようなものか観想する。すると、自身の心《むね》の上に月輪らしい霧の中のぼやけた丸いものが見えて来た。

第二　修菩提心

第二の修菩提心(17)では、この煩悩にまみれたぼやけた心である丸いものが、清らかな満月に転じるように、再び菩薩は、

オーン　ボーディ　チッタン　ウトゥパーダヤーミ（オーン、わたしは菩提心を発します。）

という真言を授かって観想すると、ぼやけた月輪のように見えていたものが、満月のような月輪に見えてきた。

第三　成金剛心

この第三の成金剛心(18)では、一切義成就菩薩の心《むね》に現れた清らかな月輪の上に、

オーン　ティシュタ　ヴァジュラ（オーン、金剛よ、安立したまえ。）

の真言で五智と五仏を表す五股金剛杵を観想させる。すると、月輪の中央に五股金剛杵が見えて来た。

第四　証金剛身

上記の第三段階までは、心の浄化の段階であったのが、この第四の証金剛身(19)からは、一切義成就菩薩の肉体の浄化へと観想が進む。次の、

オーン　ヴァジュラートマコー　ハン（オーン、わたしは金剛そのものです。）

の真言を誦じていると、一切の虚空界に遍満していた一切如来の身語心金剛界（の毘盧遮那如来）が、（一切義成就である）薩埵の心の五股金剛杵の中央に入った。

すると、（阿閦をはじめとする四如来の）一切如来たちによって、一切義成就大菩薩は、

ヴァジュラ　ダーツル　ヴァジュラ　ダーツル（〔汝は〕金剛界である。〔汝は〕金剛界である。）

という金剛名灌頂で灌頂されて、金剛界大菩薩となる。

第五　仏身円満

前段階で菩薩の心の月輪に現れた五股金剛杵の中央に、頭上の金剛界曼荼羅の毘盧遮那如来が入って金剛界大菩薩となると、

オーン　ヤター　サルヴァ　タターガタース　タター　ハン（オーン、一切如来たちがあるように、そのようにわたしもある。）

という真言を授かって観想すると、菩薩の心の五股金剛杵の四方に虚空から阿閦・宝生・阿弥陀・不空成就の四如来が各々自らの加持力で入る。この瞬間に、菩薩は肉体のままで曼荼羅の五部（仏部・蓮華部・金剛部・宝部・羯磨部）の智恵を有する金剛界如来[20]となった。

金剛界如来となると、阿閦をはじめとする四如来は、金剛界如来の心の薩埵金剛（五股金剛杵）から出て頭上の虚空に住する。そして、ふたたび四如来による宝灌頂[21]で灌頂されて、金剛界如来は教えの自在者という智恵を得て、一切如来（四如来）の資格あるものとして加持され、須弥山頂の楼閣に移動し、五仏の宝冠を頂いた四面毘盧遮那如来として住された。

金剛界如来が須弥山頂の楼閣に降りて住すると、四如来も各々自ら加持して（山頂に降りて）、金剛界如来の四方に住された[22]。

以上のように、五相成身観によって悟りを得た毘盧遮那如来と四如来は、須弥山頂に別々に移動して、そこで毘盧遮那如来は『金剛頂経』と金剛界曼荼羅を説くのである。

第四節　『金剛界黄紙次第』の五相成身観

空海の『金剛界黄紙次第[23]』の五相成身観は、『千手観音行法次第[24]』と同じ系統のもので、本尊の種子を千手観音のキリク字とする。この観想では、通達本心の名称が通達菩提心となり、その真言の最初に「オーン　ア　スヴァーハー（oṃ a svāhā）」という阿字の真言を加える。これは、釈タントラである『金剛頂タントラ[25]』の漢訳の記述を受けたもので、心は阿字本不生であることを悟るために、この真言が通達菩提心の最初に加えられたのである。また、成金剛心と証金剛身の真言にさらにパドマ（蓮花 padma）が加えられているのは、この次第の本尊が千手観音菩薩であるためで真言の種子はキリクである。

その五相成身観の真言が、次のものである。

通達菩提心……オーン　ア　スヴァーハー　オーン　チッタ　プラティヴェーダン　カローミ（oṃ a svāhā/oṃ citta-prativedhaṃ karomi オーン　ア　スヴァーハー、わたしは心の観察をします。）／

修菩提心……オーン　ボーディ　チッタン　ウトゥパーダヤーミ（oṃ bodhi-cittam utpādayāmi オーン、わたしは菩提心を発します。）／

成金剛心……オーン　ティシュタ　ヴァジュラパドマ（oṃ tiṣṭha vajra-padma オーン、金剛蓮華よ、安立したまえ。）／

広金剛……オーン　スパラ　ヴァジュラ（oṃ sphara vajra オーン、金剛よ、広がりたまえ。）／

斂金剛……オーン　サンハラ　ヴァジュラ（oṃ saṃhara vajra オーン、金剛よ、斂まりたまえ。）／

証金剛身……　オーン　ヴァジュラ　パドマートマコー　ハン（oṃ vajra-padmātmako 'haṃ オーン、わたしは金剛蓮華そのものです。）／

仏身円満……　オーン　ヤター　サルヴァ　タターガタース　タター　ハン（oṃ yathā sarva-tathāgatās tathā 'haṃ オーン、一切如来たちがあるようにそのようにわたしもある。）／

以上の五相成身観には、広金剛観と斂金剛観が加えられている点も、釈タントラ系の特徴である。

まとめ

実践編では、『大日経』の瞑想法である五字厳身観と『金剛頂経』の五相成身観に重点を置いた。

五字厳身観では、三重の大悲胎蔵生曼荼羅と五字を自身に布置する瞑想によって、一切智智を悟る方法が明らかにされていた。

また、五相成身観では、通達本**心**、修菩提**心**、成金剛**心**、証金剛**身**、仏**身**円満の五段階で、**心身**を清めて金剛界曼荼羅の三十七尊と入我我入して悟る瞑想法であった。

このように、実践（事相）の二種の瞑想法が各々の曼荼羅を自身に布置するものであり、密教の教理（教相）も教主である法身大毘盧遮那如来を中心にした曼荼羅の教えであった。

したがって、空海が学んだ唐代の密教は、まさに曼荼羅の教えというべきものである。

註

(1)『大日経』「阿闍梨真実智品」(大正一八、No.八四八、三八頁b～c)。

(2)『大日経』「具縁品」に「我覚本不生、出過語言道、諸過得解脱、遠離於因縁、知空等虚空」(大正一八、No.八四八、九頁b、『定本弘全』第三巻、一九頁、『弘全』第一輯、五〇八頁)、「秘密漫荼羅品」に「真言者円壇　先置於自体　自足而至斎　成大金剛輪　従比而至心　当思惟水輪　水輪上火輪　火輪上風輪」(大正一八、No.八四八、三一頁a、『定本弘全』第三巻、二二頁、『弘全』第一輯、五一〇～五一一頁)、「説本尊三昧品」に「一切如来有三種秘密身。謂字印形像」(大正一八、No.八四八、四四頁a、『定本弘全』第三巻、二四頁、『弘全』第一輯、五一二頁)などとあり。

(3)『大日経供養法』「持誦法則品第四」(大正一八、No.八四八、五二頁b～c、東北No.二六六四、tu帙、fol. $127b^{4}$-$128a^{1}$)。

(4) *Trisamayavyūharāja nāma tantra* (東北No.五〇二)。

(5) *Vajrapāṇyabhiṣeka-mahātantra* (東北No.四九六)。

(6) 酒井眞典『大日経の成立に関する研究』(高野山出版社、一九六二年)五〇～五九頁。

(7) この五字厳身観の次第は、『大日経』の記述に従って、筆者が作成したものである。

(8) 拙著『法身思想の展開と密教儀礼』(法藏館、二〇〇九年、三六三～三九二頁)。

(9)『十八会指帰』(大正一八、No.八六九、二八四頁c)。

(10) *vajra-śekara-tantra* (東北No.四八〇、ña帙、fol. $194a^{2\text{-}7}$)。

(11)『諸仏境界摂真実経』巻中(大正一八、No.八六八、二七三頁c～二七四頁a)中の偈頌。

(12)『金剛頂経開題』(『定本弘全』第四巻、八八頁、『弘全』第一輯、七〇八頁)。

(13)『秘蔵宝鑰』(『定本弘全』第三巻、一七二頁、『弘全』第一輯、四七〇頁)。

(14) この段での真言は、oṃ yathā sarva-tathāgatās tathā 'ham である。

(15) この菩薩は、色究竟天に住して五相成身観を修すのである。この仏身説については、川崎信定「チベット仏教における成仏の理解――仏伝十二相をめぐって――」（『仏の研究――玉城康四郎博士還暦記念論集――』春秋社、一九七七年）四一頁参照。

(16) これは、シャーキャミトラの説である（拙稿「大乗仏教と真言密教」『高野山大学選書　第二巻　真言密教の新たな展開』小学館スクウェア、二〇〇六年、五六頁）。

(17) 『梵本初会金剛頂経』（堀内本）二五頁。以下、堀内本とする。

(18) 堀内本、二五頁。

(19) 堀内本、二七頁。

(20) 堀内本、二九頁。

(21) 堀内本、三〇頁。

(22) 堀内本、三一頁。

(23) 『金剛界黄紙次第』（『定本弘全』には掲載していない。『弘全』第二輯、一九九～二三八頁）。

(24) 『千手観音行法次第』（『定本弘全』には掲載していない。『弘全』第二輯、五四〇～五四三頁）。

(25) 『金剛頂タントラ』*vajra-śekara-tantra*（東北No.四八〇、ña帙、fol. 194$a^{2\text{-}7}$）の五相成身観の偈頌形式の漢訳は、『諸仏境界摂真実経』巻中（大正一八、No.八六八、二七三頁c～二七四頁a）などにあり。

梵・巴・蔵語索引

bodhisattvabhūmivṛtti 28
dhamma-kāya 56
dharma-kāya 56
gsaṅ ba 28
gsaṅ ste chos brjod pa 17
guhya 28
guhya-dharmākhyāna 17
legs par rnam par phye ba 28
mahāvairocanābhisambodhivikurvitādhiṣṭhānavaipulya-sūtrendrarāja nāma dharmaparyāya 93
rnam par phye ba bśad pa 17, 28
sarvārthasiddha 70
sarvārthasiddhi 70
sems can 60
sems dpaḥ 60
sems pa 60
stong pa nyid smos pa'i rnam pa 28
śūnyatā-vādākāra 28
suvibhakta 28
vivṛta 28
vivṛta-dharmākhyāna 17
yogācaryābhūmisya bodhisattvabhūmivyākhyā 28
Yogacaryābhūmiviniścaya-saṃgraha 19

越智淳仁（おち じゅんじ　僧名・じゅんにん）

高野山大学名誉教授，高野山真言宗伝燈大阿闍梨。

1945年高知県生まれ。高野山大学大学院文学研究科密教学専攻博士後期課程修了，博士（密教学），学匠。

倉敷市尾原慈眼院住職。

1977年から，ラダックをはじめ，インド，チベット，バングラデシュ，中国等においてフィールド・ワークを重ねる。

著書『法身思想の展開と密教儀礼』（法藏館，2009年），『はじめての「大日経」入門』（セルバ出版，2010年），『図説・マンダラの基礎知識――密教宇宙の構造と儀礼』（大法輪閣，2005年），『密教瞑想から読む般若心経――空海・般若心経秘鍵と成就法の世界』（大法輪閣，2004年），『密教を知るためのブックガイド』（共著，法藏館，1995年），『真言密教の新たな展開』（共著，小学館スクウェア，2006年），『弘法大師空海と唐代密教――弘法大師入唐千二百年記念論文集』（共著，法藏館，2006年），『インド密教の形成と展開』（共著，法藏館，1998年）など，他に密教関係の論文多数。

密教概論
空海の教えとそのルーツ

二〇一六年三月三一日　初版第一刷発行
二〇二一年七月一五日　初版第二刷発行

著　者　越智淳仁
発行者　西村明高
発行所　株式会社　法藏館
京都市下京区正面通烏丸東入
郵便番号　六〇〇-八一五三
電話　〇七五-三四三-〇〇三〇（編集）
〇七五-三四三-五六五六（営業）

装幀者　佐藤篤司
印刷・製本　中村印刷株式会社

ISBN978-4-8318-6367-6 C1015

和漢語索引

あ

阿育王（アショーカ） 82
ア・ヴァ・ラ・カ・キャの五字 255
ア・ヴァ・ラ・カ・キャの五字の字義 253
アヴィラウンケン 59
アヴィラウンケン・ヴァザラサトヴァン 59
ア・ヴィ・ラ・ウン・ケンの五字厳身観の真言 257
ア・サ・ヴァ 154
アサメー トゥリサメー サマイェー スヴァーハー 212
阿字 55
阿字から月輪を生み出す観想 251
阿字とは毘盧遮那理法身の種子 56
阿字の字相と、字義・実相 233
阿字の字相と字義（実義） 229, 233
阿字の真言 264
阿字を金剛薩埵の種子 240
阿字を三句によって得た法身毘盧遮那如来の一切智智 237
阿字を種子とする法身毘盧遮那如来 233
阿字を毘盧遮那の種子 240
阿字観 39
阿字思想 55
阿字即四十二字、四十二字即阿字 56
ア𑖀字と真言の布置 107
阿字法身 218
阿字法身毘盧遮那如来 239
阿字本不生 55, 233
——から清浄な月輪を生み出す密教の月輪観 251
——などの五字 214
——の理 212
——より一切の法を生ず 56
阿字門一切諸法本不生 233
阿$_{\text{上}}$字門一切法本不生の故に 233
阿闍梨の坐すスペース 152
阿閦如来 39, 148
——の種子 229
阿閦・宝生・阿弥陀・不空成就の四如来 186
阿閦をはじめとする四如来 263
アースパーナカ三摩地 260, 261
新しい顕密思想 11, 19, 35, 38, 41
新しい顕密二教の分類思想 25
新しい仏教思潮が密教と呼ばれる 31
新しい密教思想 45, 204
阿難尊者 95
アは本来不生 252
阿卑羅吽欠 223, 252
——の五字厳身観の真言 222
遍く照らすもの 54
アマラバティーの大塔 53
新たな顕密思想 20
新たな顕密二教の分類 31
新たな密教 41
新たに顕教とされた昔の顕密思想 37
阿波の大滝岳 203
𑖀𑖽（アン）字から一切諸尊を光明として法界に生み出す 56
アン𑖀𑖽字観 106
安然 140
異口同音 261
惟上 83
異生羝羊心 86
違世の八心 119
一一の仏国土の説法会 220
一行（禅師） 32, 54
一時 97
一字の真言は言であり、二字の真言は名であり、多字の真言は成立（文）である 216
一即一切、一切即一 78

一内　59
一密瑜伽　165
一切義成就　63, 64, 69, 71
一切義成就菩薩（毘盧遮那菩薩）　39, 46, 76, 197, 260, 261
——の肉体の浄化　262
——の心（むね）に現れた清らかな月輪の上　262
——は色究竟天で五相成身観を修して悟りを得た　186
一切三界を覆う世尊毘盧遮那の一切智智の境界を描きだした曼荼羅　66
一切諸法　61
一切諸法因不可得　231
一切智智　213
——の悟りの境界　65
——を得る即身成仏　257
——を悟る方法　265
一切如来　174
——の身語心金剛界　262
——の真実　261
——の真実を悟る五相成身観　260
——の心　173
一切の声の体　55
一切の実相の源　55
一切の字の母　55
一切の法を慳悋すべからず　32, 33
一切法我義不可得　231
一切法吾我不可得の故に　234
一切法損減不可得　231
——の故に　233
一切法は因不可得の故に　232
一切法本不生　231
——の故に　233
一識　77
一識・八識・九識・十識　78
一生成仏（即身成仏）　121, 139
一尊から三十六尊を生み出す出生段　187
異類身　197
因・根・究竟の三ポイント　117
因陀羅宗の解釈　217
因陀羅宗の如くにして諸義利を成就せり　217
印で印じるお加持　126
印と真言　106
インドの宇宙観　87
インド密教　41
——思想　33
——の顕密思想　35
——の波羅蜜行と真言行の二分法　34
——の仏伝　260
インドラ神が持つ雷霆　198
インドラ神の武器　198
因位から悟りへ　117
因の顚倒と果の不顚倒　235
印は三昧耶曼荼羅　162
ヴァザラサトヴァン　59
ヴァジュラ　ダーツル
ヴァジュラ　ダーツル　262
ヴァジュラ（金剛杵・雷霆）　198
ヴァは言語道を出過　252
ヴィヴゥリタ　vivṛta　17〜19
汚字とウ字の字相と、字義・実相　234
汙字は「大悲を根」　239
汚引字門一切法損減不可得の故に　233
有部律の道場　134
生み出された毘盧遮那　75
生み出したものと、生み出されたもの　78
生み出す世尊の釈迦　75
生み出すものと、生み出されたものとは等しい　159
優楼頻羅迦葉（ウルヴィルヴァー・カーシャパ）　149
優楼頻羅迦葉と伽耶迦葉　143
吽一字に、法身と報身（自受用身）・応身（他受用身）・変化身を具している　236
吽字　229
吽字の観想　232
吽字の義　236
吽字の字相と字義・実義と実相の解説　231
吽字の字相の賀・阿・汙・麼（伝統的な宗学の発音）の四字　230

吽字の開き方　231
吽字を金剛薩埵の種子　240
吽字を総持　237
吽字を毘盧遮那の種子　240
吽字義が心密　207
吽字義の実相観　222
吽の四字　232
蘊魔と煩悩魔と死魔と天子魔の四魔　236
永遠の法身仏　45
壊劫（消滅の時間）　87
慧日　83
円鏡とは、如来の心の鏡である如鏡智（大円鏡智）　214
円鏡力の故に実覚智なり　214
円壇とは空輪（宝珠形）　226
閻浮提の摩掲陀国の菩提道場　196
円満月　63
円明な智鏡の力を持たない覚者はいない　214
応化所説の陀羅尼は権であるから顕教　37
応化の所説の陀羅尼門　36
応化の説法　36
応化仏の説法が顕教　38
応身（受用身）　46
——と法身の説法を顕教　47
——や変化身の釈迦が説く顕教　204
オーダンタプリ寺　138, 143
横には身語心の無量の三密　205
オーン　ア　スヴァーハー　264
——　オーン　チッタ　プラティヴェーダン　カローミ　264
オーン　ヴァジュラ　パドマートマコー　ハン　265
オーン　ヴァジュラートマコー　ハン　262
オーン　サンハラ　ヴァジュラ　264
オーン　スパラ　ヴァジュラ　264
オーン　チッタ　プラティヴェーダン　カローミ　261
オーン　ティシュタ　ヴァジュラ　262
——パドマ　264
オーン　ボーティ　チッタン　ウトゥパーダヤーミ　261, 264
オーン　ヤター　サルヴァ　タターガタースタター　ハン　263, 265
お加持の用例　115
奥の疏　97, 101
教えの本体　45
越三昧耶　133, 134
各々五智無際智を具して　213, 214
オリッサ州　95
遠劫作仏思想　207
隠密　guhya　15, 18
隠密はグフヤ　18
隠密教　15, 16, 18, 20, 21
隠密教が小乗の声聞蔵教　19
隠密教 サンワシェーパ gsan ba bśad pa　18
隠密教と顕了教の二教　16
隠密説法　16, 27, 40
——と顕了説法　15
——と顕了説法の古い二分法　15

か

賀・阿・汙・麼の四字　230
訶・阿・汙・麼の四字　239
海雲（rgya mtsho sprin）　12, 39～41
海雲の注釈　17
果位から救済へ　117
会昌の破仏　82
契嵩　19, 20
——の伝法正宗論に見た顕密観　32
戒と律　129
果位の人（我）は四種法身　234
果位の不顛倒　235
果位の不顛倒である常楽我浄の義　234
果位の法（我）は一切諸法　234
界は身であって、身は聚集の義　85
訶・汙・麼の三字　237
火界　90
我覚の我は、識大の毘盧遮那如来　209

我覚本不生　出過語言道
諸過得解脱　遠離於因
縁　知空等虚空　208
加持　115, 126, 197
――の具体的なメカニズム　115
――の用語　112
――感応の観想　211
訶字の字相と、字義・実相　232
訶字は「菩提心を因」　239
賀字門一切法因不可得の故に　232
我即大日　255
火大の赤色　256
月輪観　223, 252
月輪の理（こころ）と理　237
月輪の喩え　251
月輪を生み出す字輪観　252
合釈による吽字の観想　236
合釈の吽字　235
――に含む四字の実義　235
――の字相と字義・実義と実相　237
合釈の吽の一字　232
羯磨部　85
羯磨曼荼羅　163, 211
カは因縁を遠離　253
果分可説　235
果分不可説　235
鎌倉の大仏の阿弥陀仏　196
伽耶迦葉（ガヤー・カーシャパ）　149, 150
観自在院　150
――の教令輪身　150
ガンジス河の砂に等しい数の如来たち　173
灌頂儀式　211
灌頂の投華得仏の儀式　152
観想上の鉄塔　52
甘露な覚りの醍醐　137
義円　83
義操　39〜41
吉蔵　13, 21, 22, 24, 40
――の顕密二教の用例　36
――の密教用語　35
義明供奉　49, 83
逆順の五輪塔　87
逆順の五輪と須弥山　89
キャは虚空に等し　253
九億九千万の菩薩たち　173
九顕一密の解釈　205
九種類の曼荼羅　181
――は、すべて下側が東　182
驚覚　261
形色　219
行者の心　250
形像は大曼荼羅　162
教相判釈　205
経律論　204
教令輪身　150
ギリシャ神話　198
キンコル　138
空界　90
空海　12, 20, 31, 35, 37, 40, 41, 46〜50, 53, 55, 76, 77, 83, 93, 203, 204
――が長安で学んだ新仏教思想　224
――が入唐した時代背景　81
――が学んだ唐代の密教　265
――の機根　49
――の三身解釈　46
――の字相と字義と実相の解釈　230
――の主要な三部書　207
――の大日経開題類の五智思想　141
――の密教　204
――の密教思想　55, 83, 185
空劫（消滅から生成までの時間）　87
空大の虚空色　256
空輪の空点　87
九会曼荼羅　182
――の観想次第　185
――図　182, 184
九界の文字　218
九識　77
クシナガラ　45
愚者　222
口から発せられた加持力　114
口の疏　97, 100
口を開く音にみな阿の声あり　55
瞿曇（ゴータマ）　63
グフヤ guhya　17〜19
鳩摩羅什　12
久米寺　93
求聞持法の体験　203
恵果和尚　40, 50, 83, 93
――が受けた小乗の四分

律　130
――の両部思想　84
恵童　59
華厳経の加持　112
――の実際　115
華厳経の教主　64
華厳経の仏伝　63, 64
外金剛部院　152
華厳寺　97
華厳宗　81
芥子劫　120
化身（変化身）　46
――の釈迦如来　47
外道や二乗の境界　34
外の四供養　187, 189
顕（ヴィヴゥリタ）　35
――と秘の二教　21
――と秘密蔵　36
――と秘密の差別の義　24
――と密の二説　21
顕戒　130
――と密戒　131
――資料　130
顕教　32, 34, 38, 204, 217
――と密教　21
――と密教の思想的展開　11
――と密教の新旧の思想的展開　11
――と密教の二種類　46
――と密教の二つの戒　130
――と密教の用語　20
――と亦顕亦密　21
――の五戒　131
――の字相の解釈は浅略　229
――の乗　43
――の波羅蜜を行ずるもの（波羅蜜行）　33
――の人々は一切智智を釈迦の単数の一智　213
――の人々は非情　217
――の菩薩　49
――の唯識思想　46
――は応化仏の説法　38
――は四大を非情　210
顕形表等の色あり　219
賢劫千仏　190
顕示　12～15, 22～26, 43
――と秘密　21
――と秘密の二分法　12, 15
――と秘密の法に三乗と一乗を当てはめる　42
――と秘密の用語　36
――の法とは方便の教なり　42
――は小乗の声聞　13
――を阿羅漢の法　12
顕色　219
――・形色・表色の三種　222
顕示教　13, 22
顕示法と秘密法　21
玄奘　15, 93
現図曼荼羅　150, 152
玄宗　31, 50
――から代宗の時代　34
玄昉請来以後の写本系統　224
顕密　24, 41
――の一切智智観　213
――の義　36
――の三劫成仏　207
――の二戒　134
――の二分法　15
――の秘密蔵　37
――の表現　24
――の優劣　205
――の用語　21, 40
顕密観　41
顕密教判思想　204
顕密思想　11, 12, 33, 35, 41, 42
顕密対弁思想　38
顕密二教　22, 39, 40
――の戒　130
――の教判思想　40
――のグフヤ　33
――の顕と秘密の差別の義　24
――の四種陀羅尼の名前（四称）　34
――の思想　16
――の分類法　38, 40
――の用例　19
顕密門　24
顕了 vivṛta　18, 28
顕了教　15, 16, 18, 20, 21
顕了教 ナンパルチェーワシェーパ rnam par phye ba bśad pa　18
――が大乗蔵教　19
顕了説法　16, 27, 28, 40
顕了はヴィヴゥリタ　18
顕露がヴィヴゥリタの漢訳語　32
顕露の常教　32
弘五　59
広金剛観　265
校訂本　101
講堂　83
降魔　68
――印　68, 148, 256

高野山万灯会の願文　118, 250
高野山を密教の修禅の地　86
五戒と三昧耶戒　131
五戒は在家菩薩の戒　131
虚空蔵院　152
虚空蔵菩薩の化身である明けの明星（金星）　203
極無比味、無過上味　137
五股金剛杵　141, 197, 252, 263
——を心の月輪に持つ修行者　197
——を持つ大菩提心の月輪　173
五根本煩悩　119
五字厳身観　65, 105, 208, 210, 214, 255, 257, 258, 265
——のオン　ア　ヴィラ　ウン　ケン　236
——の次第　266
——の実践　258
五字と月輪観　105
五字と五大と五色　255
五趣　86
五十字門　89, 218, 230
——系　89
五乗　58
五成就　95
五身・五仏・五智　194
五塵の解釈　223
五蔵　58
五相成身観　39, 46, 76, 77, 89, 186, 259, 260, 265
——の観想に登場する薩埵金剛　197
——の資料　259
五大　217
——思想　87
——と四十二字門の解釈　90
——に、ア・ヴァ・ラ・カ（ハ）・キャ（クハ）の五文字を当てはめる解釈　89
——にみな響き有り　217, 218, 223
——の観想法　256
——の句　208
——の空大の形　228
——の字義を観想し（字）　214
——の響き　224
五大明王　146
——の五尊　85
五智　140, 192, 194, 215
——・三十七智と乃至刹塵の智　213
——所成の四種法身　192
——の身　39
五道　13
五如来　66, 140, 189
五部　85, 187, 190
——と三密の曼荼羅教　204
——（仏部・蓮華部・金剛部・宝部・羯磨部）の智恵を有する金剛界如来　263
——を理智に配する解釈　85
五仏が心王　213
五仏五智は、胎蔵生曼荼羅　226
五仏の五智　141
五仏の智恵　140
五仏の宝冠　66
——を頂いた四面毘盧遮那如来　263
——を頂く菩薩形　149
五仏は即ち心王、余尊は即ち心数　76
五仏は即ち心王、余尊は即ち心数なり。心王心数その数無量なり　213
五仏を心王　76
護方天　152
五法と三身対比の思想　193
五法と三身の対比　193
五方の仏　192
護摩　108
語曼荼羅　66, 160, 161
五欲　13
五輪塔婆や宝塔　162
五輪を逆に観想する記述　89
厳覚　103
根器（機根）　32
金剛頂経系と聖位経系との二種　186
金剛界会の曼荼羅　205
金剛界黄紙次第の五相成身観　264
金剛界黄紙次第の四会の順序　182
金剛界九会曼荼羅　67, 181
金剛界系密教　83

金剛界四会曼荼羅　182
金剛界大日如来　252
金剛界大菩薩　262, 263
金剛界如来　66, 263
——の四方　263
金剛界の月輪観　252
金剛界の五如来は、共に同格の尊　187
金剛界の大法　83
金剛界の毘盧遮那　59
金剛界毘盧遮那如来　76
金剛界遍照如来　192
金剛界曼荼羅　148, 263
——が下方を東とする　199
——の界　139
——の五部　190
——の三十七尊　83
——の三十七尊と入我我入して悟る瞑想法　265
——の三十七尊（の）出生段　186, 187
——の三十七尊を十尊に集約した尊　85
——の出生段　186
——の諸尊　52
——の諸尊と入我我入　186
——の中央輪の毘盧遮那如来　67
——の毘盧遮那如来　263
——を智　85
金剛サッタ　60
金剛薩埵　50, 52, 142, 197
——から付法された金剛頂経　168
——に金剛頂経を説いた　46
——の金剛　197
——の種子・真言　229
金剛手　65, 66
——院　151
——たち　65
——の誦伝　95
——菩薩たちは悟ることを主としたもの　97
金剛智　25, 31, 32, 35, 37, 41, 50, 167, 168
金剛頂経義訣の南天の鉄塔の記述　59
金剛頂経系経軌の教理　100
金剛頂経系の色彩が濃い密教　20
金剛頂経系密教の五智の先駆思想　193
金剛頂経の経典や儀軌の題名に付くグループ名　167
金剛頂経の五相成身観　265
金剛頂経の五部　84
金剛頂経の五仏による出生　187
金剛頂経の金剛界系付法次第　39
金剛頂経の金剛界法　83
金剛頂経の成立年代　167
金剛頂経の代表的な観想　259
金剛頂経の毘盧遮那如来の種子　229
金剛頂十八会の曼荼羅　205
金剛部の五部を胎蔵部の三部に摂すること　85
金剛名灌頂　262
金珠　59
金善互授説　51
金胎不二　83
——の真言　59
金胎両部　83
——の教理　100
——の広本　175
——の十五尊　84
——の相承系譜　51
——の密教　83
言と名と成立の相　216
根本有部律の資料　130
根本大塔も、南天の鉄塔　60

さ

在家（の）菩薩　12, 26
最極究竟の心王如来大毘盧遮那自性法身の住処　79
彩色曼荼羅　161
最勝仏　63
薩埵金剛　197
サットヴァ　59
薩婆悉達　70
悟りの智火の番人　150
薩般若　213
サムエ寺　138
薩羅婆枳孃曩　213
サルバールタシッダ　63
三界　87
——と仏界　88
——六道随類の身　197
——六道の身土　222
三階教　81
三句による成仏の速さ

139
三句の順序　151
三句の第一句「菩提心を因とす」　232
三句の法門　116
三句の法門などの思想的全般　104, 108
三句の法門の順序に合せて入れ替え　143
三句を束ねてもって一の吽字となす　236
三教指帰　203
三業思想　159
三劫成仏　49
三劫段の解釈　120
三股金剛杵　141, 142
三根本煩悩　119
三十四字　89
——門　218
三十七尊の偉大な尊　161
三十七尊の出生段　189
三十七尊の金剛界曼荼羅　66, 186
三十二相と八十種好を具す偉大な諸尊の大　161
三十二相、八十種好を持つ如来　64
三十二尊を互いに生み出して供養し合う　186
三重の大悲胎蔵生曼荼羅の観想　210
三重曼荼羅　147
——と五字厳身観　209, 258
——に画かれる十二院　147
三種世間　61, 209, 214
三種の経本　109
三種の世界　220
三種（の）秘密身　164, 232
——と曼荼羅　210
——の字・印・形像の観想　239
——を観想して成仏する密教の吽字観　239
三種法身　47
三種類の金剛頂経　169
三乗の教法　196
三乗の経律論　20
三乗の人の因・行・果　237
三乗の法を顕教　32
三世無障礙戒　130
三千大千世界　75, 224
——に遍満する一切諸法　56
——の十界　218
三蔵教（経・律・論）　14, 22
三等無礙の真言　212
賛寧　19, 20
三平等の三法　212
三武一宗の法難　81
三部書　206
三昧の神変　112
三昧耶戒　33
——の内容　133
——を密戒とする資料　130
——を有しない者　32, 33
——を有する人　32
三昧耶形の集合図　162
三昧耶の禁戒（vrata）　133
三昧耶曼荼羅　162
三密　84, 159
——が遍満する虚空法界　234
——と三部と五部　84
——の観想する瑜伽　160
——の菩提心を法財として相承　211
——の曼荼羅　160
——の曼荼羅法　39
三密加持　211
三密加持すれば速疾に顕わる　211
三密加持速疾顕　115
三密相応　115
三密門　34, 38, 39
三密瑜伽　160, 211
——の菩提心　160
三妄執　121
三論宗　81
——の吉蔵　12
サンワシェーパ　19
シーレンドラボーディ　100
——とペルツェク　95
字・印・形像の三種（の）秘密身　162, 210
——の観想　107
四角・円・三角・半月・宝珠形の五輪　255
字義　230, 231, 233
識界　90
四期間の各一周期は二十劫　87
色究境天　39, 46, 77, 88, 186, 260
——で五相成身観を修行

197
——（アカニシュタ天）での成道　70
——における成仏　65
——に住して五相成身観を修す　267
——の成道　76
——の大摩尼殿　173
——の菩提道場に常住　97
字義・実義を観想して悟る法身・報身（自受用身）・応身（他受用身）・化身の尊形　231
色塵の解釈　223
色身の釈迦　78
色塵の文の釈　223
識大の顕れの心主　78
四期の法難　82
字義（実義）は出世間の文字の真実の義を知ること　230
地獄のものたちを救済する仏格　197
持業釈と隣近釈の二種が深秘釈　216
獅子吼　63
師資相承句　130, 160, 211
——と命名　135
四字の義を具す吽字　231
獅子奮迅と名づける三昧　111
四十二字門　218
——の解釈　89
——の最初の阿字を「一切諸法本不生」　230
四重曼荼羅　147
四種身　221
四種真言　34
四種法身　47, 61, 192, 215
——に四智を配当したもの　192
四種法身説法　57
四種曼荼羅　162, 164, 211, 214
——各々離れず　210
——各不離　211
——の諸尊　212
——や、三種世間　210
——や三種世間を所生　90
四種曼荼羅・三種世間を所生　209
自受用身（自ら悟りを楽しんでいる身＝法身）　39, 96, 195
——の仏格　196
自性受用仏　39
自性身・受用身・変化身・等流身とする四種身　192
自性身と受用身と変化身と等流身の仏徳三十六　187
自性法身・受用法身・変化法身・等流法身の四種法身　192, 200
自性法身と受用法身が理智法身　47
自性輪身・正法輪身・教令輪身の三輪身　150
四神　187, 190
四親近　191
自身の加持力　77
自身の三業　159
地前の菩薩　196
字相　229, 231
——と字義の観想　253
——と字義（実義）と実践　230
——と字義の解釈　229
——は則ち顕、字義は則ち秘なり　229
——は世間の文字　230
事相（実践）と教相（教理）　100
四大護院　147
地大の黄色　256
四大のみに形がある　228
四智　193
七日作壇　142
四智を自身の四所に加持　211
悉有仏性や如来蔵の思想　159
実践篇　265
実相　231
——とは字義を観ずるなり　223, 230
——を観想する月輪観　222
実相観　223, 252
悉達　63
——（シッダールタ）や一切義成就（サルヴァールタシッダ）菩薩のブッダガヤでの成道　69
シッダールタ　63
四転阿字　161
四天王　84
四如来　66, 77, 174, 186, 196, 263

——から毘盧遮那如来の四方に出生　189
——による宝灌頂で灌頂　263
——の一尊一尊に十六大菩薩を四尊ずつ四親近として生み出す　186
師の口伝　103
四波羅夷戒　132
四波羅蜜菩薩　189
四仏　76
四分律の三聚浄戒　130
四品　179
——の二十八種曼荼羅　180
四魔降伏　68, 256
——の印契　239
——の種子　229
——の声の吽字　236
四魔を降伏して悟りが得られる種子　236
持明　150
——院　150
四面毘盧遮那如来　186
歯木の向き　49
四門護の菩薩　187
四門護（四摂）菩薩　189
シャーキャミトラ　167
——の説　267
釈迦　221
——が色身のままで法身と呼ばれていた仏格の再来　64
——から毘盧遮那へ　64
——と毘盧遮那の関係　78
——の十種の名前　63
——の諸説を顕教　205
——の法身（法性身）　45
——の幼名　63, 70
釈迦三身　46
——と大日三身　46
——と大日三身の異なり　47
——の解釈　46
——は、法身が説法せず　47
釈迦即毘盧遮那　75, 76, 78
釈迦仏の異名が毘盧遮那　75
釈迦牟尼（シャーキャムニ）　63
——を毘盧遮那が一切処に遍じたもの　78
——如来　77
——如来の相（姿）　73
——仏が毘盧遮那如来　77
釈字母品の四字　231
釈尊　45
——の悟りの教え　45
——の悟りの心（フリダヤ）　56
釈体義　216
釈タントラ系の特徴　265
釈名　216
——体義　215
舎利供養　82
——祭　83
宗叡伝の九会曼荼羅　183
十縁生句　123, 125, 128
——で得る空の心　123
住劫（生成から消滅までの時間）　87
十三項目　103, 108
十三仏の真言　59
住持の八祖　50
十住心論の構造　205
十住心論の第十住心　141
重重帝網のごとくなるを即身と名づく　212
住心品の研究書　97
十善戒　130～132
十善業道戒（十善道戒）　131, 132
十段階の心のあり方　205
十二院の蘇悉地院　146
十二院曼荼羅の尊数　146
十八会の経典と説処　170
十八会の初会経の存在　168
十不善業道戒　131
十万頌広本とされる金剛頂経の全体像　172
十喩　123
十六大菩薩　189
守覚法親王　50, 51
儒教・道教・仏教　203
守護経の唵字　234
種子曼荼羅　161
衆生世間・器世間・智正覚世間の三種世間　228
衆生の機根の浅深によって顕教と密教が開示される　49
衆生の三業と如来の三密は同じ　159

衆生の自秘　36
衆生の随縁　222
衆生秘密　36
――と如来秘密の顕密思想　37
受胎　67
十界　218
――に言語を具す　218
出家　67
十識　77
十種の住心と顕密の関係　205
出世間の阿字の字義　233
出世間の字義　239
十尊　84
十方遍満仏　78
竪には十重の深浅　205
シュバカラシンハ　32
修菩提心　261
須弥山（スメール）　39, 86
――思想　86
――の減増　87
――の地輪　256
――の曼荼羅　86
須弥山頂　50, 65, 66, 76
――での曼荼羅教の説法　65
――に降下　46
――の金剛界毘盧遮那如来の四方　77
――の楼閣　263
――の楼閣に移動　263
珠網の珠　212
受用身に近い法身の複数化　48
受用身の毘盧遮那如来　195
受用身を二種に開いた仏格　195
順世の八心　118, 119
淳和天皇の詔勅　204
シュンヌペル　101
除暗遍明の義　54
声・字・実相　223
――の世界を具現化する瞑想　239
聖位経の三十七尊出生段　187
聖位経の四種身　192
聖位経の毘盧遮那如来一尊による出生　187
静基　50
勝義、行願（大悲）、三摩地の三種菩提心の思想　132
障礙を払う真言　105
成劫（生成の時間）　87
常恒の法身　75
成金剛心　262
声字　216
――実相義が語密　207
――実相義の内容　215
――実相の一々の言と名と成立の字義（実相）　217
清浄な月輪に転ずること　222
清浄な菩提心　222
清浄な法身　250
小乗の声聞乗の法　14
小乗の声聞蔵教　20
小乗は浅易なるに約して顕示　13
小乗仏教の菩提心　249
清浄法界（法界体性）・如鏡智（大円鏡智）・平等性智・妙観察智・成所作智の五法　193
小乗を顕示　13, 22
成身会　182
――の意味　183
――の金剛界曼荼羅の三十七尊　187
――の諸尊　190
――・羯磨会・三昧耶会・供養会の四種曼荼羅　183
――・三昧耶会・微細会・供養会の順序　183
――・三昧耶会・微細会・供養会の四会　184
――（の）曼荼羅　188, 189
成所作智　194
上転　185
――と下転　185
成道　69
浄土教　81
成仏に必要な三劫　120
正報　221
浄菩提心観　223
浄飯王　63
――の館　64
声聞蔵教　20, 21
声聞の十善業道　131
常楽我浄　234
青龍寺　39, 40, 55, 181
初会金剛頂経の金剛界法　91
所寄斉　121
初期の仏伝　63
初期仏教　56, 116
――が法身の身（kāya）

を本体や集合体とした思想　86
——の師資相承句　165
——の法身思想の展開　149
——の法身と同じく教えの本体であり、教えの集合体　149
初期密教経典　64
所生（生み出される）　214
諸乗の経律論　20
諸尊の三密　211
初中後の字を取って作る三パターンの種子　161
諸仏の一つひとつの事（かたち）と事　237
諸仏を出生する心髄を有するもの　138
諸仏を発生する漫荼羅と名づく　137
尸羅（śīla）　129
自利の身　196
字輪観　252
字を観想した「実相」が法身（法の集合体）　222
心・額・口・頂の四処加持　211
新旧の顕密思想を傍証する賛寧の宋高僧伝　12
身口意の三密　130
身語意の三密曼荼羅　104
身・語・意の神変（加持）　111
身・語・心　212
——の三密　205
真言行　33, 35
真言行者の修行　121, 122
真言宗　223
——の宗義　204
——の受戒　130
——の葬儀の引導作法の五戒　135
真言陀羅尼の三密門に依って修行して成仏するもの　34
真言の字相・字義を観想して悟る真言の秘密儀　225
真言の相　216
真言は不思議なり……一字に千里を含み　237
真言曼荼羅教　132
真言密教　34
真言を打ち付けるお加持　126
身三・口四・意三　130〜132
真実義である字義・実義を観想して実相を悟る　239
心　→　むね
心主　75〜77
——から生み出された無数の釈迦　75
——の釈迦　75
——の迹（心数）　76
——とは即ち心王なり　76
心主即心王　76
心清浄説の立場　249
真身舎利の供養　82
心数（心所 caitasika, caitta）　75, 76
心数がその心王から生み出された諸尊　213
心数の諸尊がまた心王となって無数の心数を生み出す　213
心数の波は心王の水を離れてあり得ない　79
心数心王刹塵に過たり　213
神通乗　139
心と虚空の相とこの菩提の自性　249
身と身のあり方　212
心王　75〜77
——が曼荼羅の五仏（五如来）　213
——と心主と心数の三者の関係　79
——と心数の関係　213
——の解釈　78
——の毘盧遮那　75
——は毘盧遮那如来一尊　187
心王毘盧遮那如来一尊　76
心の観察　261
心の薩埵金剛（五股金剛杵）　263
心の本不生　79
心は阿字本不生　264
深秘釈　116, 117
新仏教の新しい顕密思想　204
心・仏・衆生　212
神変加持　111
神変加持思想　112
心（意）曼荼羅　66, 160, 162
身曼荼羅　66, 160, 161

神力（anubhāva）と加持（adhiṣṭhāna, adhiṣṭhita）112
心を清浄にする月輪観 251
随縁 221
——の顕現を明かす 221
水界 90
垂迹 45
水大の白色 256
隋・唐の仏教各派の実情 81
水波の喩え 79
世宗（後周） 81, 82
——の法難 82
ゼウスのために雷霆 198
世間の三妄執を超えて、出世間心が生ず 121
世間の字相 239
世間の百六十心 119
世間の六十心を超えるための三劫 120
世尊が住するこの法界宮殿 71
世尊釈迦牟尼が、毘盧遮那如来に変遷する様 73
世尊釈迦牟尼から毘盧遮那への教主の変遷 74
世尊毘盧遮那如来 65
——が得た悟りの一切智智 65
殺生戒の方便行 131
善指 59
禅宗 81
善無畏 12, 32, 33, 53, 65, 97, 101, 103, 137, 152
——と一行が漢訳した経典 95
——とブッダグフヤの三昧耶戒の注釈 41
——の顕密観 32
——の直説 102
——の直説から離れたもの 102
——の大日経疏の五智の解釈 141
——系の一〇一尊大悲胎蔵生曼荼羅 143
——系曼荼羅と大きく異なる点 146
——三蔵の弟子玄超 83
浅略釈 117
雑阿含経の劫の説明 120
増劫 87
相承系譜 50
宋代から見た新旧の顕密思想 21
触地印 69, 148
速疾顕 115
即身 212
——の偈と成仏の偈 208
即身成仏 49, 115, 116, 214, 249
——義が身密 207
——論 206
則天武后 31
蘇悉地院 130, 152

た

第一から第九住心までが顕教 205
第一の阿字 251
大円鏡智 194
第五降伏の法門 73
第三重は文殊院 103
大・三昧耶・法・羯磨の四（種）曼荼羅 184, 185, 209, 210
大・三昧耶・法・羯磨の四曼荼羅の説明 184
大・三昧耶・法の三種曼荼羅 211
大慈三摩地 236
第四証悟の法門 73
第七仙 63
第十界（仏界）の文字 218
第四の羯磨曼荼羅 164
帝釈天宮 212
大沙門 63
第十三院の四大護院 147
第十住心が密教 205
大乗教の顕教の説 34
大乗蔵教 20, 29
大乗の顕秘の二教の分類 24
大乗の菩薩 12
大乗は甚深なるを秘密 13
大乗仏教 116
——の菩提心 249
大乗菩薩の十善業道 131
大乗菩薩の方便戒 131
大乗を秘密 13, 22
代宗 31, 50
胎蔵海会の曼荼羅 205
胎蔵界曼荼羅 139, 140
胎蔵生曼荼羅 140
——の観法 258

――の持明院の五尊　84
――の十三院　147
――の中台毘盧遮那　77
――を理　85
胎蔵の大法　83
胎蔵は理、金剛界は智　85
胎蔵法の月輪観　251
――の特色　251
胎蔵法の観想　251
胎蔵法の毘盧遮那　59
胎蔵法の毘盧遮那如来　233
大智度論の八不　55
大導師　63
第二重の釈迦院と第三重の文殊院を入れ替え　151
第二重の釈迦牟尼院と第三重の妙吉祥（文殊）院　143
第二重の釈迦牟尼院と第三重の妙吉祥院を入れ替え　146
第二重は釈迦院　103
大日経義釈（十四巻）を中心にする台密の慣例　102
大日経系の密教　83
大日経疏の解釈　54
大日経疏の三昧耶の偈　135
大日経疏の乱脱　102
大日経疏（二十巻）を中心にする東密の慣例　102
大日経注釈類の顕密思想の流れ　34
大日経と同様に、金剛頂経にも法爾常恒本と広本と略本の存在　168
大日経の開題類を七本　101
大日経の学習　102
大日経の加持の先駆思想　112
大日経の経文を三密に配当する思想　85
大日経の五字厳身観　209
大日経の三部　84
大日経の十縁生句　123
大日経の成道　65
大日経の成立地　94
大日経の成立年代　93
大日経の胎蔵系付法次第　39
大日経の胎蔵法　83, 91
大日経の大悲胎蔵生曼荼羅　151
――の諸尊　156
大日経の注釈書　12
大日経の菩提心　249
大日経の瞑想法である五字厳身観　265
大日経も南天の鉄塔内で相承　53
大日経六巻三十一品の関連と主要な思想　108
大日三身　46
――は、法身が説法　47
大日如来　251
――の三昧耶形としての法界塔婆　255
大日の智恵の光　54
第二の大日如来の種子である阿字　251
大悲胎蔵生（曼荼羅）　138
大悲胎蔵生曼荼羅　54, 66, 139, 140, 160
――が上側を東とする説　182
――が上方を東　199
――として見せる　65
大悲胎蔵生漫荼羅の広義　137
――の毘盧遮那と釈迦の関係　75
大悲の胎蔵より生ずる曼荼羅　139
大毘盧遮那　54
――の真言　53
――の仏位　39
大毘盧遮那如来　50, 64, 173
――と毘盧遮那如来の違い　174
――の五智　141
――の悟りの智　54
――の種子　55
――の大　173
太武帝（北魏）　81, 82
大曼荼羅　161
台密の円仁たちの請来　102
台密の伝承　54
拓跋育　82
他受用身　36, 195, 196
――が説法　38
――の仏格　196
陀羅尼　34, 37
――の顕密観　35
陀羅尼門　35
誕生　67
タントラ経典　97
地界　90

智拳印　59
智儼と温古が校訂したもの　101
智儼と温古の校訂の手　102
智サッタ　60
智者　222
地・水・火・風・空・識の六大　210
地・水・火・風・空の五大　255
地・水・火・風の四大について、顕密の解釈の相違　210
智の五股金剛杵　173
チベット系一二二尊大悲胎蔵生曼荼羅　143
チベット密教の円形のマンダラ　138
チベット訳大蔵経　100
智法身　47, 193
中インドのナーランダー　95
中観の空思想　46
中国人の海雲　12
中国仏教の顕密観　35
中国密教　53
忠実なインド密教　81
中台の毘盧遮那は菩薩形の如来　66
中台八葉院　148
中唐の新仏教　204
知禮　78
通序を持たない大日経　95
通相の吽字　237
通達本心　261
通達本心、修菩提心、成金剛心、証金剛身、仏身円満の五段階　265
月　→　がち
月と摩尼珠の喩え　250
月の清浄さと功徳　250
弟子が師より法財を受ける灌頂の句　160
弟子見　49
鉄塔　52
転識得智の思想　201
伝持の八祖　50〜52
転字輪漫荼羅行品の語曼荼羅　147
伝真言院曼荼羅（西院本曼荼羅）　147
伝真言院曼荼羅の三部　154
伝真言院（西院）曼荼羅の十二院　146
天息災　172
天台宗　81
伝法の阿闍梨位　142
転法輪　69
トヴァシュトリ　198
投華得仏　49, 142
東寺　83
道宣　20
唐代以後の新しい顕密思想　19
唐代以前の古い顕密思想　19
唐代以前の昔の顕密思想　37
東大寺に真言院を建立　134
唐代の空海が学んだ顕密思想までの変遷　12
唐代の顕密思想　33, 41
唐代の新旧の顕密思想　31
唐代の密教　49
東密（東寺の密教）の伝承　54
等流身　196, 197
栂尾祥雲　53, 75
土佐の室戸岬　203
兜率天　67
徳光（yon tan ḥod）　12
徳光の注釈　17
頓悟の密教　49

な

ナーランダー寺　97
内外の依正　220
——に具す　220
内の四供養　186, 189
ナマッハ　サマンタ　ブッダーナーン　ア　258
ナマッハ　サマンタ　ブッダーナーン　ア・ヴィー・ラ・フーン・クハン　257
ナマッハ　サマンタ　ブッダーナーン　ア・ヴィーラ・ウン・ケン　259
ナマッハ　サマンタ　ブッダーナーン　ヴァ　258
ナマッハ　サマンタ　ブッダーナーン　カ（ハ）　259
ナマッハ　サマンタ　ブッダーナーン　キャン（クハン）　258
ナマッハ　サマンタ　ブッダーナーン　ラ　259

奈良・東大寺の大仏の盧舎那仏　196
南天の鉄塔　50, 52, 95
南天の鉄塔説の記述　169
南天の鉄塔内での相承か否か　53
南天の鉄塔外で相承　53
南天の鉄塔外での相承説　54
ナンパルチェーワシェーパ　19
二経一論から八ヵ所の証文　207
二教論巻下の二種の顕密思想　35
肉身の釈尊そのものの説法　45
肉身は滅度を取るといえども、法身は存在す　45
二十一尊立体曼荼羅　83〜85
二十八種類の金剛頂経系曼荼羅　179
二十八種類の曼荼羅　179
二十天　190
日本密教　100, 102
——の開祖　204
——の相承系譜　50
——の方形のマンダラ　138
——の曼荼羅の意味　137
入涅槃　69
如実知自心　116, 233, 249
如是我聞　97
如是我聞一時の通序は存在しない　97
如来側の秘密　37
如来出生　112
如来性起妙徳菩薩の頭頂　113, 114
如来性起妙徳菩薩の頭頂への加持　112
如来などの意味　108
如来によって加持された法界宮殿　52
如来の清浄法身　250, 251
如来の秘奥の蔵　32
如来の不来不去　58
如来の摩尼珠　251
如来（の）秘密　36
尼蓮禅河の岸辺に残した肉体（異熟身）　260
人我は四種法身　234
人間以上の尊格　60
人法二無我　234
能寄斉　121
能生（生み出す）の六大　214

は

拝火教　149
八十歳で入滅　45
八大仏塔　69
八識　77
八相成道　67, 77
——を示す釈迦　196
——を示す釈迦如来　75
八祖の金剛頂経の相承系譜　51
八祖の特色　51
八不　61
波羅蜜行　34
波羅蜜に依って修行して成仏するもの　34
鑁字は（毘盧遮那の）智法身の種子　56
磐石劫　120
般若経や華厳経の加持思想　112
般若三蔵　250
般若と方便　131
秘奥の蔵がグフヤの漢訳語　32
秘蔵記異本第三章の九会曼荼羅　183
秘蔵記の四会曼荼羅の内容　184
密かに教える　24
密かに説く教え　40
毘奈耶（vinaya）　129
秘密（グフヤ）　12, 13, 15, 22〜24, 35, 36
——と顕示　22
——と顕示の二分法　40
——にして隠して説く教え　40
——の教　14
——の八印　107
——の法　13
——の法とは、甚深の法なり　43
——の菩薩　25
——を大乗の出家菩薩の法　12
秘密荘厳住心　205
秘密乗を密教　32
秘密甚深の教　14, 23
秘密蔵の権実　37
秘密（密教）と顕示（顕教）　11
——の字義の解釈は深秘

229
顕秘の二教　23
秘密法　13, 14, 22, 23
——と非秘密法　21
秘密曼荼羅品の経文
140
一〇一尊善無畏系大悲胎蔵生曼荼羅　144
一〇一尊大悲胎蔵生曼荼羅　146
一〇一尊曼荼羅　143
白毫から発せられた加持力　114
一二二尊チベット系大悲胎蔵生曼荼羅　145
一二二尊曼荼羅　146
百六十心の対処法　119
百光遍照王　61, 161
——の ॐ（aṃ）字　56
表色　220
平等性智　194
毘盧舎那　76
毘盧遮那（ヴァイローチャナ）　63, 64, 221
——と同じ五股金剛杵を胸にもつ薩埵（人）
52
——はこれ理法身　57
毘盧遮那一尊から、三十六尊すべてを生み出す
187
毘盧遮那如来　39, 73, 76, 111, 149
——が質問しようとする内容　114
——から四如来に出生
189
——である虚空法界身
211
——と四如来　189
——と四如来が色究竟天から別々に須弥山頂に降下　186
——と四如来との五如来
186
——と大毘盧遮那如来の関係　173
——となって須弥山に降り　186
——の加持　114, 197
——の加持の力　113
——の加持の用例　112
——の悟りの理と智
149
——の三昧耶形　162
——の三密　115
——の三密の功徳　194
——の四智（利他の智）
196
——の四方に四波羅蜜菩薩を一菩薩ずつ生み出す　186
——の四方に住する
186
——の諸説を密教　205
——の説法　114
——の法身・受用身・変化身の三身の果徳
211
——の心にある五股金剛杵　173
——と四如来を合せた五如来　174
毘盧遮那仏　53
毘盧遮那菩薩　64, 65, 69, 225
——が釈迦族の摩耶夫人の胎内に下生する仏伝
64
——と法身毘盧遮那如来の登場　64
——の成道　65
——の仏伝　63
悲を根本とす　117
ヒンドゥー教　198
風界　90
風・水・金の三輪思想
87
風大の深青色　256
不飲酒　131
不空　25, 31, 41, 50, 52, 83
不空系の都部陀羅尼目所説の曼荼羅　152
複数の如来たちにそれぞれ法身が住するとする思想　174
覆蔵する
（praticchādanatā）　18
普賢　66
普賢観　78
普賢大菩薩　173
普賢菩薩　114
——の口への加持　112, 113
——の御口　114
不邪見　131
奉詔解釈　34, 35
武宗（唐）　81, 82
仏界　87
仏地経の五法の思想
193
仏舎利八十粒　83
仏性や一切衆生悉有仏性、如来蔵の思想　250
ブッダグフヤ　12, 33, 97, 101

――系と善無畏系の曼荼羅　153
――系の曼荼羅　152
――の顕密観　34
――の注釈書　151
仏の神変　112
仏部と蓮華部と金剛部の三部　84, 154
仏部と蓮華部と金剛部と宝部と羯磨部の五部　84
仏部・蓮華部・金剛部の三部　190
仏部・蓮華部・金剛部・宝部・羯磨部の順序　84
仏・法・僧　212
仏・蓮・金の三部の一つ　151
仏・蓮・金の三部を表す三股金剛杵　197
仏を出生するもの　138
武帝（北周）　81, 82
――の法難　82
不動と降三世の二明王　146
不動明王と降三世明王　150
不二思想　83
不縛　59
付法の相承系譜　95
付法の八祖　50～52
古い顕教　41
古い顕密思想　19
古い顕密二教の二分法　12
古い顕密二教の分類思想　25
古い二分法　11
奮迅示現　126
――する神変　111
忿努月黶という教令輪身　151
ヘーパイストス　198
別相と通相　239
別相の吽字　236
別相の四字　239
ペルサンラブガー　100
ペルツェク　100
変化身　196
――が説法　38
――と等流身　47, 196
――の悉達　45
――の釈迦　203
辨弘　83
遍照　55
遍照金剛という灌頂名　55
遍知印（一切遍知印）　54, 76, 140, 143, 148, 149
――の三角形　150
――の三角形の三辺　140
――の中央に五股金剛杵を安置　165
方・円・三角・半月・宝珠形の五輪を布置する観想法　209
法界宮殿　65, 221
法界定印　59
法界性の身　221
法界身の毘盧遮那如来　187
法界体性智　193, 194, 211
――・大円鏡智・平等性智・妙観察智・成所作智の五智　194
――の一智から四智を生み出す思想　193
法界体性の理の法身　193
法界塔婆　162
――から法身毘盧遮那如来となって成仏する（形像）　214
――に転じ（印）　214
――の五輪と五字と五大　256
法界として遍満した法身から生み出された幼名　63
法界に遍満する如来の秘密の三業　159
法界に遍満する法身　39
法界遍満仏　48
――思想　47
法我は一切諸法　235
法具類　204
方形・円・三角・半月の四洲　87
法財　160
――とは謂く三密の菩提心の教法なり　160
宝珠の形　227
報身と応身と変化身と等流身の四種身　221
報身に近い法身　64
法然具足　212
法然としての存在　222
法然と随縁　221
法然と随縁と有り　221
法然とは、法爾　221
法然に薩般若を具足して　212
宝部　85

法仏法爾の身土を明かす 221
方便を究竟とす 117
法曼荼羅 95, 161
——の種子 161, 162
——は、三曼荼羅の中でも最も根本となるもの 161
菩薩形の四面の毘盧遮那如来 67
菩薩形の毘盧遮那如来 64, 66
——となる思想 65
——の頭上に頂く宝冠 66
菩薩の色究竟天での成道 69
菩薩の十一項目の加持 115
菩薩の清浄法身 250, 251
菩薩の摩尼珠 251
菩薩の心の五股金剛杵の四方 263
菩薩（菩提薩埵）は悟りを求める人 116
菩薩は悟りを約束された人 116
菩提心 116, 132, 249
——と月輪の関係 249
——を因とし、悲を根本とし、方便を究竟とす 116
——を因とし、大悲を根とし、方便を究竟とする三句 237
——を因とす 117
菩提心戒 130
菩提即心 116
法華一乗を秘密 43
法性身 48
——と父母生身 58
——と父母生身の二身説 48
——を法身であると理解 58
法身（教えの本体） 45, 55, 56
——が一切如来の心に住するとする先駆思想 174
——が説法 48
——が毘盧遮那如来の実相となること 222
——から法を聞く大衆もすべて法身（法性身）である 48
——と報身（自受用身）が合わさった性格の法身 64
——と応身と化身の三身 46
——として宇宙に遍満し法界となった 45
——（教の本体）の印 76, 149
——の五大の響き 86
——の里 86, 91
——の三密 234
——の心王（citta-rāja） 75
——の説法 49
——の説法が密教 38
——の毘盧遮那如来が説く密教 204
——の複数化 58
——の仏格 233
——の法界体性智 196
——の方便身 250
——の仏は、常に光明を放って常に説法す 48
——は是れ実相なり 216
——は説法しない 46
法身・応身・化身の三身 38
法身所説の陀羅尼は実であるから密教 37
法身説法 36, 37, 45, 48, 224
——の顕教側の資料 48
——の根源である種子・真言 223
——の先駆思想 204
——のルーツ 45
法身大毘盧遮那如来 46, 50, 174, 204
——が説く大日経と金剛頂経 49
——と呼ぶときの大の用例 173
——の説法の教え 45
——を中心にした曼荼羅の教え 265
——を能生 90
法身大毘盧遮那仏 221
——（如来）の依正 221
法身（の）毘盧遮那如来 52, 56, 64, 78, 95, 151, 232, 239, 260
——が説く胎蔵法の意味 40
——から生み出した変化身の釈迦 75
——の声字 215
——の姿 115

——の説法は悉く文字による　215
——の説法を聴き、姿を見、思いを知ること　160
——の仏格　237
——の理智　173
法身仏常放光明常説法　36
法身仏の説法を密教　47
法相宗　81, 207
ぼやけた月輪　262
勃嚕羅国　53, 97
梵天勧請　69
梵天・帝釈天　84
煩悩即菩提　250
本不生　61
本来不生　55

ま

麼字　234
——は「方便を究竟」　239
——を大日の種子　235
摩字門一切法吾我不可得の故に　234
摩尼珠の喩え　251
摩耶妃　63
摩耶夫人の子宮の楼閣に居る毘盧遮那菩薩　64
摩耶夫人の胎内に下生した後　64
満月のような月輪　262
マンダ（manda）の語義　137
曼荼羅　139, 204
——の教え　265
——の形　143
——の七日作壇　142
——の毘盧遮那如来がなにゆえに菩薩形であるか　65
——のフルネーム　139
曼荼羅海会　225
曼荼羅作壇から灌頂儀式を終えての破壇　142
曼荼羅思想　76
曼荼羅（maṇḍala）の語義　137
マンダラは仏を出生するもの　139
マントラ（真言）　218
慢法の人に秘密にするため　151
未灌頂の人　101
未灌頂の者　97, 133
未校訂本　101, 102
自らを投影した菩薩形の毘盧遮那如来　67
密戒　130
密教　32, 35, 38, 39, 40, 81, 204, 217
——が曼荼羅法　20
——と顕教の密と顕　19
——とは、曼荼羅教　164
——の一識から十識　155
——の加持　115
——の月輪観　251
——の果分可説の思想　235
——の教主大日如来　39
——の教理（教相）　265
——の言語観　206
——の五戒　131
——の五大　217
——の五智　193
——の三身　47
——の三密瑜伽　160
——の識　77
——の字相字義　58
——の修行　123〜125
——の主要な教えは曼荼羅（法）教　139
——の成道　70
——の真言を行ずるもの（真言行）　33
——の相承系譜　50
——の即身成仏　207
——の人々は一切智智を虚空法界に遍満する複数の曼荼羅諸尊の智　213
——の人々は三昧耶身　217
——の法具である金剛杵　198
——の菩薩戒　106
——の法身説法の思想　50
——の曼荼羅思想の先駆思想　48
——の曼荼羅に住する毘盧遮那如来　64
——の密　35
——の瞑想法　249
——は四大を大毘盧遮那如来から生み出された三昧耶身　210
——は法身の説法　38
密（グフヤ、guhya）教と顕（ヴィヴゥリタ、vivṛta）教　40
密教菩薩の特殊な十不善業道戒　132
南インドの鉄塔　53

妙観察智 194
弥勒 11, 15
明帝 31
昔の顕示（vivṛta）と秘密（guhya）の顕密思想 35
昔の顕密思想はすべて顕教と呼ばれる 31
昔の顕密二教の分類法 31
無行 93
——の遺品 97, 137
——のサンスクリット本 100
——の請来本 54
無行請来のサンスクリット本 95
無礙にして常に瑜伽なり 210
無着 15
無常・苦・空・無我 233
無生法忍 13, 14, 22
——を得て煩悩をすでに断じた大乗の菩薩の法 13
心（むね）の月輪中に五部を表す五股金剛杵を持つ 197
無・非・不の否定の意味 55
無分別智 252
無量百千億那由他の光輪 113
滅劫 87
文字の集合図 161
諸の如来たちは、諸の法身である 174
文殊と釈迦を入れ替える善無畏系の曼荼羅 152

や

大和久米寺 203
唯識思想の変化身 196
唯識の三身説 48
瑜伽灌頂の五部と護摩と三密の曼荼羅 20
瑜伽五部の曼荼羅法 20, 21
瑜伽師地論以降のインド仏教文献 42
瑜伽タントラに巧みな三人の学匠 167
瑜伽瑜祇経所説の四種法身 192
ヨーガ・タントラの根本 175
能く迷いまた能く悟る 222
横 → おう
欲界 92
四〇八尊伝真言院曼荼羅（西院本曼荼羅） 143

ら

ラは諸過を解脱 253
乱脱（爛脱） 103, 151
——の習慣 103
理趣経諸本 73
理趣経の研究 75
理趣経類本 64
理智の具足を仏部 85
理智法身の毘盧遮那如来 47
理智を金胎両部に配する秘蔵記の思想 86
律典資料 129
理と智 85
理と智の相応 234
理の月輪 173
理の法身 193
理法身 47
理法身と智法身の相応無二 234
龍経 59
龍三 59
龍樹 12, 40
龍智 167
龍猛 50, 53, 168
——の誦伝 95
両界曼荼羅 140
両部の大法 83, 91
両部の密教 83
両部不二 83
両部曼荼羅 143
輪円の義 138
盧舎那は則ち智法身 57
流出仏 197
蓮華部 150
斂金剛観 265
六十心とか百六十心の煩悩 119
六種に震動 113, 114
六種の畏れなき心 121
六種曼荼羅 183
——が基本 179
六塵 217
——に悉く文字（法曼荼羅）あり 206, 215, 218, 223
——の文字 224
——の文字は、法身毘盧遮那如来の三密の働き 215
六神通 13, 14, 22
六大から成り立っている

身が毘盧遮那如来
209
六大思想　90
六大所成の大　161
六大能生の識大の種子
229
六大能生の法身毘盧遮那
61
六大の真言の अ（a）・ व（vi）・ र（ra）・ हूं（hūṃ）・ खं（khaṃ）・ हूं（hūṃ）　208
六大無礙にして常に瑜伽
なり　208
六大を能生　209
六無畏　121, 128
——の境地　122
六界思想の展開　90

典籍名索引

あ

阿毘達磨倶舎論　90
一切如来真実経　172
一切如来真実摂経　173
一切如来真実摂大乗現証三昧大教王経　172
吽字義　56, 229, 230, 232, 238, 239, 253

か

契嵩の伝法正宗論　12
カンギュル（仏説部）95, 100
漢訳大日経　98
起世経　86
吉祥最上根本と名づくる大乗の儀軌王　74
教王経開題　51, 53, 161, 164, 170
倶舎論　86, 90
供養念珠三昧耶法門真言行学処品　53, 100
華厳経　63〜65, 78, 114, 159, 218
——入不思議解脱境界普賢行願品　250
——入法界品　249
——如来随好光明功徳品　64
——如来名号品　63
解深密経　28
広大儀軌　147
広大教理分　173
校訂本の大日経義釈　101
御請来目録　83, 181
五秘密儀軌　159, 160, 211
金剛界黄紙次第　251
金剛界大曼拏羅広大儀軌分（第一〜第六）　172
金剛手灌頂大タントラ　258
金剛場荘厳と名づくる大儀軌王　74
金剛頂一切如来真実摂大乗現証大教王経（金剛頂経）　25, 32, 38, 39, 41, 45, 47, 50, 53, 56, 65, 75, 84, 89, 93, 100, 140, 164, 167, 168, 171〜173, 179, 184, 187, 197, 207, 211, 218, 236, 237, 263
——金剛界品　76, 186
金剛頂経一字頂輪王瑜伽一切時処念誦成仏儀軌　211
金剛頂経開題　84, 167, 170, 216, 260
金剛頂経義訣　52, 168, 170
金剛頂経金剛界大道場毘盧遮那如来自受用身内証智眷属法事異名仏最上乗秘密三摩地礼懺文　194
金剛頂経大瑜伽秘密心地法門義訣　52, 168
金剛頂経瑜伽金剛薩埵五秘密修行念誦義軌　130, 159, 211
金剛頂経瑜伽十八会指帰　168, 179, 259
金剛頂瑜伽中発阿耨多羅三藐三菩提心論　207
金剛頂瑜伽中略出念誦経　133, 172
金剛頂瑜伽理趣般若経　74
金剛峰楼閣一切瑜伽瑜祇経　192
金光明経文句記　78
金胎両部の付法次第記（『両部大法相承師資付法記』）　39

さ

崔牧の大日経序　53
三学録　129
三十七尊礼懺文　194
三千頌略本　95
三昧耶戒序　129, 132
三昧耶仏戒儀　132
七巻二十九品の経典と外篇の七品　95
七種の開題類　102
実相般若波羅蜜経一巻　74
釈字母品　89, 230, 231〜234
釈タントラである金剛頂タントラ　259, 264
十二口伝中の「乱脱の伝」　103
十八会指帰　168, 170, 172, 179, 183, 259
十万偈十八会の広本と略

本　168
十万頌（の）広本　54, 95
守護国界主陀羅尼経（守護経）　49, 77, 233
聖位経　57, 183, 187, 192, 193, 195, 196
請観音経疏闡義鈔　78
貞元新定釈教目録　167
声字実相義　49, 214, 215, 223, 224, 253
性霊集　86
初会（の）金剛頂経　70, 167, 172, 174, 179
真言宗所学経律論目録　129
真言付法伝（略付法伝）　50, 51, 52, 196
真実摂経　167, 172, 173
スッタニパータ　70
施護訳三十巻本　172
千手観音行法次第　264
善無畏の大日経疏　257
雑阿含経　131, 159
増一阿含経　45, 131
宋高僧伝　20, 21, 29, 39
総釈陀羅尼義讃　34, 35, 42
続高僧伝　20
即・声・吽の三部書　207
即身成仏義　49, 90, 93, 115, 121, 130, 160, 162, 184, 207, 211, 214, 217, 257
蘇悉地羯囉経　130
蘇悉地経　41
蘇婆呼経　130
蘇婆呼童子経　41
蘇婆呼童子請問経　130

た

第十五会の秘密集会瑜伽（秘密集会タントラ）　172
大乗荘厳経論　250
胎蔵普礼五三次第　251
大智度論　11, 12, 14, 15, 19, 21～23, 25, 31, 36, 37, 40, 48, 56
大唐西域記　93, 94
大日経　25, 32, 40, 41, 50, 53, 54, 56, 64, 65, 75, 89, 93～95, 97, 101, 121, 125, 131, 137, 139, 146, 160, 149, 162, 167, 173, 187, 203, 207 219, 220, 221, 232, 236, 237, 255, 258
——住心品　52, 97, 100, 111, 116, 119
——受方便学処品　131～133
——説本尊三昧耶品　210
——転字輪漫荼羅行品　160
——入真言門住心品　97
——入漫荼羅具縁真言品（具縁品）　87, 137, 143, 147, 160, 208, 216, 218, 257
——秘密漫荼羅品　208, 209
大日経開題　95
——衆生狂迷　147, 150
——法界浄心　85, 95, 169, 197
——隆崇頂不見　95
大日経供養法　持誦法則品第四　257
大日経広釈　101, 151
——悉地出現品　257
——秘密曼荼羅品　33
大日経七巻三十六品　54
大日経疏　32, 76, 96, 97, 100, 103, 119, 139, 143, 149, 150, 209, 233
——息障品　150
——入漫荼羅具縁真言品（具縁品）　32, 89, 151
——秘密漫荼羅品　32
大日経疏要文記　101
大日経の供養法　53
大日経の悉地出現品第六　208
大日経の法爾常恒本　169
大日経要義　101
大日経六巻三十一品　95
大般涅槃経　249
——如来性品第四之六　250
大般若波羅蜜多経（大般若経）　89, 210
大般若波羅蜜多理趣分　73, 74
大毘盧遮那経　57
大毘盧遮那経広大儀軌　147
大毘盧遮那成仏経疏文次第　101
大毘盧遮那成仏神変加持経蓮華胎蔵菩提幢標幟普通真言蔵広大成就瑜伽（青龍寺儀軌）　147
大毘盧遮那成仏神変加持

経蓮華胎蔵悲生曼荼羅広大成就儀軌供養方便会（玄法寺儀軌） 147
大毘盧遮那仏説要略念誦経 53
大楽金剛不空真実三昧耶経般若波羅蜜多理趣釈 174, 218, 230
大楽金剛不空真実三昧耶経（理趣経）一巻 74
第六会の七巻・理趣経 171
チベット訳大日経 98, 100
底哩三昧耶荘厳王タントラ 258
テンギュル（論疏部） 95, 100
天長の六本宗書 203
伝法正宗論 12, 20, 21, 32
都部陀羅尼目 168, 170

な

二巻本訳語釈 138
二教論 12, 24, 25, 38, 43, 46, 48, 55
二万五千頌般若経 12
入楞伽経 187
涅槃経 234, 235

は

八十巻華厳経 112, 220
——入法界品 64, 250
——の「序章」 111
八千頌般若経 174
般若経 14, 22, 23, 24, 123, 218
般若心経秘鍵 116, 237, 249
般若理趣分 73, 75
秘蔵記 56, 75, 84〜86, 100, 182, 194, 222, 223, 229, 230, 238, 252
秘蔵宝鑰 49, 77, 173, 204, 260
秘密三昧耶仏戒儀 130
秘密漫荼羅教付法伝（付法伝） 20, 49, 50, 〜53, 76, 83, 86, 118, 139, 192, 205, 213
秘密漫荼羅十住心論 49, 86, 139, 204
百五十偈聖般若波羅蜜多理趣 73, 74
毘盧遮那念誦法要一巻 53
不空の総釈陀羅尼義讃 41
不空訳三巻本 172
仏説一切如来金剛三業最上秘密大教王経 172
仏説観普賢菩薩行法経 78
仏説最上根本大楽金剛不空三昧大教王経 74, 172
仏説仏地経 193
仏説普曜経 89
仏説遍照般若波羅蜜経 73, 74
ブッダグフヤの大日経広釈 34, 140, 257
分流の広本（十万頌広本） 95
分流の十万頌の広本 169
ペルチェク訳の大日経 101
弁顕密二教論 12, 31, 46
法爾常恒本 95, 175
——・広本・略本の三本 170
法華経 14, 22, 24, 78
法華経開題 161
菩薩地（経） Bodhisattvabhūmi 15, 16
菩薩地持経 16
菩薩瓔珞本業経 47, 57, 210
菩提心論 93, 207
法華玄論 12〜14, 21, 22, 24, 25
法華遊意 24
梵網経開題 229

ま

マハーヴァスツ 70
マハーヴァッガ 70
未校訂本の大日経疏（二十巻） 101

や

遺戒 130
唯識義灯増明記 26, 29
瑜伽行地摂決択 Yoga-caryābhūmiviniścaya-saṃgraha 16, 19
瑜伽行地中菩薩地 Yoga-caryābhūmau Bodhi-sattvabhūmi 15, 27
瑜伽金剛頂経釈字母品 89, 218, 230
瑜伽師地論 11, 12, 15, 16, 18, 19〜21, 28, 29, 37, 86

——摂決択分　15, 16, 40
——摂決択分中聞所成恵地　18
——本地分　15, 16, 19, 40
瑜伽瑜祇経　192
瑜祇経　57
四十巻華厳経　250

ら

ラリタヴィスタラ　63, 70
理趣経　75, 161
理趣経開題　169
——生死の河　170
——弟子帰命　95, 168
理趣釈経　218, 219, 230, 231
略出念誦経　133
六十巻華厳経　112